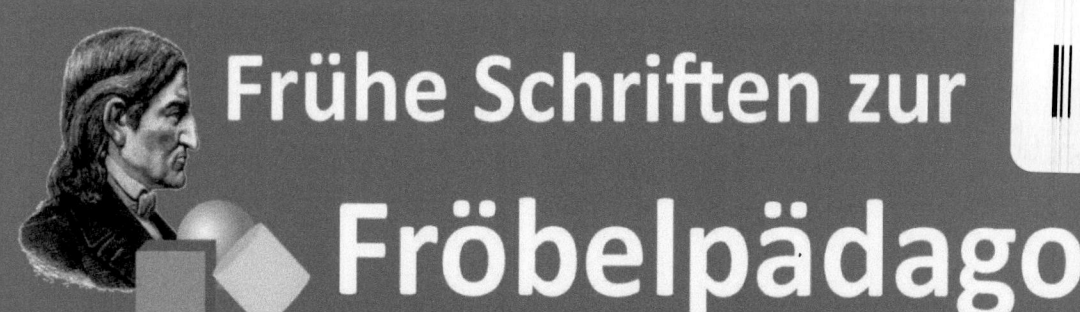

Matthias Brodbeck (Herausgeber)

Friedrich Fröbel

Die

erziehenden Familien.

Wochenblatt für die Bildung

Selbstbildung und Anderer.

Allgemeine Deutsche Erziehungsanstalt, Keilhau, 1826

Erscheinungsweise:

vom 7. Januar 1826 bis 22. April 1826
wöchentlich an den Sonnabenden (16 Hefte)

Bad Liebenstein, 2024

Die Abbildung auf der Titelseite wurde der Originalausgabe von 1826 entnommen.

Friedrich Fröbel

DIE
ERZIEHENDEN FAMILIEN

Zeitschriftenreihe in 16 Heften, erschienen 1826 in der Allgemeinen Deutschen Erziehungsanstalt Keilhau (heute zu Rudolstadt)

Transkribiert und herausgegeben von Matthias Brodbeck

Bibliografische Information der Deutschen Nationalbibliothek: Die Deutsche Nationalbibliothek verzeichnet diese Publikation in der Deutschen Nationalbibliografie; detaillierte bibliografische Daten sind im Internet über http://dnb.dnb.de abrufbar.

Herstellung und Verlag: BoD – Books on Demand, Norderstedt

ISBN: 978-3-7597-5966-5

Frühe Schriften zur Fröbelpädagogik – das heißt…

Der Erziehungswissenschaftler Michael Winkler sah sich 2010 zu der bemerkenswerten Feststellung veranlasst, dass Fröbel nicht zeitgemäß sei:

> *[…] nicht, weil er dem Denken und der Sprache des beginnenden 19. Jahrhunderts verhaftet blieb. […] vielmehr […], weil er unserem gegenwärtigen pädagogischen Denken voraus ist, […] Was er erkannt und verstanden hat, vor allem: wie er versucht hat, für die Komplexität vorrangig der kindlichen […] Entwicklung […] eine angemessene theoretische Sprache, zureichende Begriffe und eine sinnvolle Praxis zu entwickeln, das geht kaum zusammen mit dem, was gegenwärtig als Pädagogik diskutiert wird. […] Da geht es […] um Steuerung, Messung und Bewertung, um Integration von Bildungslandschaften, um neue Institutionen, […] um Choreographien des Unterrichts, vor allem jedoch überall um Schule und Instruktionspädagogiken […]*[1]

Allenthalben ist ein anwachsendes Interesse an Friedrich Fröbel, seinen Ideen und seinem Wirken zu spüren. Dies wurde sicher auch von Veröffentlichungen wie Norman Brostermans „Inventing Kindergarten" oder Mitchel Resnicks „Lifelong Kindergarten" inspiriert.

Wir haben uns darum entschlossen, Interessenten von heute den Zugang zu Werken Fröbels, seiner Mitstreiter, Zeitgenossen und unmittelbaren Nachfolger zu erleichtern, indem wir die nur noch schwer erhältlichen und noch dazu in Frakturschrift zugänglichen Werke der Fröbelzeit und der ersten Jahrzehnte danach in zeitgemäß rezipierbare Buchform zu bringen.

Die Transkription aus der Frakturschrift in Antiqualettern erfolgte jeweils unter weitestgehender Anpassung an die orthografischen Regeln, die zum Bearbeitungszeitpunkt Gültigkeit hatten. Ausnahmen bilden Archaismen sowie Friedrich Fröbel zuzuschreibende Wortschöpfungen. Der Satzbau blieb unverändert.

Wir werden, wo es möglich ist, den Internet-Zugang zum Faksimile des jeweiligen Werkes angeben.

Für vorliegende Schrift ist das: www.froebelweb.de (21.01.2023)

Matthias Brodbeck (Herausgeber)

---

[1] Winkler, Michael: Der politische und sozialpädagogische Fröbel. In: Karl Neumann, Ulf Sauerbrey, Michael Winkler (Hrsg.): Fröbelpädagogik im Kontext der Moderne - Bildung, Erziehung und soziales Handeln - edition Paideia, Jena 2010, S. 28ff.

INHALTSVERZEICHNIS

Die 1820er Jahre waren für Friedrich Fröbel grundlegend und produktiv. In Griesheim bei Stadtilm hatte er im November 1816 mit fünf Zöglingen die „Allgemeine Deutsche Erziehungsanstalt" gegründet. Schon sieben Monate später konnte die Anstalt ihr „Standquartier" in Keilhau aufschlagen – dem Ort, in dem noch heute eine ursprünglich von Fröbel gegründete Einrichtung sich seinen pädagogischen Idealen verpflichtet fühlt.

Friedrich Fröbel ist landläufig und auch weltweit als Begründer der Kindergartenidee bekannt. Das darf aber nicht vergessen machen, dass er die längste Zeit seines Lebens Schulpädagoge und am Ende seines Lebens auch Berufspädagoge war, denn hierbei hat er sich nicht mindergroße Verdienste erworben.

In der Keilhauer Zeit erschien neben den sogenannten Keilhauer Werbeschriften (1820-1823) und den Ausarbeitungen zum Helba-Plan (1828/29) sein pädagogisches Hauptwerk „Die Menschenerziehung" (1826).

Im selben Jahr veröffentlichte er 16 Zeitschriften seiner „Erziehenden Familien". Einerseits konnte man nun schon auf zehn Jahre Erfahrung in und mit der Keilhauer Anstalt verweisen. Andererseits mag aber auch ein hoher Rechtfertigungsdruck auf Fröbel und seinen Mitstreitern gelegen haben, denn restaurative Bestrebungen – insbesondere auch des preußischen Staates – hatten auch Keilhau im Visier. Die Anstalt war in den Verdacht geraten, ein „Demagogennest" zu sein. Auch wenn eine amtliche Visitation für Keilhau ausgesprochen positiv ausging, geriet die Anstalt ins Wanken.

Die „Erziehenden Familien" geben einen Einblick in die Gedankenwelt des Schulmannes Friedrich Fröbel und punktuell auch in die praktische Umsetzung dieses Denkens. Sie sind aber auch als ein Bild der Keilhauer Anstalt in ihren frühen Jahren anzusehen.

Die „Erziehenden Familien" – das waren anfänglich Friedrich Fröbel, seine Ehefrau Wilhelmine Henriette, weitere Mitglieder des Fröbelschen Familienkreises sowie seiner Freunde Wilhelm Middendorff, Heinrich Langethal und des etwas später dazugestoßenen Johannes Arnold Barop. Es waren aber auch am Beginn vor allem Zöglinge aus dem Fröbelschen Familienkreis sowie ein Bruder Heinrich Langethals.

Dies hatte sich freilich 1825 geändert – weitere Lehrer und Zöglinge waren hinzugekommen, unter ihnen auch zwei Nachkommen aus dem Familienkreis des Reformators Martin Luther aus Möhra nahe Bad Salzungen.

Die „Erziehenden Familien" war darüber hinaus der Ausdruck eines Bekenntnisses Friedrich Fröbels zur Bedeutung der Familie für die Bildung, Erziehung und Entwicklung eines jeden Kindes – auch im Kontext zur institutionell organisierten Bildung und Erziehung des Schulwesens.

Jahre später schreibt Fröbel in einem Brief:

Wir nennen uns erziehende Familien warum? –

Weil wir erkannt haben dass die Erziehungsaufgabe nicht von einem Einzelnen von Einzelnen, und nur in vorüber gehenden Zeiten, sondern fortlaufend nur von ganzen Familien als Lebensaufgabe gelöst werden könne.

Wir nennen uns erziehende Familien! weiter; aus welchem Rechte? –

*Weil wir die Gesetze der Lebensentwicklung und Gestaltung zu erforschen und ihrer Erkenntnis und Anerkenntnis nach unser und der unsrigen Leben gestalten wollen; weil die Erforschung der Lebensgesetze uns Lebensaufgabe ist, damit das Leben, Herz und Gemüt als die Pfleger und Bewahrer des Lebens der Tyrannei der Willkür, damit das Leben Herz und Gemüt der Sklaverei der Leidenschaften entrissen werde; darum nennen wir uns erziehende Familien; darum nennen wir uns als Glieder dieser Familien Menschenerzieher und **Menschenerzieherinnen.***

[...] Darum nennen wir aus gleichem Grunde uns Menschheitserzieher, denn [...] wir erziehen die Menschheit ihrem Ziele, wie ihrer Bestimmung, der Erreichung ihrer Bestimmung entgegen:

Darlebung des in der Menschheit Herz und Gemüt gefundenen Lebens nach dem in ihm selbst ruhenden Gesetze in Klarheit des Bewusstseins, und zwar als ein großes Gliedganze in innigem Zusammenhang mit Natur und mit Gott.

Quelle: Brief Friedrich Fröbels aus Willisau an Johannes Arnold Barop in Keilhau vom 07.-09. Februar 1835, (Hervorhebungen: M.B.)

Die Erziehenden Familien.

Wochenblatt für Selbstbildung und die Bildung Anderer.

Sonnabend — 1 — den 7. Jenner 1826.

herausgegeben von Friedrich Wilhelm August Fröbel.

Das Blatt an die Leser.

Mit dem Beginne eines neuen Jahres erscheine ich bei Euch, nicht sowohl um in den Kreis Eurer Familien, deren Glieder Ihr seid, und in den Kreis Euer Bekannten neue einzuführen- als vielmehr um Euch als Familienglieder und die Familie als solche sich ihr selbst zuzuführen. Denn jede Familie ist ja ihrer Natur und ihrer Bestimmung nach eine erziehende,- durch sie soll der heraufwachsende Mensch dem Ziele der Menschheit entgegen gebildet werden. Dies ahnet wenigstens jeder dunkel, wenn er es auch noch nicht klar einsieht und erkennt; denn jeder, welcher nur da ist, ist schon dadurch, dass er da ist, Familienglied, und zwar zugleich mehrfaches, so z. B. Sohn, Vater. Bruder; und jeder, der, bis zu welchen Jahre es auch sei, heraufgewachsen, und sich seines Bildungsganges nur etwas bewusst ist, weiß, einen großen Anteil an der Form seines Erscheinens, Wirkens und Tuns, die Gesamtheit, der Geist der Familienverhältnisse hat, aus welchen er hervorgegangen, und in welchen er erzogen wurde, und dass er aus seiner Familie umso vollkommener hervorging, als bei Mannigfaltigkeit der notwendigen Familienglieder wahrhaft innere, verknüpfende Einheit in derselben herrschte und wirkte, je klarer und deutlicher sie sich ihres Zweckes bewusst, oder je lebendiger und unvernichtbarer, wenn auch unbewusst, sie davon durchdrungen war; und umgekehrt, je einseitiger und einzelner die Einflüsse auf den Menschen, je unklarer und ungeordneter sie oder die Familien in sich waren, dass dann verhältnismäßig und beziehungsweise umso mangelhafter auch seine ihm gewordene Entwicklung und Erziehung war. Klar ist es darum Euch allen bei nur einigermaßen erstem und festen Bilde in Euer Familienleben: - Familie und Erziehung kann nur die Ungebildetheit im Bewusstsein und wirklichen Leben, und darf nur die betrachtende Erkenntnis trennen; Familie und Erziehung ist im Leben Selbst eine ungetrennte und unzutrennende Einheit, wie Leib und Seele. Allein in der Wirklichkeit ist und findet es sich bei weitem nicht so.

Indem ich hier nun mit diesem neuen Jahre erziehende Familien in Euern Kreis und in den Kreis Eurer Bekannten einführe, wünsche ich eigentlich jede Familie sich in Beziehung auf ihre Bestimmung, die ja Eins mit ihrem Dasein und Leben ist, ihr selbst klar zu machen, und dasjenige, was notwendig — eben darum weil sie Familie ist schon mehr und minder hell und lebendig in ihr liegen muss, ihr Selbst zur Anschauung zu bringen: damit jede Familie in Beziehung auf die Erkenntnis und Erreichung ihrer Bestimmung: — fortschreitende, mit Bewusstsein und Einsicht fortschreitende Entwicklung und Ausbildung des Menschengeschlechtes für Darstellung der reinen Menschheit, des Göttlichen in der Menschheit, ich selbst prüfe: und da, wo sie erkennen und einsehen muss, dass und wie sehr sie von diesem Ziele sich entfernt, sich demselben entfremdet hat, möchte ich jede Familie sich ihr selbst wieder zuführen, sich gleichsam ihr selbst wiedergeben.

Mein Zweck ist, zu zeigen, wie da oder dort wirklich sich und andere erziehende Menschen das im Leben Erscheinende, zu diesem Zweck Erscheinende, dass sie Umgebende, zu diesem Zwecke sie Umgebende, zur Selbst - und Andrererziehung an - wenden. Mein Zweck ist, jedem Selbst - und Andrer - Erzieher das Einzelgute, welches er besitzt, nicht allein zur Einsicht und zum Bewusstsein zu bringen, sondern ganz besonders den notwendigen inneren Zusammenhang und die hohem allgemeinem Forderungen und Bedeutungen desselben zu zeigen. Mein Zweck ist, durch vorgeführtes Tun, durch die Folgen und Wirkungen dieses Tuns, die Familie als die erste, als notwendige von Gott ein - gesetzte Erziehungsanstalt des Menschen für reine Darstellung der Menschheit darzustellen, und so die Familie ihrem Wesen, ihrer hohen Bestimmung und Berufe nach nicht allein zur Erkenntnis zu bringen, sondern sie auch dieser getreu in allen Ständen hervorzurufen. Das, was ich Euch ausspreche, wird darum jederzeit Bild der Wirklichkeit einer bestimmten, wenigstens Bild der Wirklichkeit eines bestimmten, festen, unverwandten Strebens für Darstellung desselben.

Was Gott, Natur und Leben bestimmten erziehenden Familien nahe brachte, und wie sie es zur Selbst - und Andrererziehung nach — wie sie glauben und in sich fest überzeugt sind, nicht allein in der Menschennatur, sondern überhaupt in dem Wesen der Dinge selbst, tief begründeten Gesetzen benutzten und benutzen: dies soll hier unbefangen mitgeteilt werden, damit Andere sich vielleicht aufgefordert fühlen, in dem großen und wichtigen Schatz der lebendigen Selbsterfahrung entweder nur für sich und ihre Familienkreise, oder zu größerer allgemein menschlicher Darstellung zu lesen, umso selbst, was hier nur als Keim und Andeutung erscheint, vollkommener darstellen.

schon deshalb fürchte ich nicht, dass mir gleich beim ersten Erscheinen die missbilligende Frage: „warum führst du uns Familien, die schwerfällige Bekanntschaft von Familien zu?"— fürchte nicht, dass mir der zwar gutgemeinte, aber ungenügende Rath entgegen komme: —„ist Blatt! dein Zweck Erziehung, ist es dein Vorsatz und Ziel, deine Leser entweder über Erziehung, ihren Zweck, ihre Mittel und deren Gebrauch zu belehren, oder uns deine Überzeugungen, deine Erfahrungen über Erziehung und Unterricht, Menschenentwicklung und Bildung zur Prüfung, und — bewähren sie sich — zur Anwendung vorzuführen: so führe du, statt der zerstreuenden Bekanntschaft nicht allein einer Familie, sondern sogar mehrerer, einen einzigen Erzieher uns zu.

Verschaffe uns die Bekanntschaft eines wackeren und erfahrenen, eines einfachen und klaren erziehenden Mannes, lasse Einen Solchen Erzieher in unsern Kreis treten, er soll uns willkommen sein, sagt er uns Gutes und Wahres, sagt er uns im Leben sich Bestätigendes und Anwendbares, gern wollen wir ihm in einer geschäftsfreien Stunde unser Ohr leihen, und es in unserm Leben, soweit es unsere Lage und Verhältnisse möglich machen, benutzen Sagt er es uns noch überdies auf eine unterhaltende Weise, so soll er uns aufs freundlichste willkommen sein. Doch mit der Bekanntschaft einer ganzen Familie, und wie du gar im Sinne hast mit mehreren, damit verschone uns, wenn du anders bei uns zu verweilen wünschest und hoffst. „Ich fürchte nicht, dass mir dieser Rath entgegenkomme, denn wer könnte ihn geben?" müssten es nicht solche sein, welche entweder selbst einmal Erzieher waren oder Glieder von Familien, in deren Mine ein Erzieher lebte und wirkte: oder müssten sie nicht wenigstens befreundet mit Familien sein, welche einen Erzieher ihrer Kinder haben oder hatten? Welch ein Bild der Wirksamkeit, welche Hoffnungen von den Früchten derselben in der Zukunft würde und müsste in allen diesen Verhältnissen der Erzieher ihnen gegeben haben?—

Wie einzeln, allein und abgeschieden stand und steht in den gewöhnlichen und der Zahl nach bei weitem alles überwiegenden Fällen der Erzieher sowohl in Hinsicht auf seine Zöglinge, der Zöglinge zu ihm, als auch ganz besonders zu der Familie seiner Zöglinge selbst wie tot lind zerstückt, ohne alle lebendige unverkümmerte Erziehung auf die Kräftigung, Entwicklung und Ausbildung des Höchsten im Menschen steht: alles sein Tun! Findet sich denn auch wohl ein äußerer geselliger Verkehr und Verband zwischen dem

Erzieher und der Familie, so wird dadurch die innere geistige Gemeinsamkeit zur Erreichung des höchsten Erziehungszweckes an dem Zöglinge erschlafft erscheinen. Wiegt Ihr die Wirkungen des Erziehers auf seine Zöglinge gegen den Einfluss der Familie und der Familienglieder auf dieselben ab, so wird in den selben günstigsten Verhältnissen der entwickelnde und bildende Einfluss des Erziehers mit dem gewöhnlich so hemmenden und Störenden der Familienglieder kaum das Gleichgewicht halten; denn das leiseste Tun jedes, auch des geringsten Familiengliedes, ist in seinen Eindrücken und Folgen auf die Erziehung des Zöglings wirksamer, als das angestrengteste und aufopferndste des Erziehers.

Das Erziehergeschäft ist keineswegs eine geschiedene, für sich allein bestehende Kunst, und nur ein Geschäft des Einzelnen, sondern die Erziehung ist das Gesamtgeschäft, der Gesamtberuf aller Glieder des Menschengeschlechts, zunächst und vorwaltend das Geschäft aller Glieder der Familie, aus und in welcher der junge Mensch hervorwächst, und zwar geleitet entweder von der zwar unbewusst, aber lebendig und vorherrschend wirkenden Ahnung, oder von der bewusst im Kopfe und Herzen sich klar und bestimmt aussprechenden Einsicht in das Wesen und die Würde des Menschen. Darum kann der Einzelerzieher nie etwas Wahrheit Ersprießliches wirken, darum kann kein Einzelerzieher je das in dem Zöglinge wirken und erreichen, was durch die Erziehung bei demselben wirklich erreicht werden kann und soll denn der Erzieher, Sei er auch noch so gut an sich, meine er es auch wahrhaft gut, und strebe sein Herz nur nach dem Höchsten und Besten, und sein Sinn nach dem Reinsten und Bleibendsten: was sind demungeachtet die Früchte seines Wirkens?—

Er weiß und kennt nur sich in seinem Streben, in der Einheit und Reinheit, in der Kraft und Form seines Strebens, er kennt nur die dadurch bestimmte Art und Form seines Handelns: sein wollen, welches er nur als höchstes erkennen kann und muss, setzt er ganz so, wie er es in sich trägt, auch in die ihn umgebende Außenwelt: dass diese ein anderes Wollen, und darum auch andere, ihm untergeordneter erscheinende Mittel zur Menschenerziehung höher stellen, sie vorwaltend suchen, wählen und anwenden könne, das ist ihm fremd, ihm unbegreiflich. Lebt nun so Jugendkraft und Jugendmut, aber ohne Welt, in ihm fühlt er tief die Wahrheit, die er pflegend in sich trägt: ist die Überzeugung davon gleichsam eins mit seinem Wesen, und möchte er sie darum auch gern außer sich gestalten: so wird er eben so wenig von der Umgebung verstanden werden, als er die Welt versteht. Darum wird er schroff und ungefügig sein, und so noch weniger verstanden werden, und so noch weniger leisten, sein Handeln und Wirken noch weniger gute Früchte bringen. Durch seine Einseitigkeit stößt er an und ab, und wird in seiner Einseitigkeit an- und abgestoßen er fühlt sich beengt, gedrängt, er steht im Wege; Unheimlichkeit herrscht auf der einen, wie auf der anderen Seite: wo kann da guter Same gestreut werden, wo können da gute Früchte reisen?—

Sagt Ihr: aber der Erzieher, welchen wir meinen, hat mehr Welt, Soll mehr Welt haben: ich gebe dies zu: so wird dies jedoch zum Öfteren zugleich mit geringerer Kraft des Geistes verknüpft sein: es wird dieser Euer Erzieher zwar gefügiger, aber auch so, ehe Ihr es Euch verseht, umstrickt und gefesselt vor den äußeren Forderungen sein: und so wird er, was wahre und echte Menschenerziehung betrifft, wenig leisten, so sehr auch seine Zöglinge in der Well vielleicht ihr sogenanntes Glück machen können. Alle der Menge der noch übrigen gewöhnlichen Fälle möglicher Erzieher und Erzieherwirk-samkeiten gar nicht gedacht. –

Doch ich will auch zugeben, der Erzieher, den Ihr meint, und den Ihr Euch fasst und vorstellt, habe Kraft, Welt und Erfahrung; das Erziehungsgeschäft sei ihm überdies nicht eine Posistation seines Lebens, nicht ein Durchgangspunkt, nicht ihm selbst nur eine Sprosse in der Leiter seines Lebens zu Erringung, zur Erreichung seines inneren und äußeren Lebens das Erziehungsgeschäft sei ihm Zweck an sich: wird er dann Einzelerzieher bleiben, wird eine Wirksamkeit ihm genügen, die seiner Tätigkeit. Seinem Streben und Wollen so enge Grenzen setzt? Allein es fesseln, es binden ihn dazu Versprechungen, Sagt Ihr ach bald, nur gar zu bald wird dann auch der Geist gefesselt sein, und Fesseln trennen, trennen umso mehr, als sie Schwer sich lösen. Darum gleicht ein solcher nicht in lebendiger Übereinstimmung und Ein- klang mit der Familie wirkender Erzieher einem Pendel ohne Übereinstimmung mit dem dazu gehörigen Uhrwerke, ohne den Einfluss der belebenden Feder- und Gewichtskraft des Familienlebens: und ohne diesen Ein- klang, diese Übereinstimmung vernichtet er sich und das Uhrwerk so der Erzieher sich oder die Familie.

Nun sagt man wohl, der Erzieher soll Freund des Hauses sein; aber was kann in diesem Falle nur der Sinn dieser Forderung sein?— sie kann doch keine gesellschaftliche, persönliche Bedeutung haben, sondern nur die Bedeutung und den Ausdruck des gemeinsamen, gegenseitig fördernden Sueben- der Darstellung des Höchsten und Besten, nicht Schein- und Zeitguten, an den und durch die Kinder, nach den Forderungen des Wesens und der Würde des

Menschen. Dann aber sehen wir auch, sind beide, Erzieher und Familie, von dem höchsten Gedanken des Menschenwesens und der Menschenwürde durchdrungen; beide sind der Forderung derselben unterworfen: beide gemeinsam Streben ihr zu genügen; und in und aus der Familie, als der äußeren, sichtbaren Pflanzschule des Menschenge- schlechtes, muss darum jener Gedanke, und das Streben, ihm gemäß und getreu zu leben, zuerst hervorblühen, das Bedürfnis seiner Erfüllung und Befriedigung sich in ihr zuerst aussprechen, so dass also der Erzieher gleichsam aus dem innersten Leben und Bedürfnisse der Familie als Ein- mit ihr und dem geistigen Leben derselben hervorgeht. Von der Familie sehen wir darum, geht der Erzieher aus und muss er ausgehen, Soll seine Tätigkeit und Wirksamkeit dem Zwecke und Ziele entsprechen und genügen. Die Familie ist es. Sie vorwaltend ist er, welche in dem Zöglinge die Wirksamkeit, den Einfluss des Erziehers bedingt, ihn förderlich oder hinderlich, erprießlich oder nachteilig macht. Die Familie bedingt also in Beziehung auf ihre Kinder den wahren Erzieher durch und aus sich selbst.

Die Wirksamkeit des Erziehers hängt also von der Erziehung der Familien, von dem Grade ihres Erzogenseins ab und solange es sonach nicht viele erzogene Familien gibt, und in dem Maße, als sie es nicht gibt. ist an wahrhaft genügende Frucht und heilbringende Erziehung auch nicht zu denken. „Bis es erzogene Familien gibt?!" „Gibt es doch jetzt kaum eine Familie, die nicht von sich meine, eine gebildete zu sein!"—

Und hat die Bildung in den Familien nicht einen solchen Umfang, eine solche Allgemeinheit und einen Solchen Grad gewonnen, dass sie zu den eigentüm- lichsten Erscheinungen der Zeit gehört: und noch Sprichst du von Erziehen und Erzogenwerden der Familien: bist du ein solcher Fremdling in der Well und in den gebildeten Familienkreisen?! —

Nicht diese Well- und gesellschaftliche Bildung ist es, lieber Leser, die ich suche und fordere, die ich darzustellen Strebe: denn wer kann jetzt in der Welt leben, ohne sie zu kennen, ohne ihren Forderungen unterworfen, ohne nicht oft von dem Glanze ihrer Abgeglättetheit fast geblendet worden zu sein? Nicht diese Bildung und Abgeglättetheit des Einzelnen gegen den Einzelnen, nicht diese Einzelbildung des Einzelnen, die in den gebildeten und gebildetsten Familien sich in den verschiedensten Richtungen durchkreuzet, und die, je mehr sie sich durchkreuzt, umso mehr den Bildungsgrad der Familie nach dem Zeitmaßstabe erhöht nicht diese äußere Einzeln- und selbst in einer Familie verschieden gerichtete Bildung der einzelnen

Familienglieder als einzelner ist es, die ich meine und fordere: Sondern die Entwicklung und Erziehung der Familie als eines Ganzen und zu einem Ganzen, als eine Einheit, wo alle Glieder, jedes nach Maßgabe seiner Kraft, seiner Einheit und seiner Mittel, aber gemeinsam und in Übereinstimmung, nach dar- Stellung der reinen Menschheit, des Göttlichen im Menschen, als nach einem Zweck und Ziele Streben: wo diese Darstellung eine Gesamtaufgabe für alle Glieder einer Familie in Einheit ist. an deren Lösung sie alle in Gemeinsamheit und Einheit, und in Übereinstimmung mit Gott und Natur arbeiten. Jene Bildung des Einzelnen für Einzelnes, Mannigfaltiges ist wegen dieser Mannigfaltigkeit notwendig trennend: die Erziehung für Darstellung des inneren, für Einheit, ist darum notwendig einend, verknüpfend, sich gegenseitig Hilfe leistend.

Solcher Familien, Familien mit diesen Zwecken, gibt es aber wenig, sehr wenig; und dennoch ist nicht eher, bis es deren viele und nur in dem Maße, als es sie gibt, an gedeihliche, wahrhaft entwickelnde und sich lebendig fortbildende Erziehung zu denken: nicht eher, als es wahrhafte Familien gibt,— d. h. Gesamtheiten, von Gott durch die äußeren Bande der Natur zu einer inneren Einheit verbundener Menschen, welche die Bestimmung und den Beruf dieser Einheit erkennen, und wo jedes Glied das. was ihm an seinem Teile zur Erreichung dieser Bestimmung und dieses Berufes seiner Familie zukommt, treu und in Übereinstimmung, entweder nur durch ungestörten Lebensausdruck, oder mit Einsicht im Handeln tut, wo das Streben, den Zweck der Menschheit darzustellen, das Streben und Ziel aller ist: — nicht eher, als es wirklich in diesem Geiste und hierfür erzogene, in diesem Geiste lebende und wirkende Familien als eine Einheit, als ein Lebeganzes, gibt, und als diese geistige Einheit ebenso wie das Band des Blutes äußerlich im Leben dasteht, innerlich in dem Streben und bewusst lebt.

Für eine Solche Erziehung der Familien zur Einheit und Übereinstimmung im Denken wie im Handeln in Beziehung auf die höchste Angelegenheit des Menschen: Erkennen und Darstellen des Göttlichen in allen Dingen, beson-ders in und durch das Leben der Menschen, — zu wirken und zu sorgen, ist darum die Forderung der jetzigen Entwicklungsstufe der Menschheit, des Menschengeschlechtes: das Einzelempfinden und Wissen, die Erfahrung und das Erkennen, das Glauben und Hoffen des Einzelnen zu einem Lebeganzen im ersten von Gott selbst gegebenen Ganzen, der Familie, zu einen: dies muss darum die höchste und wichtigste Aufgabe der Zeit sein. Nur von ihrer Lösung dürfen wir in jeder Hinsicht Ersprießliches, dürfen wir die Erfüllung und Erreichung dessen hoffen, welches nur zu denken schon unser Herz Schwellt; sei diese auch wirklich erst einst und bei den folgenden Geschlechtern; aber beginnen müssen wir, denn unsere Kinder, das wissen wir, werden unsere Richter sein.

Daraus spricht sich klar und bestimmt aus: weder das Vorführen noch das Einführen eines Erzieher- als Solchen in Eure Familien, sei er ruhig, sei er besonnen und klar, sei er erfahren, ein- und umsichtig, kann die Menschenerziehung wahrhaft fordern; - denn ja nur von der Familie selbst geht nicht allein die wahre Fruchtbarkeit der Erziehung, sondern sogar der wahre Erzieher selbst aus: - sondern nur die Selbsterkenntnis der Familie in Beziehung auf ihre Bestimmung, auf den in ihr selbst liegenden, durch sie selbst ihr gegebenen Beruf zur Erziehung des Menschengeschlechtes für Entwicklung und Darstellung der reinen Menschheit, des Göttlichen im Menschen und in allen Dingen, und ein dieser Erkenntnis und Einsicht gemäßes Handeln und Wirken. Darum ist die Anschauung und Vorführung, wenigstens das Streben nach wirklicher Darstellung erziehender, d. h. ihres Berufes und ihrer Bestimmung bewusster, und dem getreu handelnder Familien das Erste und Notwendigste, was wir bedürfen, was uns als einem Gliede des Menschengeschlechtes und Teile der Menschheit jetzt wahrhaft Not tut.

Also eben so wenig das Aufstellen und Vorführen einer einzelnen und einzigen erziehenden Familie, als das Vor- und Einführen eines einzigen und einzelnen Erziehers kann genügen, kann in Beziehung auf Erziehung der Forderung der Zeit entsprechend und angemessen sein: denn greift nicht schon jedes einzelne Familienglied, wie es als solches zugleich mehrfaches Familienglied, z. B. Sohn, Vater, Großvater ist und sein kann, so auch zugleich in mehrere Familien bestimmend ein? Und wer weiß nicht, mit welcher Gewalt die großelterlichen Familien auf die Erziehung ihrer Enkel einwirken, und mit welcher Wichtigkeit Oheim und Basen (Onkel und Tanten): ja wohl Muhmen und Vettern, nicht minder Nachbar und Freund erlauben sich in die Erziehung Eurer Kinder einzugreifen: deshalb nun kann nur die Anschauung einer Mehrheit und Gesamtheit von, durch und für den höchsten Zweck, der Darstellung der reinen Menschheit, geeinten Familien genügen.

Darum denn möchte ich gern von einem erziehenden Dorfe, von einer solchen Gemeinde Euch erzählen, wenn es schon der Wahrheit entspräche: doch habe ich die Hoffnung, dass es mir einst noch möglich werden wird. Gar Manches werdet Ihr mir zwar jetzt noch dagegen sagen, wenn ihr in das Döschen blickt, aus welchem ich zu Euch komme, und wenn Ihr dabei bedenkt, dass auf das junge Menschengemüt alles erziehend wirkt, was es umgibt.

Doch zunächst will ich Euch auch noch nicht davon erzählen. Sondern nur von dem will ich in der nächsten Zukunft zu Euch reden, was Familien taten und tun, denen Erziehung der ihnen von Gott Gegebenen am Herzen lag und fliegt, denen sie höchste und schönste Aufgabe des Lebens ist, eine Aufgabe, deren Lösung sie ihr ganzes Leben widmeten was das Innere dieser Familien bewegt und bewegte, welche die Bestimmung und das Wesen der Familie, als einer Anstalt Gottes zur Darstellung des Göttlichen im Irdischen und Menschlichen erkennen: was sich ihnen in ihrem inneren und äußeren Leben als wahr bestätigte und bewährte; die Mittel und Wege, wie sie das in ihrem inneren als ewig wahr Erkannte zu erreichen und darzustellen suchten und strebten, welche Ahnungen, Hoffnungen und Überzeugungen über Leben, Wirken und Bestimmung, über das Wesen und den Beruf des Menschen in ihrer Seele leben, wie sie sie in menschlicher Gemeinsamheit mit menschlichem Herzen menschlicher Kraft und menschlichen Mitteln, d. h. der Kraft und den Mitteln, welche im Bereiche menschlichen Lebens und menschlichen Wesens liegen, an ihren jungen Gliedern darzustellen Strebten und streben was die erziehenden Familien besonders an ihren Söhnen erreichten, und wie sie es erreichten: das will ich Euch vorführen.

Wie sie arbeiten und schaffen, leiden, dulden und meiden, und sich des Lebens, der Forderungen des Lebens zu bemächtigen suchen, will ich Euch zeigen. „Hier" spricht es mir aus Euerm Herzen entgegen „Werden wir uns wohl selbst finden." Ja! das war der schönste Lohn meiner Wanderungen zu Euch, denn wohl weiß ich, Ihr ahnet, sucht, wollt und hofft das Beste nach Eurer Einsicht und Eurer Erkenntnis und Lebensansicht: aber darum eben möchte ich Euer Ahnen. Euer Hoffen und Euer Suchen Euch klar machen, ich möchte Euch die höhere, innere Bedeutung dessen zeigen, was Ihr äußerlich und um Euch Sucht und anstrebt. Ich möchte, dass Ihr durch das in mir und durch mich Ausgesprochene die Deutung der Euch selbst unbewusst kommenden und gekommenen Jugendahnungen Eures Gemütes fändet und die innere Wahrheit derselben sieht.

Werdet Ihr, die Ihr mich leset, werden Eure Freunde sagen, dass da, wo das Leben klar, rein, hoch, wahr und bedeutungsvoll geschildert und gezeichnet wurde, Ihr als Wirklichkeit vorschwebte: so will ich mich innig freuen, dass ich Euer Leben Euch zum Selbstbewusstsein, zur Klarmachung Eurer selbst, zu Eurer Freude und Stärkung Euch gleichsam im Spiegel und für Andere zur Erhebung und Belehrung zeigte.

Was mir im Leben in Beziehung auf des Menschen wichtigstes Geschäft: Erziehung und Darstellung des reinen Menschheitswesens, begegnet und begegnete, und wie's die Erinnerung mir beut, fuhr ich Euch vor: ich führe es Euch vor, wie es im Gemüte lebte und lebt, und im Leben sich bewährte und gestaltete, immer gleich frisch und gleich fröhlich.

Mein Zweck ist, das Gute und Wahre, was mehrfach zerstreut und einzeln wirklich für Menschenentwicklung und Erziehung geschieht, unter und in einem Bilde zusammen zu fassen, und so zu einem Gemeingute zu machen: und freuen wird es mich, wenn der Kreis erziehender Familien, von welchem ich ausgehe, sich so immer mehr und mehr zu unser aller Wohl verbreitet.

Ich will Euch möglich machen, das zu prüfen, was um Euch und unter Euern Augen, oder sonst für Erziehung und Unterricht geschieht: ich will Euch Mittel und Wege zeigen, Eure Kinder, oder die Kinder Eurer Freunde, Eure Geschwister zu entwickeln, vor- und fortzubilden; ich will Euch die Zwecke, den inneren Zusammen- hang und die notwendige Einheit dessen, was für Menschenentwicklung, Menschenerziehung und Menschenbildung geschieht, vorführen.

Da aber zwischen der Menschen- und Selbstkenntnis und der Kenntnis der Naturdinge ein Wechselverhältnis, eine Wechselbeziehung sich findet, und der Mensch, indem er die Natur erkennt, auch sich erkennt: so will ich mitteilen, was mir selbst über das Wesen des Menschen, über das Wesen der Natur und der Dinge kund ward, und wie es dem Menschen notwendig kund werden muss. Hinleiten möcht ich Euch zur klaren Erkenntnis des Verhältnisses Gottes zur Natur und zum Menschen und des Menschen zu Gott und zur Natur.

Nicht nur den notwendigen Zusammenhang des Unterrichtes und der Lehre in sich und unter sich, sondern auch mit dem Wesen des Menschen und dessen Leben den inneren notwendigen Zusammenhang des Lebens an sich will ich Euch kund zu tun versuchen.

Zeigen will ich Euch, wie das, was für Erziehung und Unterricht gleichzeitig Verschiedenes geschieht, nicht in sich widerstreitend, sich vernichtend und aufhebend ist, sondern dass es nur, wie es in sich verschieden ist, so verschiedenen, gleichzeitigen Entwicklungsstufen der Menschheit, des Menschengeschlechtes angehöre.

Wie von Woche zu Woche das Jahr und die Zeit erziehende Familien weiter führt zum Ziele der Menschenerziehung will ich Euch Sagen; besonders will ich auch den Eltern und deren Stellvertretern, die ihre Söhne dem bestimmten erziehenden Kreise, von welchem ich ausgehe, vertrauend Übergaben, wenn auch nur andeutend mitteilen, was durch denselben, und wie es für ihre Söhne geschieht, und wie das, was geschieht, mit dem Berufe, Gewerbe und mit der künftigen bürgerlichen Bestimmung notwendig zusammenhängt, und von derselben dahin, die bürgerlichen Forderungen der Familien mit den höheren menschlichen der wahren, der entwickelnden Erziehung in innere Übereinstimmung zu bringen.

Wie nun in der Familie gleichzeitig und ohne Wahl bald etwas mehr das Kind, dann etwas mehr das Alter Angehendes geschieht: so will und werde auch ich zu Euch sprechen, wie das Leben nur selbst es gibt und fordert, bald durch belehrende Benachrichtigungen, bald durch ausgeführte Unterrichtszweige, bald durch Erzählungen. Doch soll im Ganzen der Mensch in seiner allmähligen Entwicklung und Ausbildung, und die Familie selbst nach und nach heraufwachsend vorgeführt werden.

Sonnabends werde ich ausgehen, und sonntags zu Euch kommen. Prüfend beachtet mehr meinen Inhalt als meine Form: denn ich empfange meine Ab- und Ausfertigung nicht auf der Studier-, sondern in der Erziehungsstube, wo muntere Knaben kommend und gehend, spielend und lernend, fragend und bittend dazwischentreten. Ob ich jedoch das nächste und die folgenden Male wieder zu Euch kommen soll, wird von Eurer Bestimmung, Euerm Wunsche abhängen.

So lebet nun wohl, und lasst wenigstens meinen ersten und einzigen Besuch bei Euch nicht ohne Früchte für Euer Leben sein.

Die Erziehenden Familien.

Wochenblatt für Selbstbildung und die Bildung Anderer.

Sonnabend — 2 — den 14. Jenner 1826.

herausgegeben von Friedrich Wilhelm August Fröbel.

Seht die Lilie in dem Garten! Von dem Schoß der Erde still genährt, Aufgezogen von dem Sonnenlicht, steigt sie freudig ungehemmt empor von des Gärtners Auge wohl behütet, und erblüht in eigner lichter Schön' so die Seelenpflanz' im Garten Gottes, so der Mensch in der Familie: Er steht in der Hut des höchsten Wächters, Der ihm gleich zwei Engel zugesandt.

Ahnt die Mutterliebe diese Sendung, Nährt und pflegt sie so das teure Pfand, kann vom hellen Vaterblick begleitet Und von seiner Sorgfalt treu bewahrt Frei entfallen sich der Himmelssproß: Dann wird er entknospen und erblühen schöner als des Gartens Lilie, Und wird zeugen von dem Geist des Vaters, Den zu offenbaren er gesandt, Wie er uns so hell entgegen leuchtet in dem Tempel auf dem Jesuskind.

Der erziehenden Familien Überzeugung von dem Wesen und der Bestimmung des Menschen und von der Möglichkeit der Erreichung und Darstellung derselben im Leben.

Nichts ist für jede Familie, ist für eine, besonders durch das Band der Natur zu einem Schönen Kranze verbundene Mehrheit von Familien, die ihre, unmittelbar durch ihr Dasein ihnen gegebene Bestimmung und ihren Beruf: — erziehend zu sein, in sich erkennen, wichtiger, als reiner Einklang, innigste Einigung und Einheit in und unter der Gesamtheit ihrer Glieder in Beziehung auf die für die Menschen höchste und wichtigste Erkenntnis und Einsicht von dem Wesen und der Bestimmung des Menschen. Nichts ist wichtiger, als dass diese Einheit sich gleich ausspreche, gleich herrsche und wirksam Sei, wie in der ganzen Familie, so in den einzelnen Gliedern derselben, auf und in welcher Stufe der Entwicklung, des Alters und Geschlechtes sie auch stehen: sei es nun nur in deren stillen und unbewussten Lebensäußerungen, oder in dem lauten Ausdrucke verschiedener Grade der Lebensempfindungen und des Lebensbewusstseins. Aber darum ist es auch erhebend und hocherfreulich, dass, ganz in dem Maße, als inniges Einverständnis unter allen Familiengliedern in Beziehung auf die Erkenntnis und Darlegung des Wesens des Menschen hochwichtig ist, auch das Durchdrungensein von dem Wesen des Menschen in dem Gesamt- und Einzeltun der Familie in jedem Gliede derselben sich leicht ausspricht und gegenseitig kund tut, von den Stufen der Empfindung des reinen Lebens an, nur dadurch, dass das Wesen, der Geist des Menschen ungehindert und freitätig in ihnen wirke. bis zum Bewusstwerden und Einsehen, zuerst nur, dass sie es als hohes, reines und klares Leben in sich empfinden und wahrnehmen, und dann das Gefühl und die Empfindung desselben zum Wissen und Bewusstsein erheben, und als solches darstellen. Denn in dem Lächeln, dem Tätigkeits- und Lebenstriebe des Kindes, in seinem Fragen und Tun, in der Freude und Luft, in dem Bildungstriebe und Schaffen des Knaben, in dem Sehnen und Hoffen, in dem Streben, dem Gestalten und Bauen des Zöglings, in dem Denken und Tun des Mannes, in der Klarheit, dem Wissen und der Lehre des Greises, in dem männlichen Leben und Streben nach Hervorforderung, Erkenntnis und Durchleuchtung, wie in dem weiblichen Sehnen nach Bildung, Gestaltung und Belebung: überall spricht sich ein Geist. Ein Sinn und ein Leben aus.

Aber was ist denn nun der Beziehungs-, Einigungs- und Brennpunkt aller dieser Richtungen des menschlichen Lebens, der Lebenstätigkeiten (Lebensäußerungen) des Menschen?—

Was ist das Eine, welches sich ausspricht in dem Lächeln des Kindes, wie in dem Ernste des Mannes, in der Lust des Knaben und dem Sehnen des Zöglings, wie in der Ruhe und dem Frieden des Greises, in dem Gefühle und der Sorgfalt, dem Tun und der Häuslichkeit der Mutter und Tochter, wie in dem Wirken und Streben des Vaters und der Söhne?— Es ist Leben und sein, es ist Einzelleben und Einzelsein, welches sich, als aus dem ewig in sich selbst ruhenden sein hervorgegangen, und in und durch dasselbe sein Bestehen habend, kund tut; es ist Leben, welches sich als sein findet, und sein, welches sich als Leben darstellt, und sich zum Wissen und Bewusstsein des seins zu erheben Strebt: es ist der Ausdruck und Beweis, dass der Geist und das Leben, die Seele des Menschen nicht erdgeboren, dass das Wesen des Menschen ein vom Himmel zur Erde gesandtes Göttliches ist. Darum ist der Beziehungs-, Einigungs- und Brennpunkt aller jener Tätigkeit, das Wesen des Menschen, der Menschheit, als ein göttliches zu bezeugen denn durch nichts im Leben tritt die Erkenntnis von dem Wesen und der Würde, die Wahrheit und die Überzeugung der Göttlichkeit des menschlichen Geistes und des menschlichen Wesens so lebendig, so vielseitig und so schlagend entgegen, als in der Familie für den, welcher in dem Tun das Leben, und in dem Handeln den Geist sieht und erkennt. Wir sind Gotteskinder; - ihr sollt vollkommen sein, wie euer Vater im Himmel — in Gott leben, weben und sind wir diese und alle die übrigen sich auf das Wesen und die Würde des Menschen beziehende Aussprüche erhalten in der Familie ihre besondere Bestätigung: die Familie ist der Brenn ihrer Wahrheit: der Mensch ist auf der Erde erschienen. Sich seines Wesens klar bewusst zu werden: der Mensch ist gleich Jesu zur Erde gesandt, sein göttliches Wesen kund zu tun, durch Leben und Tun, durch Wort und Tat, und so das Wesen Gottes selbst kund zu tun: denn die wahre Erkenntnis von dem Wesen des Menschen, der Menschheit und die Erkenntnis Gottes bedingen, heben und erklären sich gegenseitig: wahre Erkenntnis des Menschen sühn zur wahren Erkenntnis Gottes, und lebendige Erkenntnis Gottes führt zur lebendigen Erkenntnis des Menschen: und lebendige Erkenntnis des Menschen, seines Wesens als eines göttlichen, und der klaren Einsicht seiner Bestimmung und seines Berufes:

Darlegung und Darstellung dieses göttlichen Wesens, führt zu einem edlen, würdevollen Leben, zu einem Leben in Übereinstimmung mit unserem Berufe, unserer Bestimmung, führt zu einem Le- den des Friedens und der Klarheit, der Freude und des Heils; echte Sinnigkeit, das höchste Familiengut, keimt und wächst aus ihr hervor: darum denn ist es für eine Familie, für jede Familie, nach jeder Seite ihrer inneren und äußeren Erkenntnis, Einsicht und Tätigkeit hin, über alles wichtig, dass in allem Gliedern der Familie gleiche Überzeugung von dem göttlichen Wesen des Menschen sich kund tue: dann wird wahre Achtung der Kinder eintreten, es wird das Gewichtige des Ausspruchs Jesu:

„Wer ein Kind ärgert, dem wäre es besser, dass ein Mühlstein an seinem Halse hinge, und er ins Meer gestürzt würde, wo es am tiefsten ist," erkannt werden. Es wird erkannt werden, dass die, welche durch Reiz und Schmeicheln der Sinnichkeit die geistigen und Körperkräfte ihrer Kinder Schwächen, oder durch nicht zeitiges Wecken und Pflegen derselben sie frühe verdummen und verdumpfen lassen, eigentlich gar keiner Kinder wert sind. Es wird nicht mehr nötig sein, dies auszusprechen: wir werden dann weder in den Häusern und Gemachem der Reichen ferner mehr Gleichgültigkeit gegen ihre Kinder, noch sie frühe den Wärterinnen und Ammen überlassen sehen, welche entweder Geistes- und Körperanlagen derselben ungeweckt und ungenährt, oder leider noch öfterer mit unedlem Schmeicheln das zarte Leben der Kinder frühe vergifte! sehen: noch werden wir in den Hütten der Niederen harte und entehrende Worte gegen ihre Kinder hören... ihren unedlen Forderungen nicht Genüge leistend, und so ihren Unwillen weckend: dann werden wir aufhören, unsere Kinder in der wichtigsten Zeit ihres Lebens, der Säuglings- und Kindestufe dem Zufall und der Gemeinheit, lindestens der Ungebildetheit, Leerheit und Würdelosigkeit, der Eigensucht und Persönlichkeit, der Äußerlichkeit und Gedankenlosigkeit zu überlassen. Wir werden dann verstehen, was der Ausspruch Jesu heißt:

„Den noch unverdorbenen kindlichen Kindern ist das Himmelreich;" Wir werden verstehen, was es heißt:

„Wer in meinem Namen, nach meinen Überzeugungen und Einsichten von dem Wesen und der Würde des Menschen, wer in meinen Gesinnungen ein Kind aufnimmt, der nimmt mich auf:" Was es heißt: „Ihr Eltern, erzieht euer Kinder in der Furcht Gottes:" Was es heißt: „Ihr Kinder, seid gehorsam Euern Eltern;" was es heißt: „Du sollst Vater und Mutter ehren, dass es dir wohl gehe, und du lange lebest;" und: "vor einem grauen Haupte sollst du aufstehen:" Was es heißt: „Lehret und vermahnet euch selbst;" was und warum es heißt: "Den Armen wird eine frohe Kunde gebracht, dass auch sie, und besonders sie Teil haben an dem Geistigen und Göttlichen;" was es und warum es heißt: "den Armen ist das Reich des Geistigen, das Himmelreich, weil sie nicht allein vielseitige Aufforderung haben, die innere geistige Bedeutung des Lebens in ihrem eigenen Leben, in den Begebenheiten und Schicksalen ihres Lebens zu sehen und zu Schauen: Sondern auch viele Aufforderung, das Geistige und Göttliche im Leben durch Tun und Lassen, durch Aneignung und Entsagung darzustellen....oder beides in fast gleichem Maße einender Tätigkeit: und in ihr kein Aller, kein Geschlecht, keine Bildungs- und Erkenntnisstufe, welche sich nicht zur Erkenntnis des Wesens und der Würde des Menschen, als eines göttlichen erheben und dieser Erkenntnis, der Göttlichkeit des Menschenwesens gemäß in ihrem Berufe und Geschäfte leben und wirken könne. Aber so zu leben, für Darstellung des Göttlichen in dem Leben und durch dasselbe zu wirken, heißt: sich und andere erziehen, hem: sich und Andere dem Ziele der Menschheit, Darstellung des Ewigen im Zeitlichen des Bleibenden im und am Vergänglichen,— des Himmlischen im Irdischen, — des seins im Leben, des Göttlichen im Menschlichen, entgegen fuhren.

Wir sehen, es gibt keine Familie in keiner Lage des Lebens, die sich nicht zu dem Bewusstsein, erziehend sein zu müssen, erheben, und dieser Erkenntnis, diesem Bewusstsein gemäß leben und handeln, denken und tun, empfinden und wirken könne. Wir sehen So, es gibt keine Familie, keine Lage einer Familie, die sich nicht zum klaren Begriffe dessen, was Erziehung sei und heiße, erheben könne dass es vielmehr nur eben darum so viele verschiedene und oft entgegengesetzte, sich Scheinbar Sogar widersprechende Verhältnisse gibt, damit sich das Göttliche in und durch das Verschiedenste kund tue dass es nur dadurch so Verschiedenes gibt, weil das Göttliche strebt, sich in aller Mannigfaltigkeit, auch in aller Mannigfaltigkeit des menschlichen Erscheinens, und so auch in jeder Einzelnheit, in jedem einzelnen Menschen, und doch in ewiger Ungestücktheit und Einheit in Gott und durch Gott kund zu tun und zu offenbaren.

Das Erziehungsbuch.

Die Herausgabe dieses Wochenblattes und das Ziel und Streben der erziehenden Familien steht in lebendigem Zusammenhänge mit einem soeben von dem Herausgeber desselben erschienenen großem Erziehungsbuche, ohne dass jedoch Wochenblatt oder Schrift eines von dem andern abhängig ist, vielmehr beide neben einander bestehen und fortgehen. Wegen der inneren Verknüpfung beider erscheint auch die Mitteilung einer ausführlichen übersichtlichen Anzeige der Schrift hier ebenso notwendig als gewiss willkommen. Ihr Titel, welcher Inhalt und Wesen klar ausspricht, ist:

Die Menschenerziehung, die Erziehungs-. Unterrichts- und Lehrkunst, angestrebt in der allgemeinen deutschen Erziehungsanstalt zu Keilhau: dargestellt von dem Stifter, Begründer und Vorsteher derselben, Friedrich Wilhelm August Fröbel. Erster Band. Bis zum begonnenen Knabenalter. Keilhau 1826. Verlag der a. d. Erziehungsanstalt: Leipzig in Commission bei A. Wienbrack. 31 ½ Bogen, in gr. 8. auf weißem Druckpapiere, geheftet in einem Sinnbildlichen Umschläge. Preis 2 Thlr. Sächsisch.

Diese Schrift, welche hier übergeben wird, und deren Zweck ist: eine rein entwickelnde Erziehungs- und Unterrichtsweise als die höchste, die einzige der Würde und dem Wesen des Menschen ganz entsprechende allgemein und zunächst unter uns Deutschen zu verbreiten, ist nicht hervorgegangen aus einem nur in sich ruhenden Denken, dessen Ergebnisse dem Leben so lange fremd bleiben, sie ist nicht hervorgeblüht aus einer zu lebendigen Phantasie, welcher die Wirklichkeit und Gestaltung des Lebens mangelt:

sondern sie ist gekeimt und hervorgewachsen aus der Beachtung des eigenen und Fremdlebens während der ganzen Zeit des bewussten Selbstdenkens. Ihr Inhalt ist geprüft am eigenen und Fremdleben in den verschiedensten Lagen und Verhältnissen des Lebens, wie an den verschiedenzeitigsten Fremddenken: sie ist gedacht Seit mehreren Jahren eines umfassenden erziehenden Wirkens, welches viele Prüfungen bestand: sie ist niedergeschrieben in dem Kreise mehrerer Familien, und umgeben von den Söhnen aus einer großen Anzahl anderer Familien aller Stände, von noch in dem Kindesalter stehenden bis in die Jahre des reisen Jünglings: und die vieljährige Erfahrung, während welcher dieser Kreis herauf- wuchs, widerlegte den Verfasser und die von ihm in der Schrift ausgesprochenen Grundsätze nicht . Sie ist niedergeschrieben in der festen Überzeugung innerer, in sich selbst gegründeter Wahrheit, nicht nur des Einzelwesens, sondern geltend für das ganze Menschengeschlecht, nicht nur für die Gegenwart allein, sondern bleibend für die Zukunft, in der festen Überzeugung, dass diese Wahrheit zu jedem sprechen, sich jedem kund tun wird, der das in der Schrift Gesagte im eigenen oder fremden anwenden und für Selbst- und Andererziehung prüfen wird.

Durch das Streben des Verfassers die Menschenerziehung von dem Erscheinen des Menschen an in seiner notwendigen Ungestücktheit als ein Stetiges Ganzes darzustellen, ist die Form de- Buches bestimmt und bedingt worden. Es erscheint darum äußerlich nicht geteilt in scharf und Streng geschiedene Abschnitte und Kapitel, sondern schreitet wie im inneren so auch im Äußern nach stetig notwendigem Gesetz aus der Einheit sich entwickelnd mit anfangs nur leisen Andeutungen und später getrennteren Beziehungen der sich verzweigenden Richtungen der Menschenentwicklung wieder da, durch bedingten Erziehung-- und Unterrichtsmittel fort. Der Verfasser wollte dadurch die aus dem inneren Zusammenhänge herausreißende Bettachtung einzelner Gegenstände der Erziehung und des Unterrichts verhindern, indem daraus notwendig ein- Seitige Beurteilung des Ganzen wie des Einzelnen hervorgehen müsste.

Eine gedrängte Darlegung des Inhaltes und der Fortschreitung des Buches wird das Gesagte erläutern.

Das Buch beginnt mit Vorführung der inneren Wahrnehmung und äußern Anschauung des Wesens aller Dinge: der notwendigen, ewigen Quelle, des ewigen Bestehens desselben in Gott und durch Gott (S. 1 - 2). Die Bestim- mung jedes Dinges, und die besondere Bestimmung und der Beruf des

Menschen ist: sein Wesen, das Göttliche in ihm, zu entwickeln und darzustellen. Die Behandlung des Menschen zu diesem Ziel ist Erziehung (S. 3). Hieraus beantwortet sich: was ist Erziehungswissenschaft, Erziehungslehre, Erziehungskunst? und hieraus geht hervor, dass darum der Zweck der Erziehung Darstellung eines heiligen Lebens ist. Das Wirken dafür ist Weisheit (S. 4). Selbst- und Andrererziehung ist Doppeltat der Weisheit (S. 5), denn die Erziehung bezweckt die Darstellung des Göttlichen im Menschen und die Erkenntnis desselben in der Natur durch den Menschen. Sie führt darum den Menschen zum Frieden mit Gott, mit sich und den Menschen und mit der Natur I S. 6). Die Erziehung gründet sich darum nicht auf ein Äußeres, sondern auf das Innere und Innerste an sich. Das Innere wird aber nur am Äußern erkannt.

Das Äußere ist aber seiner Natur und seinem Wesen nach dem inneren entgegengesetzt: darum muss bei der Erziehung von dem Äußern auf das Innere umgekehrt geschlossen werden (S. 7 — 9), deshalb muss alle Erziehung, weil uns der Zögling nur Äußeres zeigt, in ihren ersten Grundzügen notwendig, nachgehend, behütend, Schützend sein (S. 9). Die Erziehung muss aber auch an sich nachgehend sein denn das Wirken des Göttlichen kann in seiner Ungestörtheit gar nicht anders als gut sein (S. 10 — 15). Die vorschreibende Erziehung hat nur ein Zweifaches für sich: den in sich selbst begründeten Gedanken, oder das dagewesene Musterhafte (S. 16). Aber auch das anerkannt vollendetste Musterhafte will nur einzig seinem Wesen, nie aber seiner Form nach, Muster sein (S. 16). Jesus selbst fordert, dass jeder Mensch nach ewigem Gesetze mit Freiheit und Selbstwahl aus sich hervortrete (S. 17).

Also selbst das ewig Musterhafte ist nachgehend in der Form (S. 18). Wenn aber in Beziehung auf das Wesen der lebendige, in sich selbst begründete Gedanke fordernd auftritt, auftreten muss: so geschieht es immer nur da, wo die Forderung aus dem Wesen des Ganzen und der Natur des Einzelnen mit Notwendigkeit sich ausspricht (S. 18). Alle echte Erziehung muss darum in jedem Augenblick doppelseitig gebend und nehmend, bestimmend und freigebend sein. Deshalb muss zwischen beiden, dem Erzieher und Zöglinge, immer ein unsichtbares Drittes walten — das aus den Bedingungen notwendig hervorgehende und willkürlos sich aussprechende Beste, Rechte, welchem Erzieher und Zögling zugleich unterworfen sind (S. 20). Daraus geht die notwendige Formel des Unterrichts hervor: tue dies und sieh, was in dieser bestimmten Beziehung aus deinem Handeln folgt, und zu welcher

Erkenntnis es dich führt: und in Beziehung auf das Leben an sich: Stelle dein geistiges Wesen im Handeln dar, und siehe, was es fordert und wie es beschaffen ist (S. 21 - 22). Dem einzig wahren Standpunkte der Menschen- erziehung — Darstellung des Göttlichen im Menschen durch Pflege gemäß muss der Mensch gleich von seiner Erscheinung auf der Erde, ja wie bei Maria gleich von seiner Verkündigung an bettachtet werden (S. 23 — 25). So soll der Mensch, die Menschheit nicht als ein stehendes, ein schon Gewordenes, sondern als ein noch immer fortgehend Werdendes, sich Entwickelndes betrachtet werden (S. 25 - 27). Forderung daraus für die Eltern in Beziehung auf sich und ihr Kind, es zu betrachten als Kind Gottes und der Natur, als Familienglied und Glied der Menschheit (S. 28 - 29).

Dieser mehrseitigen Forderung getreu bildet sich aber jeder Mensch am entsprechendsten aus, wenn er sich selbst als Einzelwesen am klarsten und reinsten darstellt. Dies geschieht, wenn er sich auf die Weise und nach dem Gesetz entwickelt und ausbildet, nach welchem sich alle Dinge und Wesen entwickelt und ausgebildet haben: in Einheit an und durch sich selbst: in Einzelheit an und in einem einzelnen Dinge außer sich; und in aller Mannigfaltigkeit außer sich (S. 30). Nur einzig auf diese dreigeeinte Weise tut jedes Ding sein Wesen in Vollendung kund (S. 31). Besondere Anwendung dieses auf das Kind: es soll gleich von seiner Geburt an seinem Wesen nach behandelt und in den freien Gebrauch seiner Kräfte gesetzt werden (S. 31). Entwicklung des Kindes. Säuglings- Stufe. Der Mensch saugt hier gleichsam die Mannigfaltigkeit der Außenwelt in sich ein. Darum hohe Wichtigkeit dieser Stufe für das ganze Leben des Menschen (S. 31 - 37). Denn in ihr ruht auch das wahre Gemeingefühl zwischen Eltern und Kind, der erste Keim aller echten Religiosität (S. 38 - 41).

Wie die Entwicklung des Kindes in Stetiger elterlicher Einigung geschehen soll. So sollen auch die Entwicklungsstufen des Menschen selbst als ein Stetig fortlaufend lückenloses Ganzes in notwendig nach- wechselseitiger Bedingung und Einwirkung der einzelnen Stufen betrachtet werden (S. 42 - 47). Wie nun der Mensch an sich, und die Stufen seiner Entwicklung in sich, ein stetig fortlaufendes Ganzes find, so auch die Äußerungen seiner inneren wie äußeren Tätigkeit: Geistes- und Körpertätigkeit ist eine ungetrennte, sich gegenseitig lebendig bedingende Einheit. Sie bedingen aus sich Mäßigung. Wo Religion, Arbeitsamkeit und Mäßigung in Eintracht, in stetigem Verknüpftsein wirken, da ist Friede, Heil und Segen (S. 48 - 57). So wie bisher geschehen, muss der Mensch, um ihn und in ihm die Menschheit ganz zu entwickeln, schon in dem Kinde, in der Gesamtheit der irdischen Beziehungen ganz und in Einheit geschaut werden. In dem Kinde aber entwickelt sich der Erscheinung nach Well und Leben in Einzelheiten und in Aufeinanderfolge, und so sollen auch die Kräfte und Anlagen des Menschen in der notwendigen Folge entwickelt werden, in der sie hervortreten (S. 58).

Den erschienenen Menschen, das Kind umgibt anfangs neblichte Dunkelheit, aus ihr treten die Gegenstände nach und nach gleichsam wie aus ihrem Nichtdasein ins Dasein hervor, besonders durch das von den Eltern dazwischentretende Nennende und einende Wort, und so tritt sich das Kind selbst zuletzt als bestimmter Gegenstand entgegen (S. 59). Seiner Bestimmung gemäß kommt dem Kinde nun die Forderung Innerliches äußerlich und Äußerliches innerlich zu machen und für beides die Einheit zu suchen. Dazu erhielt es die Sinne (60). Die Sinne entsprechen den Zuständen der Außenwelt (61).

Fortschreitende Sinnenentwicklung bedingt Gliederentwicklung (S. 62 65). Mit der entwickelnden Sinnens, Körper- und Gliedertätigkeit beginnt die Stufe des Kindes. Wesenheit der Kindesstufe. Mit der Kindesstufe beginnt die eigentliche Erziehung des Menschen (S. 66). Unter den verschiedenen Entwicklungsstufen lässt sich zwar keine Rangordnung bestimmen, jede ist an ihren Stellen wichtig; doch ist diese Stufe, weil sie den Keim der folgenden enthält, hochwichtig. Das Kind auf dieser Stufe Soll wie alles richtig anschauen, so auch richtig und rein bezeichnen (S. 67). Spiel und Sprechen ist das Element, in welchem das Kind auf dieser Stufe lebt (S. 68). Spielen und Spiel ist die höchste Stufe der Kindesentwicklung dieser Zeit (S. 69 — 71). Für leibliche und körperliche Entwicklung sind wichtig die Art der Nahrungsmittel und Speisen. Die Speise sei immer nur Nahrungsmittel, nie Zweck an sich (S. 71 — 74). Was die Speise für den inneren Körper. Sei die Kleidung für den äußern, darum erscheinen auch bei den Kleidern Farbe. Form, Schnitt nie als Zweck an sich (75). Kindespflege besonders der Mutter für Weckung und Entwicklung der Gesamtkräfte und Anlagen des Kindes im Bilde vorgeführt (S. 75 — 84). selbstständig und selbsttätig wie der Sinnengebrauch, soll sich der Gliedergebrauch entwickeln. Natur und Umgebung, das Leben und der Tätigkeitstrieb des Kindes fordert dazu auf (84 — 85). Sinnbildlichkeit und Bedeutung des Tätigkeitstriebes.

Das Kind möchte der Dinge Inneres erkennen, ein Trieb, der recht geleitet Gott in seinen Werten zu erkennen Sucht, drängt ihn dazu (S. 85 — 90). Anschauung und Darstellung des Linearen der Gegenstände eröffnet dem

Kinde einen neuen Weg durch Äußeres und am Äußern das Innere zu erkennen (90). Wirksamkeit der Eltern für weitere Ausbildung dieses Entwicklungsweges (S. 91), so des ersten Keimes künftiger Zeichenfähigkeit (S. 91—94). An ihn knüpft sich der erste Krim zur Auffassung der Zahl (S. 94). Die Kenntnis der Mengenverhältnisse erhöht das Leben des Kindes, deshalb soll die Zahlfähigkeit gleich anfangs richtig entwickelt werden. Anleitung dazu (S. 94 99). Reichtum und Frische des inneren und äußeren Lebens des so richtig geleiteten, so wahrhaft behüteten Kindes beim Austritt aus dem Kindes- und Eintritt in das Knabenalter (S. 100). Das Begleiten der Eltern, der Geschwister bei den Berufs- und häuslichen Geschäften erhöht noch weit den Reichtum des Kinderlebens (S. 100 — 106). Blicke von dem Kindesleben ins Eltern- und bürgerliche Leben: Leere und Abgestorbenheit desselben (S. 108). Forderung dieser Vergleichung in Beziehung auf die Kindespflege (S. 109).

(Die Fortsetzung folgt.)

Die Erziehenden Familien.

Wochenblatt für Selbstbildung und die Bildung Anderer.

Sonnabend — 3 — den 21. Jenner 1826.

herausgegeben von Friedrich Wilhelm August Fröbel.

Die Verlobung.

Viel sind innerhalb eines geeinten Familienkreises der Erscheinungen und Begegnisse, welche das Herz aller Familienglieder mit frohen Hoffnungen und freudigen Blicken in die Zukunft erfüllen manche Schöne Tage des Familienlebens gibt es, welche heitere Frühlingstage desselben genannt werden können, falle ihr Erscheinen in den Winter, in den Sommer oder in den Herbst des Erdenjahres.

Unter allen diesen Lebenserscheinungen und Festtagen des Familienlebens ist der Verlobungstag der schönste, der gefeiertste. Wie an einem Schönen. heitern und lauen Frühlingstage nicht zu nennende Gefühle aus allen Gegenständen und Wesen der Natur entgegenblicken, entgegen grünen und blühen, und des Menschen Brust mit inniger Freude und Luft, frohen Ahnungen und Hoffnungen erfüllen: so ist der Verlobungstag innerhalb innig geeinter, in Offenheit und Wahrheit heraufgewachsener, sich verstehender, sich in sich selbst und in ihren Gliedern, in ihrem Streben und Ziele nach dem erkannt Höchsten und Besten klarer Familien: auch er Senkt einen echten Frühlingstag der Wonne, des Sehnens und des Hoffens in das Gemüt aller Glieder Solcher Familien.— Und wie könnte es auch anders sein?— Welch' ein Tag ist ein Verlobungstag!— Seit dem wichtigsten und wesentlichsten Lebensabschnitte und während des selbständig häuslichen Zeitraumes des Menschenlebens lebte und wirkte eine Familie einträchtig und strebend für Darstellung und Ausübung des Höchsten und Besten, wie es sich dem achtsamen Gemüte und dem einfachen Nachdenken in den verschiedenen Entwicklungsstufen des Menschenlebens so leicht kund tut.

Und nun, im aufgeblühten häuslichen und bürgerlichen Leben erscheint ihr das äußere Leben, nach seinen Erfahrungen, nach seinem Wirken und Können, nach seinen Plänen und Leistungen, nach seinen Erreichungen wie nach seinem Ziele ein in sich vollendet Abgeschlossenes und Festgestaltetes:

— so viele frühere Erwartungen und Hoffnungen auch immer im Leben noch unerfüllt geblieben sind, so scheint doch alles, was unter den gegebenen und bestehenden äußeren Bedingungen, Forderungen und Umständen des Lebens darzustellen möglich war, erreicht; so unvollständig und unvollkommen auch das Erreichte und Errungene ist und sein mag, die äußern Lebensumstände scheinen keine höhere, vollendetere Darstellung desselben mehr möglich zu machen und zuzulassen.

Aber dennoch bilden eben jene Erfahrungen, jene wenn auch noch so unvollkommenen Darstellungen der früheren Jugendgefühle und Jugendempfindungen, des frischen Mannesstrebens und lebendigen Frauenhoffens, im äußeren Leben und durch dasselbe innerhalb des gesamten Familienlebens, gleichsam im Kerne desselben einen Licht- und Lebenspunkt, welcher aussagt: — auch das Leben in der Wirklichkeit, auch das äußere sichtbare Leben nach seinen Forderungen und Bedingungen, wie es ist und entgegen tritt, lässt ungeachtet dieser dennoch eine höhere, vollendetere Darstellung dessen zu, was immer und immer im Gemüte des Menschen lebt und lebte, und dessen innerstes Wesen aus- machte und ausmacht, als das, bis jetzt dargestellte Leben es zeigt und zuzulassen Scheint. Wie nun ein Stamm, ein Baum, ein Gewächs im Frühling aus der Fülle seiner verborgenen, aber kräftig wirkenden Lebenskraft neue Knospen treibt für Blüte und Frucht; so bricht auch jene neue Licht- und Lebensknospe des Gesamtfamilienlebens, des Familienbaumes im Gemüte der, das eigene geistige Leben schon in sich erkannt Haben- den, als höhere- bisher treu in sich pflegend heraufgewachsenen, nun in Selbstständigkeit und männlicher Reise dastehenden. Sich besonders für beginnendes neues Leben Hand und Herz reichenden, Liebe und Treue, Vertrauen und Ausdauer gelobenden Kinder hervor; und entwickelt sich zu umso schöneren und kräftigeren Blüten und Früchten, als sie gleich den Knospen am Baume das geistige Leben zwar selbstständig in sich tragend und pflegend, aber doch im inneren unge- hemmten, lebendigen Zusammenhänge mit dem gesamten Familienleben, durch welches sie hervorgetrieben, und aus welchem sie hervorknospete, ist und bleibt, so zugleich in innerer Selbstständigkeit und äußerer Geschie- denheit dastehend.

Darum so wie im Frühling das in tausend Knospen und in jeder einzelnen hervor- blühende neue Leben, das Herz aller mit Freude erfüllt; so erfüllt an jedem Verlobungstage das an und aus dem Lebensbaume der Familie knospende neue Menschheitsleben die Gemüter aller Familienglieder und aller Familienfreunde mit besonderer inniger Freude: denn Jugendkraft und Lebensmut erscheint mit Lebensklarheit und Elterneinsicht für Darstellung edler reiner Menschheit im Bunde, und neue schönere Entwicklungen verspricht der Familie Lebensbaum.

Die freudige Hoffnung, das lang ersehnte, in und von der Familie stets, in welchem Grade des Bewusstseins es auch sei, angestrebte Höhere, die Darstellung der reinen Menschheit in dem neu geschloffenen Lebensbunde und durch denselben erreicht zu sehen, und wenn auch nur noch annähernd, aber doch immer umso vollkommener erreicht und dargestellt zu sehen, als die neue Familienknospe in inniger Einigung des Lebens und Strebens mit der elterlichen Familie bleibe, und daraus hervor- und emporwachse, und so das dem elterlichen Leben und Streben bis jetzt in Beziehung auf die Bestimmung und das Ziel der Menschheit Unerreichte nun von der neu zu beginnenden, neu zu begründenden Familie immer mehr und mehr errungen zu sehen: dies ist die Seele, welche an diesem Tage alle mit Freuden erfüllt. Jene unbewusste Ahnung: nur besonders in und durch Einigung, nicht äußere, der Gemeinsamkeit, sondern innere, der Einigung des Gemütes und im Gemüte, könne es wirklich geschehen, könne es wirklich werden: sie ist der Geist, welcher heute alle in Liebe, in Äußerungen der Liebe und der Einigung verbindet.

Den Eltern knospet an diesem Tage die Hoffnung, dass sie ihre höchsten Bestrebungen, von welchen ihnen aber noch so vieles unerreicht und undargestellt geblieben, in ihren für gleiche Bestrebungen verlobten Kindern mit neuer Kraft begonnen und kräftig dem Ziele entgegen gefordert zu sehen. In den Kindern dagegen geht das wahre Gefühl der Selbstständigkeit, der höchsten Selbstachtung, wie im inneren Bewusstsein so in der äußern Wirklichkeit auf: Förderer der Menschheit zu ihrem Ziele, und so Stetig dafür Innigst geeint, wie mit Gott und den Eltern, so in Gemeinsamkeit mit dem Menschengeschlechte, mit der Vergangenheit und Zukunft, wie in und mit der Gegenwart zu sein, zu leben und zu wirken. Darum, ein Tag doppelter Freude ist ein Verlobungstag!

Es ist der Tag, wo ein die Würde des Menschen in sich ahnendes, das Höchste als Eine Empfindung in sich tragendes und pflegendes, und für beides Licht, Klarheit, Gestalt und Entwicklung ersehnendes weibliches Gemüt in der Jungfrau — und ein von dem Wesen und der Bestimmung, von dem Gedanken der Menschheit durchdrungener, ihn als seinen Grund-gedanken erkennender, und für beides Leben, Darstellung, Entfaltung und

Wirklichkeit anstrebender, selbstständiger männlicher Geist in dem jungen Manne: wo so beide sehnen und streben, Hoffen und Ahnen gegenseitig in einander erfüllt sehen, und so gegenseitig sich selbst und ihr innerstes, eigenstes Leben findend, die Bestimmung und den Beruf der Menschheit als den ihrigen finden und erkennen, und für deren Ziel und Zweck mit Gott und den Eltern Einigung geloben, welches auch die Erscheinungen des Lebens, wie auch rau und dornig die Wege und stürmisch das Wetter des Lebens sein möge.

Was darum bisher nur bewusste Einzelaufgabe des Elternlebens war, wird nun bewusste gemeinsame Familienaufgabe. So weil als die Eltern ihre von Gott ihnen gegebene Aufgabe durch Gott förderten und lösten, übergeben sie Solche ihren Kindern, Sagend zu ihnen, wie Jesus zu seinem Jünger: behütet und pfleget das von Gott uns Gegebene. Und so nun vereint sich Jugendkraft und Elternklarheit, Jugendmut und Elternsinn zur Erreichung und für Darstellung des Zieles der Menschheit.

Aber noch mehr, noch umfassender wird durch jede Verlobung das, was bisher nur Einzelaufgabe war, nun Gemeingut, Gesamtaufgabe für Mehrere, für viele denn wie sich für die Zwecke und die Bestimmung der Menschheit zweier Menschen Herz, Geist und Sinn, wie zweier Menschen Hand und Leben hier einigen, so einigen sich dadurch nun noch dafür zwei, wenn auch bisher sich schon nahe stehende Familien, doch nun erst zum hohen gemeinsamen Zweck des Lebens.

Wie nun so die Kinder das Streben der Eltern, die Aufgabe der Menschheit mit Bewusstsein als ihr längst und immer gepflegtes höchstes, reinstes Streben in sich finden, nun noch bestimmter zu dem ihrigen machen, und dadurch die Aufgabe der Menschheit eine Gesamtaufgabe Mehrerer und Vieler, eine Aufgabe wird, welche die Eltern mit Bewusstsein an ihre Kinder übertragen, die diese mit Bewusstsein von ihren Eltern aufnehmen, und die so von Glied zu Glied mit immer Steigender Klarheit und Einsicht in Mittel und Zweck übertragen wird; so, in diesem und durch dieses Stetige und bewusste Übertragen und Aufnehmen und Fortbilden des Zieles und der Bestimmung der Menschheit, wird diese wahrhaft zu ihrer hohen Zielerreichung fortgebildet: so ist und wird die Zielerreichung der Menschheit: reine Darstellung ihres Selbstes, ihres Wesens Gemeinstreben, Gesamtgeschäft des ganzen Menschengeschlechtes, gleichmäßig der Vergangenheit und Zukunft, wie der Gegenwart, gleichmäßig der Jugendkraft, der Jugendlust und der Lebensfülle, wie der Klarheit und Sicherheit des Mannesalters angehörig. Und nur einzig so, aber auch gewiss lässt sich eine gewisse Ziel-erreichung, nur so lässt sich mit Gewissheit die Erreichung des Mensch-heitszieles hoffen: ja es ist schon erreicht, ist schon da: in dem Gemüte, in der Seele jedes einzelnen Familiengliedes ruht schon der Himmel, sie alle umschließt ein Himmel: Seht dort den viel blumigen, traubigen oder doldigen Blumenstängel: in jeder einzelnen Blume, wie in jedem einzelnen Menschen-herzen atmet Wonne, und die ganze Blumendolde umschließt ein Ausdruck der Luft und der Freude, des Duftes und des Wohlgeruches: so umschließt selbst eine Mehrheit von Familien ein Sinn, ein Himmel der Eintracht und des Friedens.

Doch keineswegs nur die Familienbande allein sind einigend, sind bindend; auch die freien Bande des Gemütes und des Herzens, die Bande der Freundschaft sind es ja, wir sehen es wiederkehrend im Leben, oft erscheinen sogar die Bande der Verwandtschaft viel leichter lösbar als die der Freundschaft. Leicht einzusehen treten die Ursachen davon entgegen: was dem Menschen nahe ist, glaubt er leicht zu kennen, zu erkennen, leicht zu durchschauen und einzusehen, glaubt er leicht würdigen zu können: anders, notwendig ganz anders tritt es ihm bei dem entgegen, was ihm ferner ist: darum gibt er sich hier Mühe zu erkennen, sucht was er ahnet und hofft, uns darum findet er es so oft.

Bei dem Freunde sucht, von dem Freunde wünscht er, von dem Verwandten, in der Familie fordert und ermattet der Mensch: durch sein Fordern und Erwarten trübt sich selbst sein Blick zur Erkenntnis, zur Anerkenntnis dessen was da ist, was ihn umgibt: so verliert er hier oft was er schon besitzt, was er besessen hat. In der Verwandtschaft tritt, als von der Natur und dem Geiste nach eins, notwendig die Forderung entgegen, so auch unmittelbar im inneren durch den Geist und durch das Gemüt erkannt und anerkannt zu sein; dort hingegen bei dem Freunde, wo von und durch die Natur ein Geschiedenes, ein Getrenntes, erscheint, tritt das Streben entgegen sich erkennbar, anerkennbar zu machen. Hier erscheint alles Gute leicht als freie Gabe, als Geschenk, und alles Nachteilige als zufällig, darum leicht verzeihlich: dort das Gute häufig als eine Forderung, und das Fehlende als Absicht, und darum schwer verzeihlich. Das Band der Verwandtschaft als ein dauerndes und zu einem dauernden zu erheben, Setzt mehr freies und unparteiisches Suchen, Forschen und Prüfen in sich, setzt und fordert mehr Selbsterkenntnis und hinabsteigen in sich, fordert das Schwierigere: das Band der Freundschaft fordert und bedingt mehr Ruhen, Suchen und Forschen in dem Anderen. In und aus dem Verwandtschaftsbande geht, als dem unmittelbaren, leicht Zweifel an das Unmittelbaren hervor, so wie in und aus der Freundschaft, als Mangel an dem äußerlich Unmittelbaren, leicht und gern Glaube an das Unmittelbare hervorgeht. In und bei dem Verwandtschaftsbande, tritt, was doch gerade als das hier leichtere umgekehrt sein sollte, leicht das Geistige als einendes Band zurück, so wie in der Freundschaft, weil es hier eigentlich nur das einzige Bildende ist, das Geistige die Erkenntnis, Anerkenntnis des Geistigen als einendes Band umso kräftiger hervortritt.

Kommt darum zu einer einfachen Verlobung noch diese so hohe und freundliche als seltene Erscheinung, dass zwei von einem Geiste belebte, von einem Streben für die Zwecke der Menschheit wie durch Gesinnung so durch Tat verbundene Freunde mit zweien von des Lebens Bedeutung und Würde gleich durchdrungenen, wie von dessen Schönheit und Anmut gleich erfüllten Freundinnen den Tag ihrer Verlobung feiern: so ist die Feier, die Bedeutung des Festes mehr als doppelt in sich vermehrt und gesteigert sie ist vielfach in sich erhöht, wenn solche in dem Streben für Erreichung des Menschheitszieles geeinten Freunde in und mit ihrem Verlobungsfeste zugleich das Fest inniger Einigung in sich und unter sich wie mit den Familien feiern, aus welchen sie hervorsprossten.

Und von einer in diesem Geiste und Sinne gegenseitig geschlossenen Verlobung, gegenseitigen Handbietung und Handreichung zur Forderung des Menschheitszieles lässt sich mit voraus- zusehender Sicherheit die Zielerreichung der Menschheit erwarten, ihr entgegen sehen: ja sie beginnt in und an diesem Feste selbst umso mehr, als die Feier desselben zum auch äußerlichen Ausdruck und Zeichen,— dass die Neuverlobten das in den Eltern, in welchem Grade des Bewusstseins es auch immer Sei, ruhende und lebende Streben nach dem Höchsten und Besten mir Sicherheit, Festigkeit aufnehmen, als das schon ihrige erkennen und als solches fortbilden, - zugleich aus dem schon bestehenden inneren und äußerlich festlichen Leben der Familie hervorwächst, gleichsam eine erhöhte gesteigerte Erscheinung desselben ist, zumal wenn es in das Lebensfest eines des Elternpaares fällt, besonders in das Lebensfest der pflegenden und sorgenden Mutter.

Und ist nicht ein Geburts- und Lebensfest, wie ein Verlobungsfest, ein Frühlingsfest des Familienlebens, in welche Zeit des Erdenjahres auch seine Feier falle?— Und der Frühling pflegt ja die Keime der erwachenden Natur, so wie die Mutterliebe und der Muttersinn, wie das Frauengemüt als die erste und wichtigste Pflegerin der Menschheit in allen Zeiten erkannt und anerkannt ist, und wer fände nicht tief gerührt und dankend dies in und an sich. Damm kann für die Feier des Verlobungsfestes nichts Schöner, höher und bedeutungsvoller sein als das in Einemsein beider Feste. Und dies fühlen und erkennen auch alle Glieder der Familie, seien sie durch das Band der Verwandtschaft oder durch das unsichtbarere des Vertrauens und Zutrauens verbunden, leicht und tief.—

Ein neues. Schönere- Ziel nicht ein neues, aber in erhöhter Klarheit, leuchtet aus hellerer Sonniger Höhe das längst gekannte, einzeln auf rauem, dornigen Pfade wohl schon erstiegene Ziel. Doch wie dornig auch, die Liebe aller, der reine einende, gleichmütig ausdauernde, vertrauende Sinn ebnet den oft rauen, oft Steilen und dornigen, oft felsigen Weg, damit nicht einer allein, einzeln und getrennt, ermüdet und erschöpft zum Ziele gelange: nein! damit alle geeint in freudiger fröhlicher Einung wandeln und empor Steigen mögen auf durch Liebe geebnetem Pfade zur Steilen Höhe, zum Ziele der Menschheit, zum schönen Ziele."

Das Erziehungsbuch. (Fortsetzung und Beschluss.)

Die bisherige Stufe ist vorwaltend die Stufe der Entwicklung der Sprachfähigkeit. Sprache und Won in Einigung und ungetrennt (S. 110). Die neue folgende Stufe der Entwicklung ist die, wo die Sprache an sich als etwas Selbstständiges und für sich und durch sich Bestehendes ein und auftut. Mit dieser Stufe schreitet der Mensch von der Stufe des Kindes zu der Stufe des Knaben empor (S. 112, 113). Die Knabenzeit ist die Zeit des verwaltenden Unterrichts (S. 114). Mit der Knabenstufe wird der Mensch, der Zögling Schüler (S. 115). Überblick und Zusammenhang aller bisherigen Entwicklungsstufen des Menschen bis zum Schüler. Die Erhebung der Willenstätigkeit des Knaben zur Willensfestigkeit ist der Hauptbeziehungspunkt der Leitung des Knaben in dem Unterrichte und der Schule (S. 115). Bestimmung des Wesens des Willens (S. 116). Bildung des Willens, der Willensfestigkeit: Beispiel und Won, sich gründend auf ein gutes Herz, auf Herzens, und Gemütsfestigkeit (S. 116). Die Äußerungen eines guten Herzens, eines Sinnigen Gemütes in dem Kinde sind der Ausdruck davon, dass es selbst eine Einheit in sich trägt und für die äußerlich getrennten Dinge die innere notwendige, lebendige Einheit zu finden Strebt (S. 117). Hierfür gibt das Familienleben nur die volle Befriedigung, und so wird dasselbe dem Kinde Musterleben (S. 118). Darlegung, Forderung und Bedeutsamkeit des reinen Knabenlebens (S. 118—139). Betrachtung des Knabenlebens der

Mehrzahl nach (S. 139, 140). Ist der Mensch seinem Wesen nach gut oder bös? (S. 181). Die Lüge ist die einzige Quelle alles Bösen in der Welt. Die Lüge wird dadurch geschaffen, dass der Mensch für sich selbst und für Andere nicht anerkennt und nicht anerkennen macht, dass er von Gott zur Wahrheit geschaffen ist, dass das in ihm wohnende Wesen, sein Wesen nur ein wahres ist (S. 142). Besondere Beleuchtung der Knabenfehlerhaftigkeit (S. 143 — 147). Der Mensch versündigt sich darum bei weitem mehr gegen den Menschen als unmittelbar gegen Gott (S. 148). Des Knaben Sinn ist ein einender (S. 149). So das freitätige Leben des Knaben auf der Schülerstufe (S. 150). Was ist Schule'? (S. 150 — 158). Der Gegenstand, in welchem der Knabe unterrichtet werden soll, ist zugleich der. über welchen er unterrichtet werden soll (S. 159). Was sollen Schulen lehren? (S. 160). Innere Geisteswelt — Gemüt: Außenwelt, hier zunächst Natur, und dass sie beide Bermittelr.de, die Sprache, sind die Angelpunkte des Knabenlebens. Durch sie soll die Schule den Knaben zu der dreifachen, in sich aber einigen Erkenntnis führe,: zur Erkenntnis seiner selbst und des Menschen, zur Erkenntnis Gottes, der ewigen Quelle aller Dinge, und der Erkenntnis der Natur und Außenwelt, als hervorgegangen aus dem ewigen Geistigen und durch dasselbe bedingt (S. 162). Was ist Religion und Religionsunterricht? (S. 163). Was ist Religion Jesu? (S. 168). Was ist christliche Religion? (S. 173).

Was die Religion sagt und ausspricht, das zeigt die Natur: was die Gottbetrachtung lehrt, bestätigt die Natur: was die Religion fordert, erfüllt die Natur (S. 177 - 178). Was ist Natur? wie ist das Verhältnis Gottes zur Natur? (S. 179—183). Dreifaches in sich einiges Gottesreich: sichtbares, unsichtbares, unsichtbar sichtbares (S.190 — 192). Betrachtung der Natur in ihrer Einheit bei aller Mannigfaltigkeit der Einzelerscheinungen (S. 193 — 249). Die äußere, auf den Einzelheiten der Naturerscheinungen, auf den einzelnen Naturgegenständen als geschiedenen, getrennten, ruhende Naturanschauung und ihre äußerliche willkürliche Verknüpfung und Zusammenstellung kann dem in -ich einigen Geiste des Menschen schon als Knaben nicht genügen (S. 193, 194). Darum Sucht auch der Mensch für diese von und in der äußern Anschauung geschiedene Mannigfaltigkeit schon frühe als Knabe Einheit und Einigung (S. 195). Diese frühe Sehnsucht des Menschen und schon des Knaben nach Einheit der Naturformen bei aller Mannigfaltigkeit und Getrenntheit der Naturerscheinungen zu nähren, die Hoffnung sie erfüllt zu sehen, zu beleben, muss erste und wichtigste Aufgabe eines echt menschlichen Erziehungsgeschäftes sein. Andeutungen zur möglichen Lösung dieser Aufgabe, zur Erfüllung dieser allgemein menschlichen, dieser Knabensehnsucht. Bei aller Einzelnheit und Getrenntheit der Naturgegen- Stände ist doch immer das Wesen der Kraft, einmal das sie verknüpfende und dann das, von der alle Mannigfaltigkeit ausgeht und worauf sie beruht (S. 195). Kraft ist aber im Sein an sich bedingt, ist die äußere Erscheinung desselben; deshalb ist auch Kraft der erscheinende, wahrnehmbare Grund von Allem in der Natur (S. 195). Kraft an sich aber ist ein selbsttätiges, allseitiges, gleichtätiges Wirken immer von einer Einheit aus (S. 196).

Entwickelt sich nun die Kraft und stellt sie sich nach allen Richtungen hin frei dar, so ist die räumliche Erscheinung davon eine Kugel. Und so erscheint auch die kugelförmige Gestalt durchgehend in der Natur als die allgemeinste erste, so wie die allgemeinste letzte Naturform, sie ist keiner der andern räumlichen Naturgestalten gleich und trägt sie doch alle dem Wesen, der Bedingung, dem Gesetze nach in sich (S. 198, 201). Das Festgestaltete (Kristallinische) ist die erste Erscheinung der irdischen Gestaltung (S. 201). In dem ganzen Naturgange der Entwicklung der Festgestalt ist eine Übereinstimmung mit der Entwicklung des menschlichen Geistes und menschlichen Gemütes.

Diese Erscheinung des Gleichlaufenden in dem Entwicklungsgänge der Natur und des Menschen ist Sowohl für Selbsterkenntnis als für Selbst- und Andererziehung wichtig (S. 203). Das Festgestaltete in aller seiner Mannigfaltigkeit entwickelt sich nach dem in der Kugelform sich aussprechenden Wesen der Kraft. Andeutungen und Nachweisungen dafür (S. 203 - 223).

Was sich in dem Gesetze des Festgestalteten ausspricht, spricht sich auch in dem der Lebegestalten aus (S. 223 - 240). Wie die Natur so in sich ein Stetige-Ganze- ist und als Solches erscheint, so muss sie auch frühe dem Menschen dargestellt werden, bei aller Mannigfaltigkeit als ein lebendiges gleichsam nur einen Gedanken Gottes darstellendes Ganzes (S. 240), dies ist der Zweck dieser Andeutung (S. 242 — 249). Mathematik, Erkenntnismittel an sich, der Natur insbesondere (S. 249 — 254).

Was ist Sprache? (S. 255). Sprache muss in ihrer Wechselbeziehung zu Religion und Natur aufgefasst und betrachtet werden (S. 156— 158). Die selbsttätige Darlegung und Darstellung des eignen inneren am Äußern und durch äußerlich gewordenes heißt im Allgemeinen Sprache (S. 259). Sprache ist wie die Mathematik zugleich der Innen- und Außenwelt angehörig (S. 260). Die Sprache drückt in ihren letzten Wortbestandteilen nicht nur die

Grundeigenschaften der Natur, sondern auch die Wirkungen und Äußerungen des Geistigen aus (S. 261 — 272). Darum auch frühe Beachtung des Sprachrhythmus (S. 272). — Die sichtbare Sprache, die Schrift, das Schreiben soll sich in jedem Einzelnen auf dem allgemeinen geschichtlichen Wege entwickeln nach dem Gange der allgemeinen Entwicklung des menschlichen Geistes (S. 277 — 279). Auch die Schriftzeichen sind gewiss nicht bedeutungslos und zufällig (S. 280). Durch das Schreiben ist das Lesen bedingt (S. 287). Durch den Akt des Schreibens und Lesens erhebt sich der Mensch über jedes andere Geschäft, durch die Ausübung dieser Akte wird der Mensch erst Person (S. 282).

Aus dem bisherigen tritt klar entgegen: alles menschliche Streben ist ein dreifaches: entweder ein Streben nach Ruhen und Leben in dem inneren oder ein Streben nach Erkennen und in sich aufnehmen des Äußern, oder drittens ein Streben nach unmittelbarer Darstellung des inneren (S. 28Z). Dies bedingt die Kunst, ist die Kunst (S. 284).

In der Familie wächst das Kind herauf und zum Knaben und Schüler empor. An die Familie muss darum die Schule anknüpfen (S. 289 - 292). Die einzelnen Richtungen dieses geeinten Schul- und Familien-, dieses lebendigen Unterrichts- und Erziehungslebens gehen für den beginnenden Schüler aus seiner begonnenen Knabenstufe hervor. Darlegung der dadurch bedingten Unterrichts- und Erziehungsmittel dieser Zeit (S. 294 - 299). Besondere Betrachtung dieser Erziehungs- und Lehrmittel (S. 300 - 489). Beleben (Leben ist Druckfehler) und Ausbildung des religiösen Sinnes (S. 300 - 311). Aneignung religiöser Aussprüche (S. 312 - 314). Achtung, Kenntnis und Ausbildung des Körpers (S. 314 - 318). Natur- und Außenweltsbetrachtung Sowohl im Allgemeinen als auch dem besonderen Stoffe und Lehrgänge nach (S. 319 - 350). Aneignung kleiner dichterischer, Natur und Leben erfassender Darstellungen, besonders zum Singen und für Gesang (S. 350 - 360). Sprach-übung, von der Natur und Außenweltsbetrachtung ausgehend (S. 361 - 375). Übung zu und für äußerliche, körperlich räumliche Darstellungen nach Regel und Gesetz vom Einfachen zum Zusammengesetzten fortschreitend (S. 375 - 383). Zeichnen im Netz nach äußerlich notwendigem Gesetze (S. 383 - 403). Auffassen der Farben in ihrer Verschiedenartigkeit und Gleichartigkeit, besonders durch Darstellung derselben in schon gebildeten Flächenräumen mit vorwaltender Beachtung schon gebildeter Formen: Ausmalen von Bildern und Umrissen, später mit vorwaltender Beachtung der Farben: Malen im Netz (S. 403 - 417). Erzählen von Geschichten und Sagen, von Fabeln und

Märchen, anknüpfend an die Tages-, Zeiten- und Lebensbegegnisse (S. 417 - 424). Kleine Reisen und größere Spaziergänge (S. 424 - 430). Zahlenkunde (S. 430 - 452).
Formenkunde (S. 452 — 457). Sprechübungen (S. 457 — 473). Schreiben (S. 474 - 487). Lesen (S. 487 — 489). Überblick des Ganzen bis zur begonnenen Schülerstufe, Folgerungen und Schluss des ersten Bandes (S. 489 — 497).

Das Buch beginnt also mit der Vorführung des Grundes und Wesens aller Dinge: entwickelt daraus das Wesen und die Bestimmung des Menschen: führt den Menschen in seinen verschiedenen Entwicklungsstufen und deren notwendigen Bedingungen vor, bezeichnet das Eigentümlichste jeder Stufe und die Bedeutung desselben, leitet daraus die notwendigen, durch die Sache selbst gegebenen Erziehung-- und Unterrichtsmittel ab, und führt sie im Allgemeinen und Besondern bis zum begonnenen Knabenalter durch und vor.

Die Erziehenden Familien.

Wochenblatt für Selbstbildung und die Bildung Anderer.

Sonnabend — 4 — den 28. Jenner 1826.

herausgegeben von Friedrich Wilhelm August Fröbel.

Der Spaziergang in der Mitte des Jenners.

ein herrlicher Wintertag ist der heutige: — Klar ist der Himmel, Sonnig sind die Höhen, Schneeiges Gewand deckt Tal und Berge, Still und frisch ist die Lust und mit Hellen blinkenden Augen schaut der gesunde Winter durchs dustige Fenster und ruft aus: "heraus! heraus!"— Ja! lasst uns ihm folgen, dem Rufe des Gesunden und Kräftigen, des Frohen und Frischen: kommt, lasset ins Freie uns gehen.

O! schaut mir doch unsere Hecken und Büsche an, unsere Obst- und Waldbäume, unsere klarrindigen, strebenden Tannen und unsere Schlanken, buschigen Fichten, sind und stehen sie nicht leuchtend und geschmückt wie Christbäume?

„Ja, Ja! wie Christbäume!"

Vom Licht und Glanze strahlen die Christbäume, mit und in Schönen Gaben geschmückt stehen sie: Kommt und lasst uns sehen, wovon leuchten sie denn und womit sind sie so herrlich geschmückt, unsere Büsche und Bäume der Flur? Seht, seht! nur eine dichte massige Decke von Schnee schien alles, was die Bäume als festlichen Schmuck belastet und wovon so gebeugt die Äste erscheinen: und nun, welche Mannigfaltigkeit! alles schien wie verworren, und jetzt, welche Ordnung, welche Gestaltung, welche Gebilde! nur mit Mühe drängt sich's bei diesem Reichtum, bei dieser Fülle auszusprechen zurück, welches Leben! — Wie Lichtstrahlen Strahlen die Festgestalten des Reifes und Dunstes aus den Zweigen und Ästen des Baumes hervor. Kristalle nennt man sie mit dem so geheimnisvoll erscheinenden und so anziehenden Namen, wie sie in sich selbst so geheimnisvoll erscheinen und so anziehend sind.— Seht in welche unzählige Mengen größerer und kleinerer Kristalle gewachst, gleichsam Kristallfamilien, löst sich nun, dem Auge nahe, der Schmuck der Bäume auf. Jede- ist und erscheint wider ein Ganze- in sich: jedes hat seinen eigenen selbstständigen

Beziehungs- Punkt, wie die Strahlen jedes Lichtes und Sternes und wie die Mannigfaltigkeit der Glieder und Teile eines Gewächses ihren bedingenden gemeinsamen Ausgangs- und Beziehungs- punkt haben. Schaut her, wie liegen und stehen in jedem Kristallgewächse die einzelnen Reif- und Dunstgebilde so ebenmäßig und in ihrer Ruhe doch so tätig und rege seht diese Gleichlaufendheit, dieses Gleichweite der Entfernung, diese Gleichartigkeit und dieses so Eigentümliche der Form und Größe, dieses Gleichmäßige der Gliederung, und noch so Vieles, was dem Auge, dem inneren Sinn so nahe liegt und doch dem Worte, der Bezeichnung so fern ist: alles drückt die Ebenmäßigkeit so bestimmt, so festgestaltet und doch so lebendig aus. Ein Grund, Ein Gesetz ihres Entstandenseins, ihres Fortbestehens und Fortwirkens spricht sich in allem aus, und geht aus allem hervor.

„O! schon dann, wann ich mich völlig dem Eindrücke des Ganzen hingebe, erscheint es im kleinen wie die Ruine, wie die Trümmer eines in sich zusammengesunkenen, in Einem Geiste von einem hohen einenden Sinne erbauten, reich gezierten Säulenpalastes.“

Ja schon oft erstellte uns des Reifes und Duftes so glänzendes, so buntkrauses und blitzendes Mancherlei; aber Seht, wie sind sie heut, wie noch nie gesehen, so eigentümlich und doch so einfach: an jedem der so höchst ebenmäßig gleich- laufend, gleichweit entfernten Rebenstrahlen stehen wiederkehrend ebenmäßig gleichlaufend und streng gleichweit entfernt, und, wie der Rebenstrahl auf dem Hauptstrahle. So unter sich in rechter Richtung kleinere Festgestalten, kleinere Kristalle, alle gleich lang, alle gleich breit, alle gleich dick, kurz, alle in ebenmäßiger Größe: alle gleichlaufend mit der gleichnamigen Breitenseite, alle Ebenen der Dicke liegen in einer und ebenderselben Ebene, d. h. Sie sind unter sich gleichgerichtet, seht welch' ein so eigener als anziehender Anblick, welch' ein so schöner als wohltuender Eindruck auf das Auge, wie auf das Gemüt.

Und was wir dort sahen, sehen wir hier: was uns der Strauch zeigte, zeigt uns der Baum, und was wir hier am Fuße des Berges beim Beginnen des Waldes sahen, sahen wir längs des Weges bis hierher; jeder Zweig und jeder Ast der dicht bedeckten Waldbäume wie des einzelnstehenden Gesträuches, alles, alles zeigt dieselbe Erscheinung. Ja nicht allein die Erscheinung der Form an sich. Sondern sogar die Größenerscheinungen derselben gehen in Allgemeinen fort, und sind im Allgemeinen sich überall gleich. Es muss darum eine große allgemein verbreitete, durchgreifend gleichmäßig wirkende Bedingung derselben sein: in allen Teilen der Lust bis in das Kleinste hin musste sie liegen: doch muss auch die Bewegung, der Zug der Luft, und die Wirkung sich ihr entgegenstellender, sie hemmender Körper darauf wesentlichen Einfluss gehabt haben. Denn seht! die von Abend gegen Nachmittag gekehrten Seiten an Stämmen, Ästen und Zweigen sind vom Reif, von Kristallen entblößt, wie dagegen die rein entgegengesetzten Seiten damit wie dicht überschüttet sind, und, erinnert ihr es euch wohl, gerad in dieser Richtung von Morgen gegen Bormittag nach Abend gegen Nachmittag durchstrich in den letzten Tagen die Luft Stetig das Tat.

Doch keineswegs schon fertig gebildet führt der Luftzug die Reifkristalle mit sich, wie der Schnee in der Luft sich bildet und gebildet zur Erde fallt Sondern der Reif und Dunst bildet sich unmittelbar erst an den Flächen und Seiten der Gegenstände. Ein bestimmter Luftzug, demselben sich entgegensetzende Gegenstände und Flächen und ein eigentümlicher Zustand des Dunstkreises sind also die ersten Bedingungen dieser Dust- und Reifkristalle.

„Aber, Vater! sieh einmal hierher in den Fuhrweg, hierher, wo der ausgetretene Bach eine große Eisfläche bildet, sieh, wie diese mit rauem Reif bedeckt ist, und siehe, wie es hier doch so ganz anders als an den Bäumen ist!"

Du hast ganz recht, wohl stehen die kleinen Kristalle im ganz Allgemeinen auch Senkrecht, oder vielmehr dem Senkrechten nahe, aber mehr in Blättchenform, auf der Eisfläche, mehr spitziger gegen den Punkt des Aussitzens auf derselben, und nach und nach sich mehr ausbreitend gegen das obere Ende. Aber, Seht, wieder haben alle eine verhältnismäßig gleiche Größe. Wie vorhin nur die Massen der Festgestalten und im Großen eine gewisse Richtung ihrer Lagen hatten, so haben hier sogar die kleinen Einzelfestgestalten eine bestimmte allgemeine Richtung, so dass die Breitenausdehnung der einzelnen Festgestalten, wie ihr ja deutlich seht, den vorhin bestimmten Luftzug der letzteren Tage fast rechtwinklig durchschneidet.

„Seht, wie die Enden aller so höchst gleichmäßig sind, wie alle gegen das Ende so durchsichtig."

Ja, das Ende aller scheint eine gleichwinklige doppelstumpfwinklige End-Ecke zu sein: durch auf einander folgen des, immer stärkeres Ansetzen gebildet erscheint sie schanzenbauähnlich.

So geht der Weg fröhlich und emsig beachtend die Anhöhe hinan: und schon fesselt ein anderer herrlicher Anblick die Augen aller: Lichtpunkte strahlen in den reinsten bestimmtesten Farben gleich Sternen von der mit dichtem Schneegewand bedeckten, blendend weißen Fläche, immer neue und andere

Farbenpunkte, oder mit anderen Farben die schon beachteten funkeln und blitzen ins Auge. Kleine Plättchen fast von der Größe der Durchschnittsebene einer Gartenerbse und dünn wie das Gold und Silber an den Äpfeln und Nüssen des Christbaumes ruhen wie hingeworfener Flaum auf der schneeigen Decke der Erde, und bilden sie zum Teil selbst. Prachtvoll sind die Farben, in welchen das von ihnen zurück- und ins Auge geworfene Licht der Sonne strahlt. In blendendem Glanze blinken und leuchten die kleinen Ebenen, und nicht müde wird das Auge sie zu schauen, und sie wieder zu Schauen. Zeder Schritt vorwärts, jeder Schritt rückwärts, ja nur jede leise Neigung des Kopfes nach der einen oder der anderen Seite ruft andere Farben hervor, immer in gleicher Folge bei langsam stetigem Neigen kommend, immer in gleicher Folge schwindend, und durch gleiche Zwischenfarben hindurchgehend. Wie reizt dies, sie näher und immer näher zu betrachten, und nun kommt und Seht, nun schaut, was nur zufällig hingeworfene, nur zufällig geformte Plättchen von im Allgemeinen gleicher Größe erschienen, sind alles, alles genau Stern- und strahlenförmig, sechsstrahlig aus einer Mitte gebildete Ebenen, Blättchen, wo von jedem dieser sechs zu einander gleichgeneigten, also sich immer unter 1/6tel des gesamten Flächenraumes um einen Punkt neigenden Strahlen wieder Streng in derselben Ebene und genau wieder unter denselben Neigungen, Winkeln, Blättchen auslaufen, die, wie es scheint, durch Wiederkehr dieser Bildung sich gleichsam zu jenen glänzenden Blättchen weben.

„Dies sahen wir ja so schön, und zeigtest du Vater uns vor einigen Tagen so klar."

„Ja, wie es so kalt, der Himmel so heiter und nur ganz leise Dünste wie Hauch in der Luft zu sein schienen, und wie's da aus der Luft wie kleine Flimmer herabfiel!"

„Und die wir teils auf unseren wollenen dunkelfarbenen Kleidern, teils auf unsern schwarzen Schiefertafeln, teils auf Wachstuch auffingen."

„Nun sahen wir statt der gestaltlosen Flimmer so schöne und so bestimmt gebildete sechsstrahlige Sternchen, fast alle gleich."

Und dennoch zeigten sie bei genauer Betrachtung so manche und so wesentliche Verschiedenheit: Alle waren zwar sechs- und unter sich immer gleichstrahlig, auch die Strahlen unter und zu sich in ganz gleichen Neigungen, aber, entweder waren die Strahlen nur einfach, oder sie waren alle unter sich wieder ganz gleichmäßig unter Neigungen von 1/6tel des gesamten Flächenraumes um einen Punkt (von 2/3tel rechten Winkel) wieder mit kleinen Kristallen besetzt; die meisten dieser Sterne haben zwar eine ausgefüllte, volle Mitte, viele aber hatten auch in ihrer Mitte, in dem Beziehungspunkte der Strahlen einen freien Raum, eine kleine Öffnung, welche gleichsam von einem kleinen Kranze gebildet wurde, und von wo aus die Strahlen in ihren gegenseitig gleichen Neigungen ausliefen. Oft haben diese kleinen Sterne auch ein mehr raues, doch gewöhnlich ein spiegelglattes Ansehen, welches beides von dem Zustande der Luft besonders dem Kältegrade abzuhängen scheint.

So senkt die kleine beachtende Schaar ihren Weg wieder abwärts in ein kleines Seitental; der Himmel hat sich wieder mehr getrübt, die Luft ist lind und reichlich fällt der feinste Schnee alle leichten Unebenheiten des Bodens schon vom früher gefallenen Schnee ausgeglichen, erscheint nun Hügel und Feld wie von weichem Flaum überdeckt, zum Ruhen ladet der schwellende Sitz. –Wie reich belohnt sich das Folgen des Rufes! aus welcher zahllosen Sternenmenge erscheint die Schnee- decke gewebt, und welche Mannigfaltigkeit unter ihnen!

Seht zunächst hier den vollständig sechsstrahligen Stern, doppelt gefiedert erscheint jede der Strahlen: aber seht, wie so höchst merkwürdig, keine der Seitenstrahlen geht über die Länge des Hauptstrahles hinaus, d. h. wenn ihr euch eine gerade Linie von einer der Hauptstrahlen zu dem anderen zunächst liegenden denkt, so geht nie eine der Seitenstrahlen über diese Linie hinaus: so unsichtbar, so unkörperlich diese Linie ist, eine so unüberschreitbare Schranke erscheint sie doch diesen Seitenstrahlen des Schneesternes. In den gewöhnlichem und häufigeren Fällen wird die Grenze gar nicht erreicht: dann erscheinen sechsstrahlige Sterne mit stumpfen oder spitzeren Hauptstrahlen: wird aber diese Grenze rein erreicht, so erscheint ein vollständig und scharf gebildetes Gesechst.

„O! ich habe hier ein solches Gesechst gefunden, wie so schön, so bestimmt ist es ausgebildet!"

„Wie so sehr freue ich mich, dass wir gerad heut ins Freie gingen, und der Einladung des so schönen Tages gefolgt sind!"

Auch hier und heute begegnet uns wieder, liebe Kinder, was wir schon so mannigmal im Leben und so schlagend fanden: dass die Natur, wenn man sie sinnig beachtet und ernsten Strebens sich bemüht. Sie in ihrem Wesen und Wirken und Leben zu erkennen, dann gleichsam wie aus Dankbarkeit und wie mit mütterlich helfendem Sinn alle zur sichern und klaren Erkenntnis nötigen Mittelglieder in diese Umgebungen, und gerad jetzt hervorgebracht zu haben scheint, um das Streben nach Einsicht in ihr Wesen durch sich selbst zu belohnen; schon oft, dies wissen mehrere von euch, auch im Frühling und Sommer bei den Blumen und Pflanzenbetrachtungen, bemerkten und erkannten wir dies dankbaren Herzens, und auch jetzt, Seht! seht zwei sechsstrahlige Sterne, in ihrer Ausbildung rein entgegengesetzt: einfach und sehr spitzig auslaufend sind die Strahlen des einen und nur dicht um den Einigungspunkt einfach gefiedert: ganz dem entgegengesetzt ist die Bildung des anderen Sternes: einfach sind die Strahlen gegen ihren gemein- samen Mittelpunkt, und mehr breitblätterig, fast zusammenlaufend gefiedert gegen das Ende.

Wie mannigfach treten die Kanten der gleichsam in einander verwebten Kristalle einander gegen über, und doch wie sind sie alle unter sich entweder so gleichlaufend, oder so gleichgerichtet, von den verschiedensten Seiten gehen die Wirkungen aus, und doch wie so scharf zusammentreffend in ihren Folgen. Diese beiden Gestaltungsverschiedenheiten dieser Schneegebilde sind sehr merkwürdig, sind sehr belehrend, sie führen in ihrer beachtenden Zusammenstellung unmittelbar in die tiefere Kenntnis des Wesens der Schneegestalten.

Aber schaut mir hierher, was ich hier entdeckt habe, einen nur dreistrahligen Stern immer zwischen zwei Strahlen erscheint hier einer zurückgedrängt: so erscheinen nun die drei Strahlen wie drei Linien, die sich in unter sich gleicher Neigung in einem Punkte verbinden. Diese Schneegestalt, ihr lieben Kinder, zeigt, dass die sechs Strahlen in den Sechs strahligen Sternen ihrem inneren Wesen und der Bedingung ihres Entstehens nach nicht alle unter sich von ganz gleichem Werte, sondern nur drei und drei gleichwertig sind. Diese drei Strahlen erscheinen gleichsam als Grundstrahlen, so wie die drei hier fehlenden Strahlen als dadurch bedingte und abgeleitete erscheinen. Diese drei hier fehlenden Strahlen erscheinen wie in der reinen Betrachtung der Form die drei bedingten und abgeleiteten Linien und Richtungen, welche entstehen, wenn ihr drei Linien in einem Punkte verbindet, und dann jede dieser drei Linien von dem gemeinsamen Bereinigungspunkte aus, nach der entgegengesetzten Seite verlängert, oder, wie ihr es nennt, durch den Bereinigung-Punkt hindurch gehen lasset. Ihr seht hieraus wiederkehrend, wie eine naturgesetzige Betrachtung der Form mit der Erscheinung der Form in der Natur in Eins zusammenstellt.

Warum? dies wollen wir uns ein anderes Mal beantworten.

„Schaut doch, was ich hier entdeckt habe, einen drei- und dreistrahligen Stern; denn sehet, drei abwechselnde Strahlen sind bedeutend länger und ausgebreiteter, so wie die andern drei abwechselnden Strahlen bedeutend kürzer sind."

Sieh, hier hast du das reine Mittelglied zwischen dem reinen dreistrahligen und dem rein sechsstrahlig erscheinenden Schneestern gefunden.

„Aber, sieh Vater, wie dies blinkt, nicht so groß wie der Durchschnitt eines Senfkornes ist dieses Sternchen, doch gewaltig blitzt und funkt es und wie so gleichgesetzig ebenmäßig ist es ausgebildet."

Es ist der Wiederschein der so Hellen klar leuchtenden Sonne selbst eine Sonne im Kleinen erscheint die kleine Gestalt, und dennoch, wie du dich wendest, ist der Glanz verschwunden das Licht gleitet von der kleinen spiegelglatten Fläche, wie du leicht sehen kannst, (unter der gleichen Neigung, in der es auf dieselbe fällt, wieder ab und) in dein Auge: kaum kann man sagen dass das Licht auf der Oberfläche ruhe.

Aber schaue hierher. wo ich sitze: durch die Nähe des Mundes bei der genauen Betrachtung und durch das Ausatmen sind die kleinen Schneesternchen in kleine runde Perlen und Kugeln geschmolzen: siehe, wie auch sie glänzen, zwar nicht wie jenes Sternchen, wirklich blendend, aber mit einem ruhigen festen, ich möchte sagen, gediegenen Lichte: dort glänzt, gleitet es aber nur von der Oberfläche zurück, und hier strahlt es wie aus dem inneren hervor, dort berührt es kaum die Oberfläche, und hier ist es wie in das Innere der Perle eingewickelt. So wie sich, durch den Hauch erwärmt, die Schneegestalt in sich selbst zusammengezogen hat. Doch von diesen Lichterscheinungen ein anderes Mal: lasst uns jetzt zu unseren Reif- und Dust- und Schneegestalten zurückkehren.

Lasst uns hingehen zur Quelle des Baches am Fuße des Berges; wir sahen ja vorhin schon, dass auf dem glatten Eis über- und ausgetretener Bäche vorzüglich schön ausgebildete Reif- und Dustgestalten sich bilden.

Seht, schon von der Feme her leuchtet uns der Kristallgarten - wie mit Laubmoos überdeckt erscheint die glatte wellige Eisfläche des Abhangs: groß sind die Gestalten und wie mannigfaltig auf den ersten Blick hier plättchen- und blätterartig, dort wie Bäumchen und Zweige, und hier wieder wie kleine Bündel spitziger scharfer Nadeln. Aber die letzteren ausgenommen, so sind es doch fast größtenteils nur Bildungen in einer Ebene, und doch welche

Verschiedenheit in der Verzweigung und äußeren Verbindung und Zusammenfügung.

Seht hier nach zwei Seiten hin in 1/6tel Punktraum (in 2/3tel rechtem Winkel) gegen die Spitze zulaufend die Hauptäste strahlig, streng gleichlaufend und gleich weit entfernt: jede der Hauptstrahlen wieder auf gleiche Weise ebenmäßig mit kleinen eisigen Festgestalten besetzt: netzförmig gestrickt erscheint das Ganze. (Fortsetzung folgt.)

Das Schlittenfahren und Eisgleiten der Kinder und Knaben.

Je mehr die Kinder und Knaben mit ihren freien Beschäftigungen uns lebendig und eindringlich entgegen treten, und je mehr wir diese ihrem Wesen und Bedingungen, ihren Wirkungen nach beachten: umso unbezweifelbarer geht daraus hervor, dass die Art und Wahl derselben keineswegs durch das Äußere des Augenblickes und durch den Zufall bestimmt, sondern, je mehr des Kindes freitätiges Leben äußerlich hervortritt, umso mehr von notwendig Streng vorschreibenden inneren geistigen Bedingungen abhängig ist. Dieses höhere Gebietende bei den freien Kinder- und Knabenspielen und Beschäftigungen ist ein Dreifaches: entweder ist es die Folge und der Ausdruck besonders vorherrschender persönlicher Neigung und Anlage: oder es ist überwiegend Ausdruck allgemein geistig menschlicher Beziehungen und Bestrebungen, ist allgemeiner Ausdruck der Seiten und Richtungen und der Forderung des Menschenwesens an sich oder endlich ist es wohl auch als untergeordnete Erscheinung nur Folge der Gewohnheitsmacht, der zweiten Natur, sogar wohl bei Erwachsenen, sich selbst freitätig bestimmenden Menschen.

Darum ist die Welt der freien Kinder- und Knabenbeschäftigung, besonders ihrer Spiele sinn- und bedeutungsvoll, ist sinnbildlich, d. h. ihre Äußerungen und die Art derselben drücken bestimmte Zustände und Entwickelungsstufen des inneren Lebens und Strebens des Menschengeistes, drücken Eigenschaften und Forderungen des Menschenwesens an sich aus. Die Kinder- und Knabenspiele. Beschäftigungen und Tätigkeiten haben keineswegs, wie noch so allgemein angenommen wird, nur körperliche und leibliche, und durch diese hindurch bloß mittelbar, durch Stärkung, geistig entwickelnde Beziehung, und nur den Zweck des äußeren Beschäftigtseins, und Befriedigung des Tätigkeitstriebes an sich; sondern sie gehen aus der unmittelbaren Forderung des Menschenwesens, des Menschengeistes hervor, und beziehen sich unmittelbar darauf.

Das Kind und der Knabe gleicht einer Knospe im Frühlinge, das Wesen in beiden ist in seiner höchsten einfachen Anschauung, in seinen äußersten Erscheinungen sich gleich es ist frei- und selbsttätige Kraft.

Kraft ihrer Natur nach ist wie auch das Wort Kraft ganz bezeichnend aussagt das selbsttätige, sich in sich selbst stützende Streben nach Selbstdarstellung für Selbstkunde. Wie darum eine Knospe eigentlich gar nichts weiter zu tun hat, auch eigentlich gar nichts weiter tun will, als aufbrechen, sich erschießen, Kraft dazu steigernd in sich sammeln und ausbilden, um aufzublühen, auszudusten, so ist des nicht ganz missgeleiteten Kindes und Knaben einziger Grundtrieb die Geisteskraft in sich zu steigern, gleich dem Akt des Knospenschwellens, um sich dann wie diese zu erschließen, zu entfallen, Blüten und Blumen zu treiben, sich in seinem Wesen, und so sein Wesen selbst darzustellen. Diese Tätigkeiten sind wie bei der Blütenknospe wieder mehr eigentümlicher oder mehr allgemeinerer Art.

Zu diesen letztem gehören ganz besonders die einfachen und allgemein verbreiteten Kinder- und Knabenspiele und Beschäftigungen, namentlich die an die Jahreszeiten geknüpften. Und hier steht jetzt der Winter mit seinen Kinder- und Knabenvergnügen vor uns.

Im Winter wie ist da alles so licht und so klar, wie leicht erscheint da alles zu durch- und zu überschauen: die dichte Schneedecke wie ebnet sie alles, wie nahe bringt sie dem Auge Ausgang und Ziel und Hindernisse der Erhöhung und Vertiefung und der umgehenden Krümme schwinden leicht, hat der Frost der Decke des Schnees Haltbarkeit gegeben. Gerad vor mir liegt das Ziel, gerad hin darf ich wandeln ihm entgegen, hat der Winter durch Schnee und Frost die Brücken gebaut, die Wege geebnet deshalb besingt der Nordländer in dieser Beziehung den Winter, wie wir in ein anderem den Frühling.

Und was liegt unmittelbarer in dem Menschenwesen. was fordert unmittelbarer des Menschen Bestimmung, als ebenen Weges, in beschleunigter Eile und ungehemmt hinzustreben zum Ziele, welches schon dem Kindesgemüt so lebendig und klar vorliegt. Zwar des Menschen Erscheinung in der Wirklichkeit und Äußerlichkeit bedingt es anders, aber dem reinen Gemüte, dem reinen Geiste bleibt das reine Streben. Je lebendiger, wenn auch in neblichter Unbestimmtheit, jenes Grundstreben des menschlichen Geistes nun in dem Kinde und Knaben lebt, umso lebendiger wird es jede Gelegenheit, wird es die schöne Gelegenheit der Schlitten- und Gleitbahn benutzen, sich in demselben, ihm folgend, wenn auch nicht klar und bewusst. doch erstarkter und kräftiger zu machen, und durch Tun sich und Andern darzulegen. Darum sehen wir nun, wie das Kind, den Knaben, so auch den schon sich und seine Kraft, sein geistiges Wesen bestimmt fühlenden Jüngling auf der Gleit- und Schlittenbahn (letztem nun noch besonders in höheren hier nicht aufzunehmenden Beziehungen auf der Eisbahn) fast nie müde werdend darum würden Kind und Knabe, verstattete es die Ordnung des Tages, frühe am Morgen mit dem Schlitten zur Bahne ziehen, und, erlaubten es die Arbeiten, das Schlittenfahren von der Höhe herab würde die letzte Tätigkeit des Tages sein: so das Gleiten auf der spiegelglatten zehn und zwanzig in einer Reihe aufnehmenden Gleitbahn.

Und doch muss immer hier der längere oder kürzere Weg wieder auf gewöhnliche Weise zurückgelegt, auch wohl gewartet werden, bis das natürliche Gesetz der Reihenfolge jedem die Erlaubnis gibt, hin- und wieder hinzugleiten: so wie dort immer mit Mühe und langsam der lange, Steile, ermüdende Weg zur Anhöhe erstiegen werden muss, ehe pfeilschnell der Schlitten und der Fahrende wieder zum Ziele eilen kann und nie müde werdend wiederholt sich bei beiden das alte Spiel. Selbst der Erwachsene steht dort des kühnen Fahrers, hier des Sanft dahin Gleitenden sich freuend was fesselt ihn? Der Geist strebt frei und ungehindert ungehemmt mit gesteigert vermehrter Kraft zum vorgesteckten klaren in ihm selbst ruhenden Ziele. Dieses Streben ist in dem Wesen des Geistes bedingt, ja ist eins mit demselben aber im Leben gibt es die Wirklichkeit dem Manne so festen: doch was äußeres Leben und Wirklichkeit versagt, zeigt ihm hier Kinder- und Knabenspiel. Und wie der Geist und das Wesen dieses Kinder- und Knabenspieles, so sind für diese im Leben die Folgen sie sind Ausbildung eines selbst ständigen persönlichen Charakters, in seinem Gefolge sind Besonnenheit, Ruhe. Selbstvertrauen die hervorstehendsten Gestalten, wovon Segensreiche Früchte im künftigen Zöglings- und Mannesleben nicht ausbleiben werden.

Nicht den rohen Ausdruck der Körperkraft nährend sind darum diese sowie andere ähnliche Zugendvergnügen, denn Zehn und Zwanzig eilen fliegend dort den Berg herab und nicht mehr Ruf unterbricht die Stille, als den die Sorgfalt gebietet. Nur durch Nichterkennung und Unbeachtung, nur durch Missverständnis und Missleitung können Wirkungen reiner Menschen- und Geisteskraft in dem Kinde und dem Knaben den Ausdruck der Rohheit erhalten, was leider nur zu oft entgegentritt.

Darum sollten wir auch zum gewissen Segen für unsere Kinder und Söhne deren Spiele und freie Jugendbeschäftigungen nicht für leer, bedeutungslos und zufällig halten: vielmehr die Eindringung in ihr wahres Wesen, ihre Bedeutung unser, der Kinder und des Menschenwesens würdig, ja durch dasselbe notwendig bedingt und gefordert achten: und uns so des Vorrangs, denkende vernehmende Wesen zu sein, würdig machen.

Empfindung im Freien. Je inniger und sinniger wir uns an die Natur anschmiegen; je reiner und klarer, je offener und sinnvoller kommt Alles von ihr uns entgegen.

Die Erziehenden Familien.

Wochenblatt für Selbstbildung und die Bildung Anderer.

Sonnabend — 5 — den 4. Februar 1826.

herausgegeben von Friedrich Wilhelm August Fröbel.

Der Spaziergang in der Mitte des Jenners. (Fortsetzung.)

Aber seht hier an diesem Gebilde die Ausbildung vom Hauptstrahl aus nach einer Seite hin ganz zurückgedrängt: aber umso eigentümlicher ist die der anderen Seite: der erste untere Seitenstrahl hat sich, in einer Neigung von 1/6tel Punkts- raum gegen den Hauptstrahl, genau so lang wie dieser ausgebildet: von ihm aus ganz ebenmäßig gleich, laufend gehen die Seitenstrahlen in gesetzmäßig abnehmender Größe bis zu dem anderen Ende, so dass die Enden aller Seitenstrahlen streng in der Linie liegen, welche ihr von der Endspitze des größten Seitenstrahles bis zur Endspitze des Hauptstrahles hin ziehen könnt: in dem Maße also die Seitenstrahlen nach dem einen Ende hin sich immer länger und länger bis endlich zur Länge des Hauptstrahles ausgebildet haben, ganz in demselben Maße tritt nach dem anderen Ende hin die Ausbildung dieser Seitenstrahlen zurück, so dass nun als Hauptform des Ganzen ein Gedritt (ein gleichseitiges, also auch ein gleich-winkliges Dreieck) erscheint.

Betrachtet nun einmal genau alle kleinen Einzelfest- gestalten, so werdet ihr finden, dass alle ihre Entdecken von unter sich ganz gleicher Größe und zwar von ganz derselben Größe sind, wie die Ecken oder Umfangswinkel des Gesechstes, also gleich 1/3 Punktraum, folglich auch wieder von derselben Größe wie die Mittelpunktswinkel bei dem vorhin beachteten so schönen dreistrahligen Sterne: so dass also, wenn wir so seine Werkzeuge hätten, um diese Ecken in jene Winkel hineinzulegen, die Winkel dann auf das Schärfste von diesen Ecken ausgefüllt werden würden, so dass also die Strahlen der Sternbildungen ganz gleichlaufend erscheinen, mit den Kanten der mehr körperlichen Bildungen.

Auf diese Erscheinung des Gleichlaufens, des Gleichgerichtet- und Gleich-geneigtseins müsst ihr lieben Kinder bei aller eurer Betrachtung der Naturgegenstände, wo das Lineare hervortritt, ganz besonders aufmerksam sein, es führt auch dahin, ein und ebendasselbe Grundgesetz der Gestaltungen in und unter den verschiedensten und abgeleitetsten Formen und Gestalten zu erkennen und wieder zu finden. Die Gesetze und die Bedingungen des Gleichlaufens, de- Gleichgerichtet- und Gleichgeneigtseins sind zur Erkenntnis des Wesens der Naturgegenstände ebenso wichtig, als sie wichtig sind in der Raumkunde, der Formen- und Größenlehre. Ihr könnt daraus wiedersehen, wie klar, sich aus sich selbst entwickelnde Kenntnis der Form und Größe in die Naturkenntnis einführt, ebenso wie reges vergleichendes Beachten der Naturgegenstände und ihrer Erscheinungen der Formen- und Größenkunde Leben und Bedeutung gibt. Reine Raumkunde und Naturkunde sind zwei Unzertrennliche, ohne Einigung erstirbt in beiden das echte, sich fortbildende, immer gleich junge und frische Leben. Ist euch darum. Kinder, die Natur, die Erkenntnis der Natur lieb und teuer, so lasst den Unterricht, die Erkenntnis des Raumes, die Formens, Größen- und die dadurch bedingte Zahlenkunde euch wichtig und wert sein.

Seht, Kinder! alles, was wir uns jetzt aussprachen, sagten eigentlich die klaren Reif-, Dust- und Eisgestalten in ihrer ruhigen stillen und doch so lebendigen und beredten Sprache strenger Gesetzmäßigkeit zu uns, indem wir sie Still und sinnig beachteten, und je länger wir sie beachten, umso mehr reden sie zu uns, umso mehr tun sie uns kund.

Auch die von den kleinen Festgestalten, gleichsam den Fiederblättchen der Kristallgewächse und ausgefüllt gelassenen, leeren Zwischenräume erscheinen nicht unwichtig. Es sind lauter sehr gleichmäßig gebildete Vierecke mit je 2 und 2 in der Querlinie einander gegenüber stehenden gleichen Winkeln, und von diesen Winkeln sind die kleineren wieder gleich den Mittelpunktswinkeln der sechsstrahligen Sterne, und die größeren den Mittelpunktswinkeln der dreistrahligen Sterne und den Umfangswinkeln der Gesechste, wovon einer von euch vorhin eines bemerkte, was alle- auch notwendig ist. Warum wohl? - „Weil ja jedes dieser Vierecke von diesen Strahlen und Kanten selbst gebildet wird."

Ganz dieselben Vierecke der inneren Beschaffenheit nach entstehen darum, wenn ihr zwei der letzformig gebildeten Dreiecke, wie hier einige vor uns liegen, mit ihren Seiten an einander fügt was ja schon den meisten von euch an sich klar ist, indem jede- 2 und 2 winklige Viereck, in welchem jeder der spitzen Winkel, wie dies hier der Fall ist. die Hälfte jede- der Stumpfen Winkel ist, sich in zwei ganz gleiche Gedritte (gleichseitige Dreiecke) zerteilen lässt.

Weil es sich so mit Macht hervordrängt, muss ich euch nochmals auf den inneren lebendigen Zusammenhang der Formenkunde und der Natur aufmerksam machen und je mehr ihr diesen Zusammenhang selbst finden und erkennen werdet, werdet ihr einsehen, wieso unerlässlich notwendig es ist, um in das Wesen beider einzudringen, in beiden immer gleichmäßig fortzuschreiten: denn durch die eine bekommt ja die andere erst wahre Bedeutung, so wie diese zur Kenntnis und Einsicht jener führt. Deshalb kann man auch wohl Natur- und Raumkunde ganz unzertrennliche Seiten einer unsichtbareren Einheit nennen, wie z.B. die zwei Seiten einer Linie durch eine zwischen ihnen ruhende unsichtbare Mitte bedingt sind.

Doch nicht allen die Form und die Eigentümlichkeit derselben tritt hier, wo der aus dem Bergfuß hervorkommende, übergetretene Quell den Abhang mit einer welligen Eisfläche überdeckt hat, als so wesentlich zu beachten entgegen, als ganz besonders auch die Größe und die Menge der Gestalten, welche sich wie Moose und Wasserpflanzen nur in der Nähe der Quellen befinden. Wer von euch weiß mir wohl davon den wahrscheinlichen Grund anzugeben?

„Das Wasser aus der Quelle ist schon an sich warm und verdunstet darum aus dem inneren des Berges heraus- und an die freie kalte Luft tretend teilweise Sogleich. Bei dem Gefrieren des ausgetretenen Wassers zu einer Eisrinde entwickelt sich noch mehr Warme, welche Verdunstung des Wassers bewirkt durch die aber mit der Kalte der Luft zugleich gegebenen Bedingungen erscheint das verdunstete sogleich wieder als Festgestalt."

Wo gleiche Gründe sind, müssen gleiche Erscheinungen sein, und wo ähnliche Erscheinungen sind, müssen ähnliche Ursachen zum Grunde liegen. Vorzüglich schön müssen darum wohl diese Reif-, Eis- und Dustgestalten bei verhältnismäßig starken Kältegraden in der Nähe warmer Quellen an felsigen Meeresküsten sein, und wohl hier ganz besonders schön in dem hohen, fluss- und wasserreichen Norden.

Mehrere von euch erinnern sich hierbei wohl unter den ähnlichen Bedingungen im Kleinen der ähnlichen Erscheinungen vieler so höchst gesetzmäßigen, reichen und mannigfaltigen Duftgestalten unserer dicht bereisten Fenster, besonders unheizbarer Zimmer nächst den heizbaren und bewohnten.

Darum kommt und lasst uns nun ebenso, wie wir einen Spaziergang im Freien machten, auch einen gleichen im Wohnhaufe, in den Zimmern des Wohnhauses tun.

Zunächst lasst uns in das obere Zimmer links an dem Speisesaale gehen, denn in diesem sind immer die meisten Menschen zugleich zusammen, und in jenem gegen Abend und Mittemacht liegenden Zimmer ist die größte Kälte, und so findet sich hier die Bedingung der Vereinigung strenger Gegensätze erfüllt. Und deshalb seht auch hier, welch' ein Reichtum der Gestalten an dem gegen Mitternacht liegenden Fenster, welch' ein Reichtum anderer An! aber wieder, welche höchste Eigentümlichkeit und Gesetzmäßigkeit gleich auf den ersten Blick.

„Ja! wie Damastweberei erscheint das Ganze."

„O, noch mehr wie gepresster großblumiger Sammet, wie man solchen wohl zum Schmuck des Altares in Kirchen findet."

Ihr habt beide recht, der Eindruck entspricht den von euch gewählten Bildern: aber, betrachtet es nun genauer, woher mag dies wohl kommen?—"Dies ist leicht zu erkennen: eine Menge der kleinen Festgestalten liegen mit ihren Breitenflächen ganz platt auf der Fläche der Glastafel, während die anderen Festgestalten mehr mit ihren Grundflächen und wohl ganz senkrecht auf derselben stehn."

Wenn ihr die Gebilde nun noch genauer beachtet, so werdet ihr finden: jene bilden größtenteils Gesechstflächen, oft wohl auch im inneren mit einem leeren Zwischenräume: so wie diese lauter kleine Plattsäulchen: die Durchschnittsebene erscheint dem Auge sehr bestimmt rechtwinklig, länglich vierseitig: doch lässt sich wegen der Durchsichtigkeit der Kristalle, des auf und durch die Glastafel durch- fallenden Lichtes die Gestalt des oberen Endes gar nicht bestimmen, und fast scheint es, als breitete ich die kleine Festgestalt nach oben mehr in die Breite aus. Diese stehen mit ihren gleichnamigen Flächen immer in bestimmter gleichartiger Entfernung gleichartig und gleichgerichtet; die so bedingten Körper haben bestimmte messbare Größe.

Mehrere von euch erinnern sich gewiss dieser Erscheinung von außerordentlicher Schönheit in einem der jüngsten so harten Winter, wo oft mehrere Gesechsttafel (wovon die folgende immer kleiner war als die vorhergehende) mit ganz gleich- laufenden Endkanten auf einander lagen, und so treppenartige, sechsseitige Spitzsäulen bildeten. Eine andere ganz vorzüglich Schöne Erscheinung jenes Winters waren bei den aufrecht stehenden Bildungen die sechswinklig gebrochenen Windungen, ähnlich den gebrochenen vierwinkligen Sogenannten griechischen Windungen, wie sie bei den Hüttenerzeugnissen, besonders den Bleischmelzhütten des Harzes so vorzüglich schön Vorkommen.

Aber seht hierher auf unsere Tafeln, betrachtet unsere so dicht vereisten Fenster. Hier haben wir eine Erscheinung, welche nicht weniger schön ist, als welcher wir uns so eben mit Freude erinnerten und der Bildungsstufe unseres Auges nach in noch bei weitem höheren Grade unterrichtend. Es sind lauter gleichwinklig sechs- seitige, fast gleich große Tafeln. Doch beachtet sie genauer. Immer abwechselnd ist eine Seite größer, die andere kleiner, und zwar die sowohl größeren als die kleineren immer unter sich wieder gleich groß. Ihr seht, diese Tafeln rollten wir nicht sechsseitige, sondern drei- und dreiseitige Tafeln nennen. Sie erinnern uns an die drei- und dreistrahligen Schneesterne, welche wir heute im Freien sahen, und die Bildung jener kann uns die Bildung dieser einsichtig machen. Wenn wir nämlich auf jeden der Sechs Strahlen und am Ende derselben uns in Senkrechter Richtung Kanten denken, so entstehen dadurch drei- und dreiseitige, gleichwinklige Flachen, der Form nach ganz denen gleich, welche uns hier das Fenster so sehr schön ausgebildet zeigt: auch erscheint uns hier mit einem Male das rechtwinklige, was wir an den Eisgestalten heute zuerst bemerkten und des spitz- und stumpfwinklige der drei- und sechsstrahligen Sterne mir einander im Gesechst verbunden.

Aber sagt mir, tritt bei dieser Festgestaltung des Fensterduftes euerm Auge nichts besonders schön und bestimmt entgegen? - O ja, diese höchste Gleichlaufendheit aller gleichliegenden Kanten der Sechsecke.

Diese Erscheinung ist doppelt und mehrseitig zu beachten: einmal wegen der so außerordentlichen Schärft, mit der sie Stattfindet: dann, dass sie ohne die leiseste Abweichung über den ganzen Teil der Fenstertafel verbreitet ist, auf welchem sich die Sechsecke befinden, und dann wegen der hohen Einheit und Einfachheit des Gesetzes, der Gleichgesetzigkeit, welche sich in dem Ganzen aus- spricht und die demselben zum Grunde zu liegen Scheint. Ja je mehr ihr diese Erscheinungen, diese Festgestalten unter sich und mit den heute schon im Freien beachteten vergleichen werdet, umso mehr wird euch selbst große Übereinstimmung und gegenseitiges Bedingen entgegentreten.

Bis jetzt haben wir immer nur mehr die Einzelerscheinungen der eisigen Festgestalten, und auch hier bei der Beachtung des Fensterdustes, vor Augen gehabt bettachtel aber einmal jede dieser Fenstertafeln als ein Ganzes, und seht was sich euch dann ausspricht.

Ja, dann sieht man klar, wie die größeren, zusammengesetzteren gleichsam blumigen Gestalten aus den Gesetzen der einfachen mit Notwendigkeit und im Zusammenhänge hervorgehen.

Hier an die-en Fenstern seht ihr noch bestimmt die einzelnen Festgestalten, au- welchen die zusammengesetzten blatt- und blumenähnlichen Gestalten hervorgegangen sind: ja ihr könnt fast die Gesetze, nach welchen sie hervorgehen, in ihrer Wirksamkeit selbst sehen. Bilden sich aber die einzelnen Fest- gestalten weniger aus, verlieren sie so durch ihre Kleinheit alle Mess- und Bestimmbarkeit und fließen so gleichsam in einander über, so tritt eine andere Art des Blumigen hervor, in welchem man zwar die einzelnen bedingenden Glieder nicht mehr unter- Scheiden, aber sich de- Eindrucks einer inneren notwendigen einfachen Gesetzmäßigkeit derselben doch gar nicht erwehren kann, vielmehr bei ihrer je längeren Anschauung von der Ahnung derselben durchdrungen, und von der Sehnsucht sie in sich selbst zu erkennen und anzuschauen ergriffen wird.

Wunderschön, zart und sein, in -einer letzten und höchsten Ausbildung sehr ihr das Blumige hier an diesem Fenster de- Vorzimmer-. Im höchsten Grad federartig erscheinen hier die Bildungen: doch wenn ihr sie recht beachtet, so lässt sich dennoch durch die soeben betrachteten Bildungen hindurch ihr besonderes Gestaltungsgesetz wohl ahnen, obwohl das Geradlinige hier fast ganz verdrängt und stattdessen das so lebendige Runde, das Spiralförmige erscheint.

Gar manche Veranschaulichungen höherer, allgemein menschlicher und wichtiger Wahrheiten ließen sich an unsere jetzigen Betrachtungen auf- Schließen doch manche liegen uns jetzt, so wichtig sie auch zu unser aller wahren Bildung sind, noch zu fern. Allein eines lasst uns festhalten, weil es unserer Anschauung Jetzt so sehr nahe liegt: es ist dies das scheinbar allem Gesetz entnommene und der höchsten Zufälligkeit hingegebene der federartigen der Eiskristalle auf unsern Fenstertafeln: und dennoch müssen wir uns jetzt, die wir achtsam den Erscheinungen, wie sie uns der heutige Tag verführte, nachgingen, aussprechen: es ist ein einfaches, wohl anschau- und begreifbares Gesetz, von dem diese so große Mannigfaltigkeit abhängt. So geht es dem Menschen im Leben bei höchst vergeistigten Erscheinungen desselben oft, dass er keine bestimmt ausdrückbare Gesetzmäßigkeit derselben mehr anschauen, noch weniger nachweisen kann, sie aber dennoch ihr zum Grunde liegt, und unser Geist sich darum auch von dem Ahnen und dem Aufsuchen derselben gar nicht losreißen kann. Kommt und lasst uns darum alles das auf unserm doppelten heutigen Spaziergange in Flur und Hans beachtete Mannigfaltige in einem Blicke und als ein Ganzes anschauen.

Groß ist Menge dessen, was der heutige schöne reiche Wintertag uns zur Betrachtung verführte, deren Gestalt wir festzuhalten und umso von ihr Rechenschaft zu geben versuchen: und doch bei weitem größer als das von uns Festgehaltene war die Menge dessen, was die Natur uns zu beachten darbot: — eine ganze Reihe von Betrachtungen, welche die Erscheinung der verschiedenen Größen- und Berdrängungsverhältnisse, gleichsam einseitiger Ausbildungen an die Hand gab. hoben wir gar nicht hervor, um unsern Blick und unsere Betrachtung von den einfachen Reihenfolgen, in welchen uns die Natur ihre Winterblumen gleichsam mit Bedacht zur Förderung unserer Einsicht vorführte — nicht wegzuwenden.

So groß aber die Menge der eisigen Dust- und Schneegestalten war, welche sich heute zur Beobachtung in unsere Umgebung zusammendrängten, wie viele gibt es deren noch, besonders größeren Maßstabes, die in ihren Erscheinungen andern äußern Bedingungen unterworfen, von an dem äußeren Bedingungen abhängig sind, als gerad heut in unsern Umgebungen und in dem Kreise unserer Beachtung lagen solltet ihr euch selbst nicht deren einige erinnern?

„Ich erinnere mich gleich etwas. Einmal, es mag im vorigen Jahre gewesen sein, hatte einer der ersten Froste den Bach mit einer Eisdecke belegt, wir brachen sie durch, wo wir auf der untern Seite derselben, so glatt die Eisdecke auch oben war, große strahlende Erhöhungen fanden, welche unter sich Winkel bildeten gleich denen der heute betrachteten Formen. Du machtest uns schon damals auf das Gleich- und Gesetzmäßige jener Winkel aufmerksam."

„Ich erinnere mich dessen auch; die Strahlen waren gleichsam fest an die Fläche angefroren und bildeten hie und da eine Art zeitiger Vertiefung aber, ich erinnere mich auch, wie wir diese Strahlen freigebildet sahen. In einem der strengen Winter schien das Wasser in einem rundlichen Gefäße ganz ein- und durch und durch gefroren doch da wir es genauer betrachteten, waren nur die Wände, die Decke und der Boden mit Eis belegt, aber im inneren, zum Teil noch mit Wasser gefüllten Raume durchkreuzten sich viele Eisstrahlen: doch konnten wir deutlich sehen und wurden auch von Dir noch besonders darauf aufmerksam gemacht, wie sich ein gewisses, in den heute bettachteten eisigen Festgestalten ausgesprochenes Gesetz der Winkel von 1/3tel rechtem aussprach."

„Erinnert ihr es euch denn nicht, in einem noch großem Maßstabe sahen wir dies, als vor einigen Jahren in dem so sehr strengen Winter der steinerne Brunnentrog des Dorfes ganz ausfror: dort waren die Strahlen wohl gegen zwei Fuß lang."

Ihr habt ganz recht, aber auch in sehr dicken und ganz dichten Eiswasser großer Kübel bemerkten wir schon durch die Brechung des Lichtes in sehr großem Maßstabe den Ausdruck des strahligen. Aber auch einer hierher gehörigen Sommererscheinung solltet ihr euch erinnern.

„Einer Sommererscheinung? Ja, des großkörnigen und harten Hagels, welcher vor einigen Jahren fiel. Obgleich die Sonne unmittelbar nach dem Hageln sehr warm schien, auch sonst die Luft eigentlich nicht kalt war, und darum der Hagel sehr schnell schmolz: konnten wir doch ganz deutlich an den schnell beobachteten Stücken sehen, dass ihre Gestalt nicht zufällig war, vielmehr schienen es bestimmt eckige und ebenmäßigseitige Körper zu sein: ja wir erkannten es bestimmt als doppelspitze Sechs- und Sechsflächner, oder als doppelt sechsseitige Pyramiden, worin immer die eine Pyramide mehr stumpf und die andere gleichmäßig mehr Spitz war. Sie zeigten auch, wie ihr es euch von heute gewiss erinnert, noch die Verschiedenheit, dass die mehr stumpfere Spitze klar und durchsichtig, das mehr spitzere Ende dagegen weiß und undurchsichtig war."

„Ähnlich dem, wie wir es heute an den Fest- gestalten auf dem Eise des Fuhrwesens sahen!"

Wenn nun diese Hagelkörner bei ihrer Bildung in der Luft wirklich die genannte Form haben, welches aus andern naturkundlichen Erscheinungen sehr wahrscheinlich ist, so könnt ihr auch diese Gestalten mit den heule beobachteten sehr leicht zusammen Stellen, und wie denn wohl?

„Wenn wir uns senkrecht auf die Achse oder Scheitellinie dieser Körper eine Durchschnittsebene denken, welche dann notwendig ein Gesechst oder ein Sechseck ähnlich den heute schon beachteten bilden wird."

Überhaupt lasst es uns einmal versuchen für alle die heute beobachteten äußerlich so verschiedenen Festgestalten des Schnees, Duftes und Eises das einende Gesetz aufzusuchen. Kommt lasst uns. um es ganz ruhig zu können, nach dem Zimmer zurückkehren. Doch werft vorher einen Blick auf dieses

Fenster, Seht diese so bestimmten eigentümlichen Gestalten: von einer Hauptlinie oder einem Hauptstrahle aus laufen nach der einen Seite hin sehr klar und unzweifelhaft verhältnismäßig ziemlich lange Strahlen gleichlaufend unter Winkeln von 1/6 des den Punkt in einer Ebene umschließenden Raumes von 2/3tel rechtem Winkel: während sich auf der andern Seite desselben Strahles kürzere Seitenstrahlen unter rechten Winkeln und ebenmäßig gleichlaufend ausstrahlen.

Diese letztere Erscheinung deutet wiederkehrend auf einen notwendigen inneren Zusammenhang des rechtwinkligen und des spitzwinkligen in 1/6 des Punktraumes einer Ebene.

Alle heute beachteten und uns von früher her zurück gerufenen Eisgestalten haben sämtlich mit einander gemein, dass in allen immer drei Grundrichtungen bestimmend und vorherrschend erscheinen, in den Sternförmigen und sechsseitigen: drei in einer Ebene unter sich gleichgeneigte Richtungen, bei den rechtwinkligen: drei im freien Raume unter sich und zu einander gleich, d.i. in jeder Beziehung recht- winklig sich neigende Richtungen.

Wie aber ist für diese beiden dem Anscheine nach so verschiedenen Erscheinungen der einende Zusammenhang leicht nachgewiesen? Welcher von Euch, der sich schon mit der Formenkunde im freien oder Körperraume beschäftigt hat. kann mir denselben wohl zeigen und aussprechen?

Diesen Zusammenhang denke ich mir ganz einfach so: ich nehme diese drei ganz seinen gleichlangen Stäbchen, lege sie in ihren Mitten so an einander, dass sie unter sich in jeder Richtung hin rechtwinklig stehen, und dass die Scheitelrichtung in eine dieser drei Richtungen fällt so erscheint mir dies als die Grundform der rechtwinkligen Festgestalten: denn die in denselben wirkende Kraft muss ja wohl nach allen Seiten sich zu entwickeln streben, und so erscheinen mir diese drei unter sich rechtwinkligen Richtungen als die Grundrichtungen der Kraftwirkung."

Gut! Aber wie leitest du daraus unmittelbar die drei unter sich gleich geneigten Richtungen in einer Ebene ab?

„Lasse ich jene drei Richtungen unter sich unverändert, neige sie aber so, dass ihre Hauptachse oder Scheitellinie nicht in einer der drei Grund- richtungen, sondern so zwischen alle drei fällt, dass sich jede derselben zu der Scheitellinie oder Achse ganz gleich neigt: so stehen diese drei Grundrich- tungen in der Richtung der Achse oder der Scheitelrichtung angeschaut, ganz so und in denselben Winkeln zu einander, als die beachteten dreistrahligen oder wenn wir die drei von der Mitte aus entgegengesetzten Seiten der Richtungen zugleich mit beachten, so stehen diese drei Grundrichtungen genau wie die Richtungen in den sechsstrahligen Sternen zu einander."

Du hast ganz Recht, das letztere kannst du lins aber noch anschaulicher machen, wenn du die drei unter sich ursprünglich streng rechtwinklig geneigten Stäbchen, die aber nun in der soeben bestimmten Richtung gegen die Scheitellinie, oder was gleich ist gegen eine Horizontalebene geneigt sind, in dieser Richtung gegen und auf diese Ebene fallen lassest. Die drei Stäbchen werden dann in der Neigung der Strahlen der sechsstrahligen Schneesterne zu einander liegen. Lasse es uns einmal versuchen. — siehst Du!

Ihr jüngeren könnt euch dies zur ruhigen Betrachtung noch anschaulicher machen: bittet euch von eurer Mutter drei gleichlange, dünne Stopfnadeln oder von einem eurer Genossen drei gleichlange Heftnadeln aus, steckt sie unter sich rechtwinklig bis zu ihren Mitte durch ein Kork- oder Wachskügelchen, so werdet ihr für das besagte ein bleibendes Anschauungsmittel haben, denn lasset ihr es aus der senkrechten Richtung, in welcher es auf einer waagrechten Ebene steht, auf diese fallen, so fällt und ruht es dann durch sich selbst in der bezeichneten, der schiefwinkligen, gleichwinkligen Bildung des Eises angehörigen Richtung auf dieser Ebene.

Bei dieser Andeutung des inneren und notwendigen und einfachen Zusammenhanges des rechtwinkligen und des gleichwinklig sechswinkligen, so höchst wichtig er auch im Allgemeinen und in seiner Anwendung für das ganze Reich der Festgestalten und der Schlüssel zur Auffassung des Zusammenhanges ihrer Formen ist, müssen wir jetzt abbrechen, indem uns der Winter von dem eben berührten Punkte aus noch allgemeinere und umfassendere Betrachtungen aufdringt. Die Ableitung und Nachweisung der elnzelnen, heute beachteten Eisgestalten, und ihre Einzelheiten könnt ihr leicht selbst finden, wenn ihr das, was wir uns heut darüber aussprachen, in euer Gedächtnis zurückruft, und dabei in Anwendung bringt. Ihr werdet dann nur innigen lebendigen Zusammenhang, nur Einheit, nirgend eine Lücke und Widerspruch finden. Lasst uns jetzt, wo die Betrachtung einiger Eis- und Schneegestalten uns die Naturbetrachtung überhaupt nahegebracht hat, diesen Faden noch in -einem stetigen Fortlaufen verfolgen.

Überschauen wir nun mit einem Blick nicht allein die Mannigfaltigkeit der von dem heutigen Tage uns vorgeführten verschiedenen Gestaltungen des Eises, sondern die ganze Gesamtheit des verschiedenen Vorkommens desselben unter allen Formen und Verhältnissen: so tritt dabei der achtsamen Betrachtung sogleich als höchst bemerkenswert entgegen: nicht allein die große und auffallende Ähnlichkeit, ja Gleichheit zwischen verschiedenen einzelnen Steins, Erz- und andern Gebilden der Irden (der sogenannten Mineralien), und den einzelnen Eisgebilden, sondern das Eis durchläuft sogar in der Mannigfaltigkeit der Gestaltungsarten und Formen seines Vorkommens alle Bildungsarten, alle Arten des Vorkommens der Irden (der Mineralien). Wer von euch, der schon einige Kunde der Irden, einige Mineralienkenntnis besitzt, kann mir wohl Beweise dafür angeben?

„Das Eis kommt in einzelnen Festgestalten vor, wie die Irden oder Mineralien."

„Ja auch wie bei den Festgestalten der Irden (den Kristallisationen der Mineralien) finden Zusammenhäufungen statt, z. B. das Strahlige und Bäumchenartige, das Traubige, das Knospige und Gestrickte."

„Ebenso die verschiedenen Arten des Aufbiegens des sogenannten Angeflogenseins."

„Auch die weniger ausgebildeten Erscheinungen des Festgestalteten, des Festgestaltigen (Kristallinischen) zeigen sich sehr schön, so z. B. das Tropfsteinartige."

(Fortsetzung und Beschluss folgt.)

Die Erziehenden Familien.

Wochenblatt für Selbstbildung und die Bildung Anderer.

Sonnabend — 6 — den 11. Februar 1826.

herausgegeben von Friedrich Wilhelm August Fröbel.

Das kleine Kind, oder die Bedeutsamkeit des allerersten Kindestuns.

„Ein Kind ist uns geboren!"—"Gott hat diesen Eltern Kinder geschenkt:" „Er hat diese Ehe mit Kindern gesegnet;"— was ist denn die innere Bedeutung aller dieser Aussprüche? Was ist denn eigentlich die Geburt eines Kindes?— Es ist das Erscheinen, das ins Dasein treten eines unsichtbaren, geistigen, eines ewig seienden Wesens: Unsichtbares erscheint bei der Geburt eines Menschen, eines Kindes als sichtbares, — Ewiges als Endliches — Himmlisches als Irdisches — Geistiges als Körperliches — Göttliches als Menschliches — sein als Erscheinung, als Dasein: denn das Wesen de- Menschen kann ja seiner Natur nach nicht- anderes, es muss Ewiges, Himmlisches, Geistiges, Göttliches, Seiende- sein. Darum denn auch jene stille, heilige, hohe Freude, jene freudige Hoffnung, jene innige Erhebung, welche schon vor der Geburt, besonders des Erstgeborenen, die Herzen der in Liebe Geeinten erfüllt.

Es ist das Durchdrungensein von der Ahnung, dass ein geistiges Wesen in die Wirklichkeit, ein ewig Seiendes in endliches Dasein tritt.

Es ist die Ahnung, dass das, was im Innersten des Gemütes der durch Liebe Verbundenen lebt, äußerlich, gleichsam vor ihnen im Dasein erscheint.

Es ist die Empfindung gleich der bei der Dämmerung eines einen klaren sonnigen Tag versprechenden Morgens: denn die Geburt, besonders die Erstgeburt erscheint den Lebens- und Gemütseinigen wie der Aufgang der Sonne.

Darum die so allgemeine ungeteilte Freude aller Familienglieder nach der Geburi eines Kindes. Diese Freude hat wegen ihrer Reinheit notwendig einen tiefen Grund, es ist die Ahnung, dass wiederkehrend eine Erscheinung ins

Dasein getreten ist, die das hohe Wesen des Menschen in Reinheit kund zu tun beginnt.

Dieses hohe geistige Wesen des Kindes ahnet besonders die Mutter dem Vater, dem Gatten erscheint die Gattin in dieser Zeit besonders als die Pflegerin des Geistigen, so wie überhaupt dem weiblichen Gemüte die Pflege der Menschheit in dem immer wieder aufkeimenden Menschengeschlechte besonders nahe liegt: darum auch der menschenliebende deutsche Dichter den Frauen zuruft: "Sinnt und erzieht, ihr könnt es allein, die glückliche Nachwelt."

Diese Empfindungen, diese Gesinnungen nun, welche den Menschen bei seinem ersten Erscheinen auf der Erde, welche ihn als Kind begrüßen und empfangen, sollten nur aber auch den Menschen als Kind in seinen Umgebungen auf dem Lebens- und Entwicklungswege stets begleiten, sollten ihn nicht verlassen, nicht von ihm weichen. Diese Ahnungen und Empfindungen zu stärken, zu beleben, zu klären, sie ihrem Grunde, Wesen und ihren Folgen nach sich zur Einsicht zu bringen, sollte ein Hauptstreben, sollte der Inhalt, der Geist des Strebens des Menschen, besonders der Eltern, der Mutter gleich in der ersten Behandlung der Kinder sein. Jene Empfindungen und Gesinnungen sollen den Grundcharakter der Behandlung des Menschen, besonders in den allerersten Jahren seines Daseins, ausmachen.

Jene Gesinnungen sollten den Menschen besonders zur aufmerksamen Beachtung des Entwicklungsganges, der Äußerungen der inneren Entwicklung des Menschen hinführen und hinleiten so wie auch Maria gleich Anfangs alles auf das höhere geistige Leben, welches durch sie ins Dasein treten sollte, bezog, und wie sie auch später alles in dieser Beziehung in Verbindung setzte, und wie es darum auch von ihr heißt: sie das wahrere achtsam, Inneres und Äußeres vergleichend, bewegte alle diese Erscheinungen, diese Worte in ihrem Herzen. Dennoch erscheint so Vielen, ja den Meisten das Kind, das Betragen, die Äußerungen des Kindes als geistig ausdrucks- und bedeutungslos, ja sie erscheinen den Meisten in der ersten Zeit des Kindesdaseins als zufällig, oder nur von äußeren, physischen Ursachen und Umständen bedingt, so z. B. die Erscheinung des ersten Lächelns, wodurch sich Sogleich der junge Mensch von jedem anderen Geschöpfe unterscheidet: denn sie bezeichnet dem die Stufe des Bewusstwerdens, des Selbstempfindens. betretenden Menschen, das erste Lächeln bezeichnet den Menschen in seiner Würde, in seinem Wesen. Darum keineswegs nur der Ausdruck des körperlichen Wohlbefindens und leiblichen Wohlbehagens ist das Lächeln: denn auch die jüngeren Geschöpfe in der Natur und unter den Menschen haben gewiss Gefühl des körperlichen Wohlbefindens, des leiblichen Wohlbehagens, und dennoch mangelt ihnen dieser hohe adelnde Ausdruck des Menschenwesens, das Lächeln. Aber, und dieses verdient der hohen Beachtung und Fortentwicklung, durch das Lächeln tritt der noch stumme und sonst fast ausdruckslose Mensch als Kind mit dem, auf welcher Stufe es auch immer sei, schon bewusst gewordenen Menschengeiste in den Umgebungen, zunächst den Eltern, der Mutter, in den ersten Wechselverkehr, in die erste Einigung.

Das Lächeln, das Kindeslächeln ist also der Ausdruck eines selbstständigen, mindestens schon auf der Stufe des Bewusstwerdens stehenden Menschengeistes, das erste Lächeln, das Kindeslächeln ist der Ausdruck des sich Können verständlich machen einem andern zweiten Menschenwesen und das Können verstanden werden von einem anderen. Wird nicht schon nur durch diese einzige in sich einige, so wort- und lautlose Äußerung des Kindeslächelns der Mensch als solcher zu einem höheren geistigen Wesen? Denn Sprechen und reden wir nicht von einem himmlischen Lächeln? Und wie geht dennoch diese erste Kindesäußerung, den allgemeinen freudigen und angenehmen Eindruck, welche sie auf den Menschen macht, abgerechnet, dem Menschen, den Umgebungen so bedeutungslos vorüber obgleich sich bei jenem Allgemeinen auch schon die Persönlichkeit, die Einzigkeit (Individualität) des Menschen ausspricht.

Doch eben so wenig, wie das Kindeslächeln als Ausdruck höherer Geistestätigkeit, als das erste Hervorleuchten eines sich selbst empfindenden (Eigen- und Selbstlebens, als das Hervorstrahlen des von Gott selbst dem Menschen gegebenen Geistes, der ihm gegebenen und darum göttliche Eigenschaften, göttliches Wesen an sich tragenden Seele aufgefasst und beachtet wird: eben so wenig werden die übrigen ersten Äußerungen des Kindeslebens, der Kindesseele, des Kindesgeistes ihrem Wesen, ihrer Bedeutung nach beachtet und gewürdigt: und doch sollten sie es auf ganz gleiche Weise. Dort beschäftigen sich Spielend mit dem noch unbehilflichen Kleinen die älteren Geschwister, die Lebenskraft, die Geistes- und Seelentätigkeit des Kindes fühlt sich dadurch geweckt, erhöht, wie gewaltsam wirkt die gesteigerte Kraft des Lebens auf die Muskeln des Gesichtes, wie auch auf die noch unentwickelten Glieder: wie gespannt sind dadurch jene und wie erzittern davon diese. Es ist die Wirkung des mächtig hervorstrebenden Geistes, der alles durchdringen, alles beherrschen, der sich der geistigen Kraft außer sich als ebenbürtig zeigen möchte, dessen Forderungen aber die Sinne und die Glieder noch so schwach gehorchen: es ist der Ausdruck des die ihm gesetzten Schranken zu beherrschen Strebenden Geistes, der sie zu durchdringen strebenden Seele und als solcher sollen sie erkannt und gepflegt werden.

Ruhig liegt das Kind auf der Mutter Schoß, in der Mutter Arm, an der Mutter Brust: sprechend, plaudernd kost die Mutter mit dem kleinen, kaum wenige Monate zählenden Kinde: wie bemüht es sich das ihm von der Mutter Gesagte zu erwidern. Mit welcher Gewalt und Anstrengung, und ich möchte sagen mit welcher Teilnahme, mit welchem Verständnis kommen die lallenden Töne hervor keineswegs sind dies äußerliche mechanische Spiele mit den Sprachwerkzeugen: Seht, wie das Kind jedes Wort der Mutter gleichsam von den Lippen nimmt, und wie die verschiedene Höhe und Tiefe und der sonst verschiedenartige Ausdruck der Töne beweist, dass die verschiedenen Worte, die verschiedenen Töne der Mutter einen verschiedenen Eindruck auf das Kind gemacht haben, und dass das Kind auch diesem gemäß verschieden antworten, erwidern möchte. In sich Scheint das Kind auf seine Weise zu verstehen, wenigstens zu empfinden, dass die Mutter zu ihm spricht, in sich scheint das Kind auf seine Weise der Mutier zu antworten: aber die Werkzeuge des Sprechens wollen dem Geiste noch nicht gehorchen.

Darum seht, je mehr der Mutterliebe Gekose zu des Kleinen Innerstem zu sprechen, je mehr dasselbe davon erregt zu sein scheint, und auch dieses Innere, das rege Leben desselben sich kund tun möchte. Sich aber durch die Schranken der noch unbehilflichen, ungelenkigen Sprachwerkzeuge daran verhindert sieht: umso mehr auch hier jenes gewalt- same Erzittern am Körper: es ist der Ausdruck des Strebenden Geistes. Mit Gewalt möchte die Seele des Kindes, der noch junge Geist des Menschen, die Schranken durchbrechen, sie wenigstens beherrschen, durchleuchten, durchdringen, die er sich gesetzt findet: darum gleichsam die Ungeduld, dass der Geist sich nicht entfalten, sich nicht mitteilen, sich nicht von dem ihn fesselnden Körper losmachen kann. Erwachsene, denen nicht ohne zu wenige Selbstbeachtung ihre Kindheit verflossen ist, erinnern sich gewiss ähnlicher ängstlicher Empfindungen aus ihrem frühen Knabenalter. Darum soll auch diese Kindererscheinung als die des sich fiel und selbstständig zu machen Strebenden Menschengeistes beachtet und als Solche gewürdigt werden.

Nicht weniger ausdrucks- und bedeutungsvoll ist bei kleinen, noch sehr kleinen Kindern das Scharfe und feste ins Auge fassen, besonders durch Glan;

oder Farbe auffallender, vorzüglich ihnen neuer unbekannten Gegenstände. Ist es nicht oft, als wenn der Blick des Kleinen den Gegenstand durchdringen, ihn zu sich oder sich zu ihm ziehen wollte? Welch' ein Fragen, Prüfen, Wägen, Vergleichen spricht sich in dem Bücke des Kindes aus! Keineswegs aber ist es der Eindruck des Fremden, Unbekannten an sich, welcher dies bewirkt: es ist der Ausdruck hoher angestrengter Geistestätigkeit, es ist der Ausdruck des befangenen Geistes, welcher sich zu entfesseln strebt.

Doch noch mehr zeigt sich diese innere vergleichende, entwickelnde Geistestätigkeit des noch ganz jungen Kindes in seinem einfachen Spiele, seinem einfachen Kehren und Wenden, seinem einfachen Betasten, Stellen und Legen, Aufbauen und Um- werfen dessen, was ihm nahe kommt. Welche gespannte Seelentätigkeit und welch' ein anhaltendes Beschäftigtsein, und welch' ein Schmerz beim zu frühen Abbrechen desselben: es ist kein Körpers, sondern ein Geistes-, ein Seelenschmerz.

Es ist heilsam und geistesstärkend für das auch noch so junge, noch so kleine Kind, wenn es einen Gegenstand, eine Borstellungsreihe in sich fest hält das Geistes- und Seelenbedürfnis des Kindes leitet es selbst dahin, daher oft das so lange Beschäftigen desselben mit einem oft ganz einfachen Gegenstände: darum sollten wir seinen Blick nicht so schnell von einem Gegenstände zum anderen führen wir sollten darum weder das Kind gleich für eigensinnig Hallen, wenn es von einem Gegenstand sich nicht leicht entfernen. Sich nicht leicht nennen kann, als eben so wenig für zerstörend, wenn es ein andres Mal alle Gegenstände schnell von sich entfernt. Von diesen und allen übrigen Erscheinungen des Kindestreibens und Kindestuns sollten wir stets bei sonst gesunden Kindern auf notwendige innere geistige Ursachen und Gründe schließen, und diese aufzufinden uns bemühen: wir sollten dieser erkannten notwendigen inneren Geistestätigkeit nachzugehen, d. h. ihr die zweck- dienlichsten Entwicklungs- und Bekräftigungsmittel vorzuführen streben.

In dem Kinde liegt, in ihm wirkt ein Streben des Bewusstwerdens, wirkt ein unbewusstes Bewusstsein: ein Empfinden des Seins. Das Streben des Kindes, des Menschen in seiner frühesten Kindheit zum Bewusstwerden mag wohl unter übrigens gleichen Verhältnissen höher und kräftiger sein, als das von hunderttausend Menschen in ihrem Späteren männlichen Aller; das geistige Sweben, die geistige Kraft in ihrer unbewussten und frühesten Zeit hat gewiss eine innere Stärke, von welcher wir Erwachsenen und Bewussten uns keine Vorstellung machen können. Viele Beobachtungen des sich ruhig und ungehemmt entfaltenden Kindesalters beweisen dies: dies sollten wir bedenken, das sollten wir pflegend beachten. Aber wie?— Der Blick der erwachsenen umgebenden Menschen, zunächst der Eltern (darum wendet sich auch das Kind von allen weg und nur diesen zu) ist dem Kinde die entwickelnde Sonne! die übrigen äußeren und inneren Umstände und Verhältnisse des Lebens sind die klimatischen Verhältnisse, sind der Himmelsstrich, in und unter welchem das Kind herauswächst: und das Kind ist für alle diese Verhältnisse und Eindrücke empfindsamer, als die zartesten Gewächse: ein empfindender und wahrnehmbar für Seelen- und Geisteskraft leicht empfänglicher Sinn lebt und wohnt und wirkt in dem Kinde, eine ihm von Gott und nicht vom Menschen gegebene Seele; beachteten wir dies doch frühe, ja von ihrem ersten Erscheinen an bei unsern Kindern: hielten wir doch unsere kaum Wochen zählenden Kinder nicht für so unempfindlich und unempfänglich gegen die Umstände und Einwirkungen der Umgebung, der Außenwelt, in der sie leben, wie so ganz anders würde es mit diesen unsern Kindern und mit der Menschheit aussehen.

Ständen wir doch nicht in dem Wahne, dass es frühe dem Kinde, und sei es noch so frühe, an einer gewissen Einsicht, an einem gewissen Urteile fehle. Wohl an einer Einsicht, einem Urteile, wie sie das vom Gegenstände abziehende und abgezogene Denken und der Mann besitzt, aber keinesweges an einer gewissen unmittelbaren Einsicht und einem Urteile, welches eins mit dem Gegenstände, welches der Unmittelbare Eindruck desselben selbst, und eben darum umso unfehlbarer und untrüglicher ist. Wir sollten darum auch schon bei dem kleinsten Kinde nicht allein die Eindrücke ihrer Handlungsweisen auf uns festhalten, nicht allein diesen nachgehen, sondern wir sollten uns besonders bemühen die inneren geistigen Gründe und Ursachen derselben aufzusuchen. Und da nun die geistige Kraft schon des sich ganz gesund fühlenden kleinsten Kindes in aller seiner äußeren Unbehilflichkeit bedeutend größer ist, als wir ahnen, so muss uns darum die Beachtung und Festhaltung aller dieser Geistestätigkeit in dem Kinde doppelt wichtig sein, einmal um des Kindes, dann um unser selbst willen; um des Kindes willen, da diese Äußerungen von dem Kinde unbewusst geschehen, die sie bedingenden Zustände denselben nur fühl- und empfindbar sind, dem Menschen aber alles sein geistiges Tun so weit als möglich zum Bewusstsein kommen, zum Bewusstsein gebracht werden soll: für den Erwachsenen ist es wichtig, um dadurch sich die Einsicht in den Teil seines Lebens, welcher der Herzpunkt desselben ist, zu ergänzen.

Da aber der Beachtende nur schwierig und keinesweges den inneren Grund

und Zustand, von welchem die Äußerungen des Kindes abhängen, und durch welche sie bedingt sind, mit Wahrheit und Bestimmtheit anzugeben vermag; so ist es Forderung des Wesens und der Bestimmung des Menschen. dass die Einzelerscheinungen und Äußerungen des Kindes demselben festgehalten und aufbewahret werden, damit dadurch geleitet der Mensch, welcher jetzt noch Kind ist, später in den Jahren des beginnenden Jünglings- und Mannes- alters in sein Inneres, in sein durchlebtes Leben blicken, und so in sich selbst noch die Spuren der Ursachen früherer Kindesäußerungen auffinden, sich so nach und nach zu vollständiger Klarheit über sich erheben, und sein Leben als ein Ganzes, als eine Einheit sich Nachweisen könne. Wollen wir uns, in welchem Grade es auch immer sei, als bewusstgewordene Menschen gegen unsere Kinder als bewusst werdende betragen, so müssen wir darum notwendig auf die eben bestimmte Weise an denselben und für sie handeln.

Aber nicht minder wichtig ist für den Erwachsenen, für den Beachtenden selbst das Beachten der Kindheit, er erblickt dadurch wie in einem Spiegel die ihm selbst ferne, die ihm selbst nicht anschaubare eigene Kindheit, die ja auch der Mensch, wie sein eigenes Angesicht, nicht selbst sehen, sondern nur, wie dieses, im Spiegel schauen kann. Durch diese Beachtung der Kinder, der Kindheit wird der Mensch sich selbst und ihm sein Leben klar, es kommt Einheit in dasselbe, das eigene Leben wird ihm zum ungestückten Ganzen.

Darum ist die Familie ganz besonders der Sitz und die Pflege des höheren Lebens, der wahren Lebensweisheit, indem Erkennen und Handeln hier immer innigst geeint ist, keines allein sieht: vielmehr echte Erkenntnis zum lebendigen tätigen Handeln, und das Handeln wieder zu wahrer Erkenntnis führt. Darum werden auch Kinder in den Familien von je her als ein besonderes hohes Himmelsgeschenk erkannt und nur Unklarheit und Selbstsucht kann darüber anders empfinden, anders denken. Und so lohnt sich auch hier die treue elterliche, der Vater- und der Mutter- liebe Pflege, die Geschwisterpflege auch schon des noch unbehilflichen Kindes, des kleineren Bruders, der jüngeren Schwester, durch sich selbst. (Beschluss folgt.)

Der Spaziergang in der Mitte des Jenners.

(Fortsetzung und Beschluss.)

Ja von den kleinsten bis zu den größten Massen zeigen sie sich sehr schön, von den eingesprengten bis zu den derben, und hier bis zu den schönsten Erscheinungen in sich ungegliederter (strukturloser) Massen, des Splittrigen und ganz besonders schön des Muschligen jeder Art und jedes Grades. Erinnert sich keiner von euch?

„Warum sollten wir nicht? Als der Frost Eismassen von fast einer Elle dick gebildet hatte, und wir Solche mit Gewalt zerschlugen, da sahen wir es."

„O! nun erinnere ich mich dessen auch recht gut, es traten dann so sehr schöne Farben aus dem dichten Eise hervor, wo du uns sagtest, dass der Grund davon wohl in wirklich bemerkbaren Sprüngen, oder auch in ganz seinen, gar nicht zu bemerkenden Trennungen innerhalb der Eismassen, wodurch das Licht gebrochen würde, Herrichten."

So seht ihr also, dass fast alle die Erscheinungen, welche die Kunde der Irden zum Teil zerstreut und einzeln an den verschiedenen Gattungen ihrer Gegenstände zeigt, sich in den Gestaltungen und Vorkommensarten des Eises vereint finden. Da nun die Bildungen des Eises sich in Solcher Menge finden, da ihre Beachtung und Vergleichung jedem offen steht, da das Bildungsgesetz der Fest- gestalten des Eises in der Mitte aller Bildungsarten der Festgestalten, der Irden steht, da die Bildungen des Eises unter unseren Augen geschehen, ja da wir sie bei großen Kältegraden Sogar entstehen und sich fortbilden, gleichsam wachsen sehen, was geht wohl daraus für uns hervor?

„Ohne Zweifel doch wohl, dass eine gründliche und klar Einsicht und Kenntnis der Festgestalten des Eises und deren Bildungsgesetze uns zugleich in die Mitte der Kenntnis der Gestalten der Erde, der Irden versetzt; dass die Kenntnis der Gestalten des Eises uns zur Kenntnis der Formen des Reiche- der Festgestalten genügend und gründlich vorbereitet, ja uns auf dem naturge- mäßen und einfachsten Wege in dieselbe einführt."

Du hast Recht. Wohl sehen wir, wie es in der Natur selbst bedingt ist, und von dieser gleichsam bestimmt ausgesprochen wird: dass wie aller stetig fort- gehende, in sich von Punkt zu Punkt begründete, lebendige natur- geschichtliche Unterricht mit der Kunde der Irden und der Festgestalten beginnen sollte so sollte auch eine in sich selbst begründete lebendig in sich selbst fortschreitende Betrachtung der Naturgestalten, mit der Betrachtung des Winters, der Gestalten des Schnees und Eises beginnen, der zusammen- hängende naturgeschichtliche Unterricht also im Winter anfangen. Die Kunde des Winters, der Formen des Schnees und Eises, die Anschauung ihres inneren lebendigen Zusammenhanges sollte uns in die Gestaltungskunde der gesamten Naturgegenstände einführen: viel- leicht auch darum, weil das

Wasser zum Entstehen und Bestehen aller Naturgegenstände so höchst wesentlich erscheint. Dies mag uns vielleicht wie manches andere, was wir heute berührten, Gelegenheit zu Betrachtungen anderer Art geben.

Doch jetzt lasst uns nur noch das als näher liegend und allgemein wichtig, für Jeden leicht einzusehen und in sich nachzuweisen heraufheben, was auch euch, ihr lieben Kinder, schon so oft als Überzeugung ausgesprochen ward und wird, und von deren Wahrheit ihr heute einen klaren, redenden Beweis habt: dass dem Menschen ohne Rücksicht auf seine bürgerlichen und häuslichen Verhältnisse im Allgemeinen die Wege und Mittel zu seiner Ausbildung und zur Erkenntnis der Dinge außer sich sehr nahe liegen, dass die Natur selbst, gleichsam wie eine liebende Mutier den Menschen führt, um ihm ihre Schätze, ihren Reichtum, ihre innere alle Mannigfaltigkeit zu einem Ganzen verknüpfende Gesetzmäßigkeit, ja das Leben, die Einheit der in ihr wirkenden Kräfte zu zeigen, ihm ihr inneres Wesen kund zu tun und darzulegen, wenn wir nur nicht untätig und ohne unsere Sinne zu gebrauchen in sie Hineinstarren, vielmehr unsere Augen brauchen und unseren inneren Sinn zu öffnen uns bemühen.

Der Winter ist es ganz besonders, welcher uns recht eigentlich in die Ahnung, Anschauung und Anerkenntnis der inneren Gesetzmäßigkeit der Natur und aller Dinge hinfuhren möchte. Ja der Winter in der großen Mannigfaltigkeit und doch Einfachheit seiner Gebilde und der so leichten Vergänglichkeit derselben, so dass ein unbeachteter Hauch sie zerstört, der Winter ist recht eigentlich die Zeit der Darstellung des reinen Gesetzes, der Darlegung der klaren und bestimmten Gesetzmäßigkeit der Natur: ja der Winter führt uns die ganze Bildungsgeschichte aller Erdgestaltungen in ihrer Aufeinanderfolge zurück: er gleicht in sich, in seinem Wesen und seiner Bedeutung der ersten nur festgestaltigen, kristallinischen Zeit der Erdbildung. Wie uns nun die festgestaltige, kristallinische Zeit der Erdbildungen die Gesetze derselben, das Eine Gesetz derselben in starrer bleibender Schrift darlegt und uns so kund tut: so führt sie uns jeder Winter in der leichten Vergänglichkeit seiner Eisgestalten zu und vor. Er, der Winter, führt uns die Bildungsgesetze der Naturgestalten in ihren ersten Grundlinien darum in so leichter Vergänglichkeit vor, einmal um durch diese leichte Vergänglichkeit uns zu ihrer umso ernsteren Würdigung und Beachtung aufzufordern, uns aufzufordern, ihnen im Schatze der Festgestalten der Erdbildungen in größerem Umfange und in tieferer Eindringlichkeit nachzuforschen: dann um diese so einfachen als allgemeinen Naturgesetze umso mehr in ihrer

Lebendigkeit und in ihrer gegenseitigen Bedingtheit zu zeigen. Der Winter soll zur höheren Würdigung und Einsicht aller folgenden Naturentwicklungen hinfuhren, darum. So wie bei der Erdgestaltung auf die Zeit des festgestalteten die Zeit des sich frei bewegenden Lebens, der Pflanzen- und der Tierwelt und folgt: so folgt auch auf den Winter jedes Jahres der Frühling mit seinem frohen Erwachen der Gewächse und des Getiers, denen nun auch der in der freien Natur erscheinende, jetzt viel in ihr lebende, sich bewegende und sich erstellende Mensch nach ihrem Eindrücke, ihren Äußerungen Bedeutung und Namen gibt. Diese Betrachtung und Ansicht des Winters ließe sich darum, sogar bis in Einzelnes, mit dem großen Mosaischen Schöpfungsgemälde zusammen- stellen, was jedem, dem es durchzuführen Bedürfnis ist, leicht durch sich selbst möglich sein würde. Seht, so zeigt eine von der Hand der Natur geleitete Betrachtung alles als ein in sich selbst ruhendes, einiges Ganzes.

Wie nun die Kenntnis der nur festgestalteten, der nur wirkenden Naturgegen- stände unmittelbar und stetig in die Kenntnis der lebenden und lebendigen einführt, so führt uns der Winter und eine rechte Beachtung und Würdigung des Winters in die wahre Würdigung des Frühlings ein. Und umgekehrt, wie eine mangelhafte Kenntnis und Einsicht der Festgestalten der Irden nur eine mangel- hafte Kenntnis und Einsicht der folgenden Stufen der Naturbildungen, der höheren und weiteren Naturkunde in sich Schließt, so führt auch das Nichtbeachten des Winters in seiner Bedeutung zu einer unvollständigen Auffassung und Würdigung des Frühlings und alles dessen, was er dem Menschen kund tut und darlegt. Dagegen fuhrt ein richtiges Auffassen des Winters, ein Eindringen und Erkennen seiner Gestaltungen und des Wesens derselben uns dahin, dass die Sehnsucht, das Hoffen und Ahnen der Aneignung höheren allgemeineren Lebens, mit welcher der Frühling unser aller Herzen und Gemüt durchdringt, uns erfüllt werden wird.

Und sagt nur selbst, fühlt nicht ein Jeder von euch, wenn er in diesen Tagen im Freien ist, durch die Ruhe und Klarheit, durch die Festlichkeit und hehre Stille eines echten Wintertages zu einer ernsteren eindringlichem Beachtung der Natur sich hingezogen?- Gleicht ein wahrer Wintertag nicht einem ersten Schöpfungstage, von welchem die Sehnsucht des Menschen so gern Zeuge gewesen wäre: ist nicht der zarte lichte Schleier, welcher in Ruhe alles in Eins umfließt, wie ein höherer Geist, welcher über dem Ganzen schwebt?

Aus dem ersten Schöpfungstage gehen die folgenden hervor, der Frühling ist durch den Winter bedingt so ist der Winter im Verein mit dem Frühling der

Lehrmeister der großen für das ganze Leben nach jeder Seite hin so hochwichtigen Wahrheit: dass die Erfüllung und Durchdringung des Gesetzes zur Liebe, zur Erfüllung und Erringung, zur Durchdringung des Wesens der Liebe, dass die echte Erfassung und Durchdringung des Einzelnen zur Erfassung, Durchdringung und Umfassung des Ganzen führt.

so lehrt, ihr lieben Kinder, die Natur den Menschen, der ihr kindlich vertraut, der sich ihr kindlich vertrauend hingegeben: sie bildet nicht nur seinen Verstand aus, sie entwickelt auch seine Vernunft, sie nährt, erwärmt und belebt sein Gemüt, sie erfüllt ihn mit Willens- und Tatkraft, wie überall in der Natur Wille und Tat des schaffenden Geistes ihm als ein Geeintes entgegentritt, Einziges und Einiges ist.

Die Erziehenden Familien.

Wochenblatt für Selbstbildung und die Bildung Anderer.

Sonnabend — 7 — den 19. Februar 1826.

herausgegeben von Friedrich Wilhelm August Fröbel.

Aus dem Kinderleben.

An einem schönen Winternachmittage kehrten die Pflegeeltern mit ihrem noch nicht fünfjährigen Pflegesohne von einem heitern Spaziergange zurück. Die Sonne war herrlich untergegangen und hatte den klaren, nur wenig und leicht bewölkten Himmel mit dem Schönsten Abendroth gefärbt. Lange hatten sich die Wandelnden der rosigen Farben des Abendhimmels erfreut, doch ehe noch das Dörfchen und das Haus erreicht werden konnte, fingen die klaren lichten Farben zu Schwinden und zu bleichen an. Da Sagte bedauernd die Mutter: nun vergeht der Schöne Himmel Schon, ich hoffte er würde uns bleiben, bis wir zu Hause sein würden; sogleich erwiderte der kleine Pflegling, welcher während dieser Rede weder besonders beachtet worden war, noch sie zu beachten, sondern ganz mit dem Mancherlei des Weges beschäftigt geschienen hatte: „der Himmel vergeht nicht, auf dem Himmel ruht Gott, wenn der Himmel verginge, verginge alles."

Der kleine Knabe sprach mit Solcher Festigkeit und Ruhe und mit so großer innerer Gewissheit, dass den Begleitenden nichts natürlicher sein konnte, als die Empfindung: "wie so nahe liegt dem einfachen Kindesgemüte die Wahrheit: „und wer hätte zu des Kindes fester Überzeugung und klarem Worte noch etwas hinzufügen mögen?— Und so kehrten Eltern und Kind ruhig heim doch wurde der kräftige Kleine von manchem neuen Eindruck leicht erregt: allein so vergänglich auch der Eindruck der gehörten und gesprochenen Worte geschienen hatte, so lebendig musste er davon in sich erregt sein: denn an einem der folgenden Morgen, wo das Leben immer von neuem wieder vor dem Kinde sich auftut, und wo gewöhnlich die Gegenstände des Lebens, die Menschen und die Gegenstände der Natur und deren Erscheinungen und Verhältnisse die selbstgewählten, selbstergriffenen und festgehaltenen Gespräche des Knaben sind, fing der kleine Sohn mit einem Male wie aus einer Betrachtung kommend an: Ja!, Großmutter, wenn der liebe, Gott nicht wäre, wärst du, wäre ich, wäre der Großvater nicht, wäre gar nichts, es wäre------(mit langgezogenem, die lange beachtende Festhaltung des Gedankens bezeichnenden Tone) es — wäre — nur - es wäre gar — nichts! Doch diesen Gedanken gar nicht denken und fassen könnend ging er sogleich ins Einzelne zurück, und zählte alles Einzelne auf, was gar nicht wäre und sein könnte, wenn Gott nicht wäre.

Ein anderes Mal spielte dieser kleine Knabe mit seinem zweiten nächst älteren Bruder ganz still neben dem Pflegevater. Der ältere Spielte mit Steinchen, an welchen er schabte, der jüngste mit Papierchen, welche er zusammenklebte:

„Kannst du aus Steinchen Papier machen?", wendet sich mit einem Male die Stille unterbrechend der jüngste Bruder an seinen älteren. Dieser antwortet ganz ruhig, ohne die Frage des andern auffallend zu finden, noch ohne dadurch von seinem Spiele abgeführt zu werden: "Nein!" Ebenso ruhig und bestimmt fährt der Kleine sich aber besonders zu seinem Bruder wendend fort: "Aber der liebe Gott kanns, der liebe Gott sagt piep! und das Papier ist da, und wenn der liebe Gott wieder piep sagt, ist auch das Papier weg, und der Stein ist wieder da." Und nun spielten beide Knaben still und emsig jeder sein Spiel fort: doch kehrte später in einigen selbst begonnenen Gesprächen des Kleinen immer der Gedanke und die feste Überzeugung in ihm wieder zurück, dass wenn der liebe Gott piep sagte, seine Großmutter und sein Großvater nicht mehr da wäre, dass aber, wie er es wieder sagte, sie wieder da sein und leben würden.

Noch einige ähnliche rührende Züge eines festen Kinderglaubens und einer zweifelslosen Kinderüberzeugung zeigte das Leben dieses sowie einiger anderen jüngeren Knaben. Diese hohe feste Kindesüberzeugung nun zu beachten, sie zu würdigen, sie zu diesem Zwecke zu pflegen, wo sie entgegen tritt, stehen diese Geschichtchen aus dem wirklichen Leben für sinnig beachtende Eltern hier, auch um vielleicht ähnliche Erscheinungen aus ihrer sie umgebenden Kinderwelt in ihr Gedächtnis zurück zu rufen. So viel scheint die Erfahrung zu bestätigen, dass offene, lebhafte, immer sinnig tätige, (nicht untätig, träumerisch umherstehende,) muntere, kräftige Spiele liebende, sich aber auch ihren Forderungen willig fügende Kinder religiöse Gesinnungen, fromme Gedanken in sich am festesten halten. Wohl erscheint es und möchte man aussprechen: der einige, einende Gedanke Gott gibt ihrem Leben jene hohe gesteigerte Kraft. Es geht daraus klar hervor einmal, welche Kinder- und Jugendfreuden solche Eltern ihren Kindern nehmen, die in diesen nicht frühe jene Grundempfindung des Lebens wecken und pflegen dann umgekehrt, wie ausdauernde ruhige Tätigkeit und frohe Knaben- und Kinderspiele den Menschen nicht seinem Gemüte entfremden, ihm vielmehr dasselbe recht in seiner Lebendigkeit und Einigkeit fühlbar machen.

Da der Kleine, aus dessen Leben das Mitgeteilte entnommen, die frühere Zeit seines Lebens in andern Verhältnissen verlebte, als die sind, in welchen jene Äußerungen aus seinem inneren hervortraten; so können die ihn jetzt pflegend Beachtenden nicht nachgehen, wie diese Gedanken, dieser Glaube in seine Seele gekommen sind: genug sie sind da, und sind in Festigkeit da, sie müssen darum auch gleich in dem ersten Augenblicke, als sie sich dem Gemüte und in dem Gemüte aussprachen, von demselben lebendig ergriffen worden sein: darum soll auch jetzt bloß diese Festigkeit, mit welcher Überzeugung und Glaube da ist, hauptsächlich beachtet werden, sei es auch, dass in früheren Verhältnissen sie mit Bestimmtheit angeregt wurden, genug die Seele hielt die Gedanken wie ihre eigenen fest und sie erscheinen jetzt ganz als der Seele Eigentum, ganz aus derselben selbsttätig hervorgekeimt, emporgewachsen. Und zu dem Bemerken, dass junge Gemüter mit Felsenfestigkeit das aufnehmen, was ihnen von Erwachsenen, von Solchen, die sie für einsichtiger halten und zu denen sie besonderes Zutrauen haben, gesagt wird, gibt die Beachtung von Kindern oft Anlass; ja sogar, wenn das, was ihnen von Älteren gesagt wird, eigentlich ungereimt ist. So konnte ein anderer bedeutend älterer Knabe eine Zeit hindurch fest glauben: unter einem großen Steine sei ein schwarzer Mann verborgen, welcher hervorkäme, wenn man auf den Stein klopfe.

Wir hören dann wohl die Erwachsenen zu dem Kinde sagen: "Aber wie kannst du so dumm sein, so etwas zu glauben?" — Wer aber unter diesen dreien ist der Tadelnswerteste: der Ältere, welcher dem Kleineren Unwahrheit statt Wahrheit gibt, der Knabe, welcher sie einfachen Sinnes glaubt: oder der, welcher diesen einen Unklugen schilt? Wir sollten das Kind nicht ausschelten, welches in seinem Lebenseinigungsgefühle so etwas wohl glaubt, sondern die dieses Gefühl missleitenden, dem Kinde so etwas vorredenden Großem: und doch bemerken wir dies an den Erwachsenem so häufig. Nicht das dem Worte der Erwachsenen vertrauen- de Kind sollten wir schelten, sondern die dieses Vertrauen vernichtenden Größeren sollten wir strafen. sollten sich die Erwachsenen nicht über alles glücklich sehen, dass der Knabe, das Kind Solches Zutrauen zu ihnen habe, dass er jede ihrer Aussagen für wahr halte? Sollten sie nicht mehr dieses Zutrauen in dem Kinde pflegen als durch den unvermittelten strafenden Ausspruch: "Wie kannst du so dumm sein" dieses Zutrauen, diesen Glauben mit einem Male vernichten?— Fühlt der strafende Erwachsene nicht, dass sich dieses in dem Kinde so geweckte Misstrauen bei leiser Veranlassung gegen ihn wenden werde? Aber so handeln wir Erwachsenen leider unaussprechlich oft: wir trennen das von der Natur Geeinte, um es später wieder künstlich zusammenzuleimen; wir töten das ursprünglich Lebendige, wir vernichten das ursprüngliche Leben, um später ein After- und Scheinleben an dessen Stelle zu setzen. Möchten wir uns doch alles Ernstes bemühen, uns darüber zu unserm und zu unserer Kinder Heil die Augen und unsern inneren Sinn öffnen. Nicht darf das Leben getötet werden, um es zu erkennen, zum Bewusstsein zu erheben: das Leben muss frei im Leben, in der Beweglichkeit, Fülle und Gleichzeitigkeit des Lebens erkannt und gepflegt und entwickelt werden möchten wir dies zu unser aller Wohl bedenken.

Viel sind der Erscheinungen in dem Kinderleben, welche dem Beachter beweisen, dass das Kindesgemüt frühe gern sich höheren Gefühlen und Empfindungen öffnet, dass diese frühe in jenem Wurzel fassen, ja dass das Kindesgemüt gern dieselben pflegend in sich fest hält, und dies, wie aus den Äußerungen des Kindeslebens bestimmt hervorgeht, umso mehr, als jene Empfindungen und Gefühle unmittelbar dem Kindesgemüte und Kindesverhältnisse nahe liegen es beweiset das Kinder- leben, dass je mehr das Kindesgemüt von jenem Höhern erfüllt ist es auch alles ihm Erscheinende gern darauf bezieht, gleichsam gern in dessen Lichte sieht.

So saß an einem der folgenden Abende die Pflegemutter in ihrer Arbeits-zugleich Spielstube der jüngeren Kinder bei ihrer Arbeit: der gleich zuerst gedachte kleine lebhafte, immer fröhliche Knabe spielte selbsttätig in dem Zimmer; im Osten war einer der schönsten Planeten aufgegangen und leuchtete hell und strahlend durch das Fenster. Du fragte die Mutter mehr sich selbst als die anderen: "Ich möchte wohl wissen, was das für ein Stern ist. welcher dort so hell und glänzend herauf leuchtet."— Sogleich wandte sich der kleine Knabe von seinem Spiele weg und zur Mutter: —"Ich will dir es sagen, Großmutter, es ist der liebe Gott." Die Pflegemutter nahm einfach die Erscheinung des Lichtes und die Wahrnehmung des Leuchtens auf, um das alles erfüllende und alles belebende, besonders nur dem Gemüte im inneren des Menschen wahrnehmbare Wesen Gottes dem Kinde andeutend empfindbar zu machen.

Unter ganz anderen Verhältnissen, als unter welchen der eben gedachte Knabe lebt, lebte vor einigen Jahren, als zwei der schönsten Planeten ebenfalls Abends und am östlichen Himmel sehr dicht bei einander Standen, ein Kind, nur einige Jahre alt: die Mutter ihr Kind in dem Arme freute sich innig und Still des Anblicks der beiden ihr Licht gleichsam in einander strahlenden Sterne, als auch bald das Kind ohne alle äußere Veranlassung ausrief: "Vater- und Mutterstern."— Öfters und wiederkehrend hört man wohl kleine Kinder bei ihren Pflanzenspielen von Vater- und Mutter-, Bruder- und Schwesterblumen reden.

Suchen wir nun die Empfindungen auf, welche allen diesen Äußerungen im Kinde zum Grunde liegen, sie gleichsam bedingen so werden wir sehr leicht finden, dass es die der Einheit sind, und so ist es wirklich; alles, was dem Beachtenden aus der ersten Kindheit als Äußerung der Tat, und ganz besonders des Wortes entgegen tritt, zeigt mit Bestimmtheit, dass die erste, die Grundempfindung des Menschen die der Einheit, der Gemeinsamheit, des Geeintseins ist: und es mögen wohl große und genügende Beweise dafür aufzuführen sein, dass diese Grundempfindung, wo sie in dem Kinde nicht gestört vielmehr genährt wird, sich leicht zum Grundgedanken in dem Menschen erhebt: und wie sollte es auch aus höheren Gründen anders sein?—

Doch wir kehren in das unmittelbare wirkliche Kinderleben, zu unserem kleinen Knaben zurück. Derselbe hatte wohl oft zu bemerken Gelegenheit gehabt, dass die häuslichen Geschäfte seine Mutter stark angegriffen hatten, und sie erschöpft den Tag beschloss, auch wohl noch müde den neuen Tag begann. "Aber Sage mir nur, Großmutter," fragte er darum eines Morgens teilnehmend, "Sage mir nur, warum du so schwach bist— Die Pflegemutter deutete ihm hierauf an, wie so manches Kräfte Vernichtendes ihr im Leben begegnet sei, wie gar vieles im Leben sie ertragen habe.

„Wohl gar mehr als du kannst?"- entgegnen der Kleine. "Nun aber da ich bei dir bin sollst du nicht mehr ertragen als du kannst, nun will ich dich schon beschützen."

Wem treten da nicht Ausdrücke, viele Äußerungen des Kraftgefühls aus dem frühen Kindesalter vor die Erinnerung? Daher auch von den Kindern das so häufige:
„Dich kann ich bezwingen," oder auch die so oft wiederkehrende Äußerung:

„Wenn ich nur erst groß bin," - worin zugleich das Gefühl liegt, dass die Körperkraft dem Gefühl der Geisteskraft noch nicht gleich, im Gegenteil die Geisteskraft jene überwiegend ist.

Dies überwiegende Gefühl des Geistigen, der Geisteskraft vor der dieser angemessenen Ausbildung und Stärke der Körperkraft, besonders des Körper- und Gliedergebrauches, dieses überwiegende Gefühl des Lebens, der Lebenskraft vor der Ausbildung des Körpers zur Selbstdarstellung des Lebens ist eine durchgreifende Erscheinung der gesunden vorgerückten Kindheit daher erklärt sich auch die große belebende Kraft des Kindesgeistes, und dann wie sich dadurch den Eltern und Erwachsenen von den Kindern selbst die Forderungen für ihre Geistes- und Körperpflege, ihre Erziehung ausspricht. Darum sind auch diese Erscheinungen des sich geistig so kräftig Fühlens in der Kindheit von den Erziehenden ganz besonders festzuhalten und daran die Erziehung anzuknüpfen. Dieses Gefühl hängt wohl mit dem vorhin erkannten der Einheit notwendig und innig zusammen. Doch durch diese klaren Lichtseiten des Kindeslebens Sollen unsere Augen für die dunkeln Schattenseiten desselben nicht geschlossen werden.

(Beschluss folgt.)

Das Kleine Kind - oder: Die Bedeutsamkeit des allerersten Kindestuns. (Beschluss).

Wegen dieser hohen Bedeutung der Lebensäußerungen selbst des jüngsten Kindes, und wegen der so leichten Verwisch- und Vermengbarkeit selbst der wichtigsten, besonders ersten Lebensausdrücke, sollten Eltern diese gleichsam ersten Lichter der Hervorleuchtung des Menschenwesens sich in einem der Auffassung und Darstellung des gesamten Kindeslebens. der gesamten Entwicklung des Kindes gewidmeten, gleichsam in einem Lebensbuche des Kindes aufbewahren und festhalten, sie sollten die Wirkungen und Äußerungen, die Veränderungen festhalten, welche gewisse Eindrücke, gewisse Umstände und Begriffe in dem Kinde, in dem Leben und Betragen desselben hervorbringen.

Ein solches Lebensbuch würde doppelt und mehrfach wohltätig und segenbringend wirken; es würde vielfach sich seines Namens würdig machen: es würde die Eltern immer mehr und mehr klar machen über ihre Kinder, sie würden sich spätere Erscheinungen aus früheren Äußerungen, Begegnissen und Lebensumständen erklären, und so würden sie ihre Kinder immer mehr dem inneren, der Anlage und dem Charakter, der Eigentümlichkeit desselben angemessen behandeln können. Kinder würden später in ihren Eltern nicht nur die Pflege ihres äußeren, sondern ganz besonders auch ihres inneren geistigen Lebens, nicht nur des Lebens an sich, sondern vorzüglich auch ihres ganz eigentümlichen und persönlichen Lebens, Empfindens und Denkens finden. Denn in und bei allem Suchen, Streben und Bedürfen der Kinder ist gewiss frühe die Pflege des eigenen inneren, des Geistigen im Kinde, eine der Haupttriebfedern und Ursachen der Erscheinungen des Kindeslebens und Kindestuns: diese Pflege des inneren, des eigenen Selbstes des Kindes von Seiten der Eltern, der Umgebungen würde das Kind bald fühlen, und so würde Vertrauen desselben zu den Eltern kommen, das Zu- trauen und die Liebe der Kinder zu den Eltern, und so die Einigung im Leben und Streben mit denselben wachsen.

So würde Wahrheit und Leben in das äußerliche elterliche und kindliche Verhältnis kommen: Sie, die segensreichste Quelle alles echten Familienglückes, würde durch diese in allem Tun sich kund tuende Beachtung des Kindeslebens als seines eigenen frühe wieder ihren ursprünglichen Sitz in der Familie haben. Das Kind würde dann nicht frühe die hemmende, trübende, mit Trauern erfüllende Erfahrung machen, dass das Leben, welches es als seines in sich führt, und darum auch als seines pflegen und beachten müsse, von den Eltern nicht geachtet noch weniger gepflegt werde, das Kind würde sich nicht oft in seinem innersten Wesen und Streben ganz verkannt und darum ganz entgegengesetzt behandelt sehen Eltern würden dann nicht so oft zu ihrem Bedauern in ihren Kindern das ihrem innersten Streben Entgegengesetzte finden und sehen, vielmehr würden sie sich klar überzeugen, dass wenn nur ihr eigenes Streben rein menschlich, gut und wahr und nach dem Höchsten gerichtet ist. dann auch das Leben und Streben der Kinder dem ihrigen nicht so fern und fremd ist als sie wähnen, so verschieden auch vielleicht die äußere Form und Erscheinung es zeigen mag.

Unbeachtete, leicht hingesprochene Worte: "Dies wirst du doch nie lernen"; „Dahin wirst du es doch nie bringen"; „Wie kannst du dir nur so etwas vornehmen, dazu wird deine Kraft doch nicht hinlangen." Diese und andere ähnliche Äußerungen der Eltern und Umgebungen würden dann nicht frühe die jungen Schwingen der Kraft und des Mutes lähmen: so wie ebenso umgekehrt nicht zu frühe und unbewährte Hoffnungen und übertriebene Erwartungen die Kraft nach einer andern Seite hin und von einem andern Punkte aus in dem Innersten schwächen und untergraben würden. Im Gegenteil werden in dem ersteren Fall bei wirklich noch in sich schwacher Kraft die aufmunternden Worte kommen: was Anlage dir versagt, kann Fleiß, Ausdauer ersetzen: so wie im zweiten Fall die warnende Stimme: was auch Natur und Anlage reichen, kann bei Unachtsamkeit und Leichtsinn dir leicht verloren gehen.

Ungeachtet aber der hohen Wichtigkeit des Festhaltens und Aufbewahrens der Kinder- und Jugenderscheinungen und Äußerungen, und obgleich unter dem so vielartigen Kindertun sich oft nur schwierig das wichtigere herausheben lässt, vieles im Gegenteil in seinen Folgen gleich wichtig erscheint so ist es doch keinesweges notwendig noch wichtig, alle Erscheinungen, noch sie in jedem Augenblicke, an jedem Tage festzuhalten. Folgereich würde es schon sein, geschähe es auch nur rück- und überblickend am Ende eines durchlaufenen Kreises irgend bestimmter Verhältnisse: und wie könnte wohl eine Zeit dazu entsprechender sein, als die des jedesmaligen Geburtstages. Denn zwischen seinem jedesmaligen Erscheinen sind alle Erdverhältnisse einmal vollständig ab- und von dem Menschen durchlaufen. Also am Ende jedes Lebensjahres wenigstens, wenn auch keinesweges als Tagebuch, sollten Eltern, und namentlich in den Jahren, aus welchen der Mensch sich selbst entweder gar nichts oder doch nur unbedeutend wenig und ohne allen Zusammenhang erinnert, also aus den ersten Kinderjahren, rück- und überblickend die Erscheinungen, das Tun, die Eigentümlichkeiten des Lebens ihrer Kinder festhalten.

Wohltätig würde dieser wenn auch nur alle Jahre ausgestellte Lebensspiegel für Eltern und Kinder sein, und gewiss weder eine Schönere noch eine wichtigere Gabe könnte beim Konfirmationstage oder am Tage des Austrittes aus dem elterlichen Hause und beim Eintritt in die größeren Lebens- und Weltverhältnisse den Kindern gemacht werden, als das Geschenk eines solchen Lebensbuches, wo das Kind und der Mensch so wahrhaft in die Mitte und in den lebendigen Zusammenhang, in den Anfangs- und Quellpunkt seines Lebens versetzt würde. Sollten sich nicht Manche, um die Wichtigkeit einer solchen Gabe einzusehen und zu empfinden, der folge- reichen Wirkungen erinnern, die es in ihrem späteren Leben hervorgebracht hat, wenn frühere Meinungen, Nachrichten, Äußerungen und Handlungen von und über sie, ihnen bekannt wurden, wie aufklärend. reinigend und erhebend dies auf Geist und Gemüt, Charakter und Leben wirkte. Je einfacher, ruhiger, klarer, nur erzählend, je mehr im Zusammenhang mit dem Leben und das Leben selbst erfassend jene Bemerkungen niedergeschrieben sind, umso mehr sie unmittelbare Lebensdarstellung selbst sind, umso mehr bewirken sie in dem diese Bemerkungen über und von sich Lesenden, die Empfindungen, welche der Mensch bekommt, wenn unvermutet und unerwartet ihm sein Bild aus einem klaren Quellenspiegel, aus einer klaren stillen Wasserfläche entgegentritt.

Ein solches Lebensbuch seinem Kinde an jenem Tage übergeben, wäre gewiss der festeste Grundstein eines zu begründenden selbstständigen und selbsttätigen, ungestärkten Lebens, welchen Eltern auf dem Grunde wahrer Religiosität ihrem Kinde nur legen können: über dem Herzpunkte des dem Gemüte entkeimenden Lebensbaumes würde es einem ebenso klaren und heilem als festen Himmel wölben. Und welch' ein Band würde dies zwischen Eltern und Kind werden, welch' ein Band des Vertrauens, der Liebe und der Dankbarkeit würde es zwischen Eltern und Kind knüpfen; welch' eine Klarheit würde dies Buch über das ganze Leben des Kindes, des Einzelmenschen, und über das Leben an sich verbreiten: eine höhere Lebenssonne würde in demselben aufgehen!—

Wie der Mensch schon durch einen wiederkehrenden, ernsten Blick in die ersten Jahre seines Lebens. Seiner Kindheit, sich nach und nach immer wehr aus derselben erinnert: wie vielmehr würden solche Bemerkungen und Nachrichten aus dem ersten Leben, verbunden mit dem in dem inneren ruhenden lebendigen Lebensfaden, das Bewusstsein, die Einsicht des Lebens, das Bewusstsein, die Einsicht desselben aufklären, das Leben an sich wirklich kund tun und offenbar machen. Zu einer hohen Selbstoffenbarung des Lebens müsste es führen: denn Klarheit des Lebens, Klarheit über den Entwicklungsgang desselben ahnet und suchet der Mensch.

Darum wird die Familie, welche diese festhaltende Achtsamkeit auf das neu aufkeimende, neu sich entwickelnde Leben in sich und in seinem Kreise zuerst anwenden wird, des Segens unendlich finden. Denn gehen wir mit einem forschen- den, prüfenden Blick in die Entwicklungsgeschichte unseres inneren Lebens zurück, wie steht da alles, wie in der Menschen- und Menschheitsgeschichte, so anfangslos, so gestückt und abgebrochen da; was auch Lebensbeschreibungen von Tag und Stunde unserer Geburt treu aufbewahren mögen.

Zusammenhangs- und anfangslos wie eine Insel im Weltmeere finden wir uns und unser Leben, finden wir uns in unserm Tun im Lebensmeere: wie der Anfang der Geschichte in Nacht und Dunkel und Sage gehüllt, in Wahrheit und Dichtung, in Gestücktheit vor uns steht, so steht unseres inneren geistigen Lebens Anfang und Entwicklung vor uns. Und so sollte es doch nicht sein: fühlen wir doch schon das Drückende in der Geschichte, wie vielmehr findet und fühlt es der Mensch und frühe im eigenen Leben, wenn er getrieben wird sein Leben, seine Entwicklung als ein Ganzes und in Einheit zu schauen. Dem Bedürfnis und der Forderung unseres Herzens, alle Dinge in

Einheit und im notwendigen, geistigen, lebendigen Zusammenhänge zu sehen, tat Gott als unser Vater uns als seinen Kindern das kund, wovon wir nicht Zeuge waren hat es uns Gott nicht in Beziehung auf unsere Erde in fester unwandelbarer Schrift in den Tatsachen der Erdbildungen selbst aufbewahrt? sollten wir als treue gottähnliche Eltern an unsern Kindern und für dieselben nicht ähnlich handeln, sollten wir ihnen nicht wenigstens die äußeren Tatsachen, die Fakten ihrer inneren geistigen Entwicklung aufbewahren, damit sie durch den Faden ihres inneren lebendigen Bewusstsein- demselben Einheit, Leben und Bedeutung geben, und sie sich so immer mehr und mehr zum klaren lebendigen Selbstbewusstsein erheben können?—

Doch dieses Erste, was wir unsern Kindern so leicht geben könnten, das versäumen wir: Klarheit über sich selbst, Wahrheit im eigenen Leben, und inneren lebendigen notwendigen Zusammenhang von einzelnen Erscheinungen und Tatsachen: und so schweben sie fort wie das ganze Menschengeschlecht zwischen Leben und Tod, zwischen sein und scheinen, zwischen Himmel und Erde, keinem und beiden angehörig scheinend: denn der innere, den wahren Zusammenhang des Lebens kund tuende und offenbarende Blick des Menschen ist unentwickelt, ist verschüttet, ist getrübt.

Durch klaren Blick des lebendigen inneren Zusammenhanges, des eigenen Lebens, durch die Einsicht in den lebendigen Zusammenhang äußerer Erscheinungen mit inneren geistigen Ursachen und Bedingungen wird der Mensch auch gewiss immer mehr in den Stand gesetzt, den inneren geistigen Zusammenhang der äußerlich unverbunden, einzeln und ungeeint dastehenden Geschichts- und Naturtatsachen zu erkennen: überhaupt ein höheres, innigeres Band zwischen Erscheinen und sein, Irdischem und Himmlischem, Vergänglichem und Bleibendem würde sich knüpfen; das ursprüngliche lebendige, einige und innige Band zwischen beiden würde erkannt werden, und vielseitiger Friede würde gewiss das Gefolge dieser Erkenntnis sein: so wie vielfach hochbeglückt gewiss die Familie sein würde, welche das Gesagte in ihrem Kreise und Leben anwendete und darnach handelte: von ihr aus würde sich unverkennbar Segen und Hell über ein ganzes folgendes Geschlecht verbreiten, und wäre es die unbedeutendste Familie im verborgensten Erdenraume, ja fast umso mehr als sie dies ist: durch sie würde die Erfüllung des Hoffens und Sehnens des Menschengeschlechtes herbei geführt werden Klarheit und Wahrheit und so Licht und Leben, die Himmelsgeborenen, würden durch sie wieder, auch unter uns als

Himmelsgeborenen und so auch wieder auf der Erde ganz einheimisch werden.

Wir werden uns mit unsern Forschungen, mit unsern Jahr- und Tagebüchern, wie mit unsern Verbesserungen nicht mehr zuerst und so überwiegend auf einen Boden hinwenden, wo wir doch eigentlich nicht so ganz zu Hause sind, den wir nicht so ganz den unsern nennen können sondern wir werden uns dahin wenden, mehr noch ursprünglich das Leben, welches in uns und au uns blüht, zu hegen und zu pflegen, und ebenso das Leben, welche in und aus unsern Kindern blüht, um es zu ihrem eigenen Selbstbewusstsein und sie so zur Erreichung ihrer Bestimmung zu erheben.

Die Erziehenden Familien.

Wochenblatt für Selbstbildung und die Bildung Anderer.

Sonnabend - 8 - den 25. Februar 1826.

herausgegeben von Friedrich Wilhelm August Fröbel.

Die Kunde der Formen und Gestalten, und diese in ihrer höheren Bedeutung und Beziehung

An Freund R.— Zur Feier seines Geburtstages am 12. Februar.

Nun schon einige Jahre sind verflossen, seit du, teurer Freund, unser erziehendes Wirken und Streben persönlich prüfend und teilnehmend und in besonderer Beziehung auf Dein Vaterverhältnis und zur Erfüllung Deiner Dir über Alles wichtigen Vaterpflichten beachtetest. Die Feier eines Geburtstages, Sei es die des eigenen oder des Befreundeten, ruft ganze Teile des früheren Lebens, ruft frühere Gefühle wie frühere Versprechen in die Erinnerung zurück so ruft auch die Feier Deines Lebensfestes, welches ich heute still aber mit Gefühlen, welche Du gewiss mit mir teilen wirst, in mir begehe, viel der in unserem strebenden Zusammenleben gemeinsamen Empfindungen, viele der damals in unsere frühere Jugend gerichteten Blicke, der Vorsätze und Entschlüsse für das folgende Leben, und so auch ein Dir damals gegebenes Versprechen vor meine Seele zurück. Lass mich darum, Freund, dein Geburtsfest, auch mir ein wahres Lebensfest, dadurch feiern, dass ich heut beginne mein Dir gegebenes Wort zu lösen.

Der hohe Rang, welchen wir gleich mit dem Beginne unseres erziehenden Wirkens, und darum auch schon zur Zeit Deiner unsern Unterricht wie unser Leben teilenden Anwesenheit dem Unterrichte in der Formen- und Gestaltenkunde, in Vergleich mit dem in der Sprache, besonders in der Mutter- Sprache einräumten, machte unsern Unterricht in der Formen- und Gestaltenkunde schon dort zu einem besonderen Gegenstand Deiner aufmerksamen Beachtung so dass ich Dir, da die freudige Nachricht einer glücklichen Vermehrung Deiner Familie durch einen gesunden Sohn Dich unerwartet und schnell von uns rief, das feste Versprechen geben musste, so bald als mir die Umstände nur einigermaßen vergönnen würden, Dir das Ganze der Formen- und Gestaltungskunde nach ihrer inneren Begründetheit und Selbstständigkeit vorzufuhren, und besonders die schon bei Deiner Anwesenheit Dir angedeutete innere Bedeutung der Formen und Gestaltungen und die Wichtigkeit ihrer gründlichen Kunde nachzuweisen.

Allein von meiner Seite musste es im Drange des Lebens leider nur bei dem Versprechen bleiben: doch Du fordertest seit jener Zeit mich wiederkehrend auf, es Dir zu erfüllen, und um mir die Hindernisse, die sich mir, wie Du aus Erfahrung weißt, immer in den Weg stellen würden, mit überwinden zu helfen, fügtest Du — weil Du oft Zeuge- wärest, wie jede Aussicht unmittelbarer Anwendung meine Kraft vielfach steigert, und wie das Wirken dafür mir schönstes Geschäft ist, - aufmunternd hinzu, dass Dein frischer, froher Kranz von lebenskräftigen, lebenslustigen Kindern, deren Erzieher Du schon in Gemeinschaft mit Deiner treuen Gattin bisher gewesen, nun so herauf gewachsen sei, dass er kräftigen Unterricht als Geistesnahrung fordere, und dass Du ihnen wolltest, wie bisher selbst ihr Erzieher, nun auch im Vereine mit Deiner Gattin ihr erster Lehrer sein. So will ich Dir nun, so weit als es Schriftlich und ohne Zeichnung möglich ist, den Lehrgang des Unterrichtes für Formen- und Gestaltungskunde, wie er bei uns in Ausübung gebracht wird, und wovon Du zum Teile schon selbst früher Zeuge warst, zwar nur im Umrisse, aber doch mit Festhaltung des inneren lebendigen Zusammenhanges mitteilen.

(Fortsetzung folgt.)

Aus dem Kinderleben. (Beschluss.)

Die dunkelste, das Kinderleben am meisten trübende Erscheinung ist wohl das Umgehen, das Beugen der Wahrheit, die Unwahrheit selbst: ja wohl sogar die bedachte Lüge.

Besondere Erscheinungen derselben aus dem Kinderleben herauszuheben, ist nicht nötig, weil sie leider in demselben so allgemein verbreitet sind, dass wohl nur Wenigen, die auch nur einige Kinder zu beachten und zu leiten besonders Beruf haben, diese traurige Erfahrung fremd ist: ja vielleicht umso weniger fremd ist, als das zu beachtende und zu führende Kind ein einziges ist.

Je mehr sich nun die Unwahrheit, ja sogar die Lüge, frühe in der Kinderwelt so sehr verbreitet, und je mehr gewiss schon Mangel an Wahrheit, und besonders die Lüge der letzte Grund, wenigstens der Schutz alles Fehlerhaften und Schlechten ist: umso mehr muss es wohl jedes Kinder- und

Menschenfreundes, besonders aller Eltern höchste Sorge und ernstester Wunsch sein, die Quelle jenes Kinderfehlers aufzufinden, und gleichsam abzugraben, indem dadurch zugleich eine nicht abzusehende Reihe von Fehlern, ja Schlechtigkeiten im Menschenleben vernichtet sein würden. Die wichtigste und gewiss sehr zur Quelle des Fehlers leitende Erfahrung ist wohl: dass sonst sehr gutartige, in gar vielen Beziehungen wirklich offene, gutmütige Kinder mit diesem Fehler wirklich behaftet sind: eine zweite nicht minder wichtige Bemerkung ist die, dass gerad die geistig kräftigeren Kinder zu diesem Fehler am meisten geneigt sind: ja dass der Fehler der Unwahrheit und Lüge in dem Kinde sogar umso stärker hervor tritt, als in demselben das Gefühl der persönlichen Geisteskraft wenigstens der persönlichen Geistestätigkeit stark ist.

Nach den vor uns liegenden Erfahrungen entsteht nun die Unwahrheit und Lüge in dem Kinde so: Das Empfinden und Wahrnehmen eines regen, geisteskräftigen persönlichen Lebens ist wie dessen Quelle an sich rein und gut, und ohne allen Fehl. Das Kind kennt aber von diesem Lebenstriebe nichts, als ihn selbst, einmal in seiner Stärke und Kräftigkeit, dann in der Reinheit und Klarheit seines Wollens und Strebens: nichts weiß es zuerst von der Form, den Folgen und Wirkungen seiner Tätigkeit, seines Treibens.

Von diesem Punkte aus aber teilen sich die Erscheinungen der Unwahrheit und Lüge: entweder ist irgend eine Richtung und Wirkung des Tätigkeitstriebes schon zum Voraus und vor der Tat von Anderen für schlecht und fehlerhaft erklärt worden, oder es ist dies nicht der Fall, und die Folgen und Früchte des Tätigkeitstriebes sind weder bekannt, noch sind sie für fehlerhaft erklärt. In beiden Fällen müssen wir ins Gedächtnis zurückrufen: dass das Kind nur in dem Gefühle seiner Geisteskraft und Tätigkeit und im Gefühle der Stärke derselben ruht und lebt und für alles außer sich gleichsam blind ist.

Wir wenden uns nun zunächst zu dem ersten Falle. Hier ist das Persönliche des Lebensgefühles, ist das Eigengefühl des Lebens so stark und gleichsam jedes andere Gefühl verschlingend, d. h. nicht daseiend machend, dass dem diesem Lebenstriebe folgenden Kinde durch die Stärke desselben der Wahn kommt, außer ihm wisse Niemand von dem Dasein desselben, also natürlich auch Niemand nichts davon, wenn der Lebenstrieb befriedigt, und noch weniger wie und auf welche Weise er befriedigt sei. Der Lebenstrieb als an sich gut und tadellos scheint in sich die Tat zu fordern und so erscheint sie auch in sich gerechtfertigt doch geschehen: so tritt ein höheres Bewusstsein, wenigstens eine Ahnung davon, ein Gefühl desselben in dem Kinde ein, dass es noch eine zweite höhere Seite des Lebens als die des Genusses. Besitzes, des Tuns gibt, nämlich die der Entsagung, des Entbehrens, des Unterlassens. Da nun dem Kinde nach der Handlung die Entsagung wegen ihrer notwendigen größeren Kraftanstrengung als wirklich höher vor die Seele tritt, um die Befriedigung des Lebenstriebes es aber niemanden wissend glaubt als sich selbst, so ist die natürliche Folge davon die Verleugnung der Tat. Dazu kommt auch nun noch wegen des Verbotes das Gefühl und die Furcht der Strafe, so wie auch wohl in dem an sich gutartigen Kinde der wirklich feste Entschluss, bei gleichem Falle den Fehl zu vermeiden: dies beides zusammengenommen bewirkt die Verleugnung der Tat, zu welcher in dem häuslichen Leben noch gar manche andere Veranlassungen kommen, wohin unter anderem auch gehört, dass Kinder aus wirklicher Liebe zu ihren Eltern, um denselben keinen Schmerz und Verdruss zu machen, die Wahrheit umgehen.

Was dem nun einmal unwahr gewesenen Kinde zur Fortsetzung seiner Unwahrheit und der Lüge den meisten Vorschub gibt, ist das Gesinde im Hause, und ein solches Kind wird umso mehr von der Unwahrheit und zuletzt von der Lüge selbst umklammert werden, als in dem Hause mehreres Gesinde ist, oder diesem ähnliche Personen in demselben Zutritt haben. Diese Personen wirken nun umso unmittelbarer für das Festhalten der Lüge und das Verläugnen der Wahrheit in dem Kinde, als dasselbe in irgend einer Hinsicht eine gewisse Gutmütigkeit zeigt, dann als das Gesinde von der Herrschaft getrennt ist, und als besonders dem Kinde von Seiten der Eltern oder auch nur eines Teiles derselben eine strenge Rüge und Bestrafung der Lüge bevorsteht.

Diese Furcht vor der Strafe ist das, wodurch das Kind immer mehr und mehr der Lüge in die Arme geworfen und von derselben fest gehalten wird, auch verliert es dadurch nach und nach in sich selbst das Gefühl des Rechten, wird deshalb Schwankend in sich und kommt zuletzt dahin, dass es die einfachsten unschädlichsten Handlungen, ja sogar die, welche in Hinsicht auf die Gesinnungen, die ihnen zum Grunde liegen, für das- selbe löblich sind, verläugnet. Beide Fälle kommen dem Schreiber dieses öfters im Leben entgegen, und noch im Augenblick des Niederschreibens dieses legt ein wirklich sehr lieber aber zum Öfteren unwahr im Worte erfundener Knabe mit dem ganzen Gepräge der Wahrheit das Geständnis ab: „Ich fürchtete mich vor der Strafe."

Fassen wir diese Ursachen der Unwahrheit und Lüge kurz zusammen, so entsteht sie bei geisteskräftigen Kindern wohl durchgehend, wo zwischen

Eltern und Kind eine Trennung, gleichsam ein verschiedenes Lebensinteresse, eine verschiedene Lebensansicht eintritt, wo das Kind sein inneres Leben besonders nicht von den Eltern geachtet, anerkannt und gepflegt glaubt, und wo dann, um das Nachteilige und Schädliche dieses Verhältnisses noch zu vermehren, Personen von niederen gemeinen Sinn und Sitten zwischen Eltern und Kind sich eindrängen. Letzteres wird ganz gewiss immer bei Kindern der Fall gewesen sein, welche in einem hohen Grade schon der Unwahrheit ergeben gefunden werden. Dies sollten Eltern in jeder Beziehung und in seiner ganzen Wichtigkeit beachten. Wo wahre Einigung und Einverständnis zwischen Eltern und Kind Statt findet, ist die Lüge ganz unmöglich.

Von ganz anderer und entgegengesetzter Art ist der zweite Grund der Unwahrheit in dem Kinde, obgleich in seinen späteren Erscheinungen mit dem eben betrachteten in Eins zusammenfallend: Nicht ein äußeres Verbot ist hier die Erzeugerin der Unwahrheit, sondern, ununterrichtet von den Folgen der Tat gibt sich das Kind der Forderung des in sich als untadelhaft wahrgenommenen Tätigkeitstriebes in völliger Unbeschränktheit und Unbefangenheit hin. Doch unerwartet und ungeahnt, ja bei der völligen Unachtsamkeit auf die äußeren Umstände wohl nachteilig sind die Folgen der Tat, welche das Kind, so sehr es auch den Grund seines Handelns nicht tadeln, doch keineswges rechtfertigen kann. In dieser doppelten Empfindung nun. einmal der Untadelhaftigkeit seines Handelns in sich, dann aber auch ebenso der Strafbarkeit der Folgen seines Handelns in den Augen Anderer sich bewusst, wird die Wahrheit von dem Kinde umgangen, gebeugt, d. h. es werden äußere, fremde, außer dem Kinde gelegene Ursachen der Tat hervorgehoben und vorgespiegelt, wo doch eigentlich nur der Grund derselben einzig und allein in dem Lebens- triebe des Kindes lag.

Dieser Umgehung der Wahrheit wird sich das Kind umso leichter hingeben, als es einmal in sich das unheimliche und missbilligende Gefühl hat, ganz von dem Lebens- triebe getrieben und beherrscht worden zu sein, statt ihn beherrscht zu haben: Und dann als es jetzt den festen Vorsatz in sich fasset im ähnlichen Falle diesen doppelten Fehler zu meiden: ja auch indem es furchtet zu der Trübung in seinem inneren nun noch eine doppelte äußere Trübung, teils in seinem eigenen, dann aber noch besonders in dem Leben seiner Eltern herbeizuführen, und dies umso mehr, als es in seinen Eltern, besonders seinem Vater den strengen ernsten Richter sieht.

Doch das Kind wird von dem Lebenstriebe getrieben zum zweiten Male in einen dem früheren ähnlichen Fehler verfallen, und so wird sich nach und nach die Furcht oder besser Scheu des offenen Bekenntnisses mehren, wie die Kraft und das Bewusstsein geistiger, Herzens Reinheit sinkt, und so wird sich nach und nach und umso mehr die Fehlerhaftigkeit und Unwahrheit, ähnlich wie vorhin angeführt wurde, in dem Kinde entwickeln. Es drängt sich nun mit ganzer Wichtigkeit eine doppelte Frage zur Beantwortung auf, einmal die: Wie kann das Kind vor dem Fehler der Unwahrheit und Lüge bewahrt werden? Dann die: Wie kann das Kind, ist es von diesen hässlichen Fehlern gleichsam umklammert, von denselben losgemacht und befreit werden?

Das Erste und Wichtigste, wodurch das Kind vor dem wirklich auf ihm Lastenden, vor dem Laster der Unwahrheit und Lüge bewahrt wird, ist wohl: dass das Kind von der frühesten Zeit an, so viel als es nur irgend möglich ist, ausschließend nur unter den schützenden und behütenden Augen der Eltern, besonders der Mutter, wenigstens nur unter Menschen von möglichst ganz gleicher sittlicher Ausbildung, Lebensansicht und Einigung lebt, also unter Menschen von gleicher und warmer Teilnahme an des Kindes reiner sitt-licher Entwicklung und Erziehung, darum soweit es nur irgend möglich ist behütet vor dem Umgange mit dem Gesinde und dem dienenden Teile des Hauses, noch mehr aber vor dem völligen Leben unter und mit demselben während größerer Teile des Tages.

Ein zweites höchst notwendiges ist, alles zu vermeiden, dass dem Kinde nicht die Meinung komme, sein inneres und innerstes Leben, die Pflege desselben als solchen, sei seinen Eltern gleichgültig, denn das Kind kommt durch sein Leben, durch sein Gemüt, durch seinen Geist zuerst zu den Gefühlen, und später zuerst zu den Begriffen Leben, Gemüt, Geist: darum liegt auch dem Kinde zuerst die Pflege seines Lebens, Gemütes und Geistes besonders nahe, ja ist ihm das Nächste, geht ihm über alles.

Deshalb eint Kinder und Eltern nichts mehr als das Fühlen des Kindes: die Eltern tragen mein Leben achtend, anerkennend und pflegend in sich: und trennt nichts mehr Kinder von Eltern als das Gefühl vom Gegenteil. Denn was auch von der ursprünglichen Natur des Menschen immer gesagt und gemeint werden möge, so ist das immer unumstößlich wahr, der nicht schon missgeleitete und verdorbene Mensch, ja überhaupt der Mensch soweit er nur nicht schon missgeleitet und verdorben ist, will von dem was er einsieht und fühlt, und soweit er es einsieht und fühlt, gewiss und ursprünglich nur das Bessere, besonders wenn es mit dem Schlechteren zugleich auf der Waagschale liegt.

Dieses Gefühl und Streben ist, auf welcher Stufe des Bewusstseins es auch immer sei, das erste Gefühl des nicht schon verdorben zu nennenden, Ich sagenden Kin- des: dieses zu nähren und zu pflegen muss der Eltern erste Sorgfalt sein, umso das Wahrheitsgefühl, den Wahrheitssinn tief im Gemüte und Leben des Kindes Wurzel schlagen zu machen. Hüten müssen sich vor allem die Eltern, es zu verletzen denn es könnte, und wir dürfen es uns keinesweges verhehlen, wohl möglich sein, dass des Kindes ursprüngliches und dunkles Wahrheitsgefühl richtiger sei, als der Eltern klarer und bewusster Wahrheitssinn, und dass darum das Kind, um nicht ein höheres, wahreres Leben in sich vernichtet zu sehen, unwahr würde. In diesem Falle eines sich besonders aussprechenden Wahrheits-, Rechts- und Sittlichkeitsgefühls des Kindes, und wo wirklich das Gefühl des Kindes strenger ist als der Sinn und das Betragen der Eltern, müssen diese dem Leben und den Forderungen des Kindes besonders nachgehend, nachgebend sein: denn das Kind muss sich immer ganz und gar von den Eltern erkannt und durchschaut achten und fühlen, denn Eltern sind dem Kinde Mittler. Vermittler zur Darstellung des Höchsten, welches dunkel ahnend in des Kindes Innerem ruht. Dieses hohe Mittleramt der Eltern in Beziehung auf ihre Kinder zwischen Himmlischem und Irdischem. Göttlichem und Menschlichem, sollten die Eltern vor allem sich zur klaren Einsicht bringen und sich zum Danachleben erheben. In dieser bewussten Vermittlung der Eltern zwischen Gott und Kind liegt das Wesen einer wahrhaft christlichen, d. h. einer Erziehung nach Sinn und Vorschrift Jesu, in ihr liegt besonders die Bedingung und die Möglichkeit, ja Gewissheit einer stetig sich steigernd vorschreitenden Entwicklung des Menschengeschlechtes, der Menschheit.

Darum müssen auch die Eltern, soweit es Ihnen nur immer möglich ist, alle Handlungen des Kindes und alles Tun desselben bis auf seinen innersten und letzten Grund zu durchschauen suchen: aber auch nur nach diesem innersten und letzten Grunde müssen Eltern die Handlungsweise ihrer Kinder beurteilen, und ist es dadurch nötig, bestrafen: keinesweges aber nach der äußeren Erscheinung, nach den äußeren Folgen. So wie das Kind dies in sich fühlt, wird es, je weniger es noch von dem Laster der Unwahrheit und Lüge ergriffen ist, sich zur Aufrichtigkeit und Wahrheit gegen seine Eltern hingetrieben fühlen.

Da nun das Kind, der Mensch bis ziemlich weit noch über die Jahre der Kindheit heraus mit seinem Blick, Auge und Sinn nur in sich und in seinem treibenden Leben lebt, und zwar umso mehr, als dasselbe regen lebendigen

Geistes ist, und ihm deshalb die Folgen seines Handelns unter den bestehenden äußeren Umständen schon an sich, vielmehr dann in ihren äußerlichen nachteiligen Wirkungen noch ganz fremd sind; so muss dem Kinde auch für die äußeren Erscheinungen, Folgen und Wirkungen seines Tuns das- Auge geöffnet werden, doch keinesweges so, dass die Unstatthaftigkeit der Folgen und Wirkungen des hervortretenden reineren Lebens unter bestimmten äußeren Verhältnissen und Umständen das innere Leben und dessen Äußerungen und Darstellungen an sich unzulässig mache.

Besonders muss es dem Kinde lebendig empfindbar gemacht werden, dass die Unwahrheit und Lüge den, welcher sich ihr hingibt, keinesweges zu dem führt, was er von ihr erwartet, sondern gerade zum Gegenteil: nicht bloß äußerer Schmerz, Druck und Last, dem er dadurch zu entgehen hofft, wird ihm, sondern der noch weit drückendere innere Schmerz und Druck und die Trübung und Dunkelheit des inneren Lebens. Der, welcher die Wahrheit und Aufrichtigkeit flieht, meint, dass durch sie seinem Leben Dunkelheit und Trübung kommen würde, und doch gerad umgekehrt: könnte er sich überwinden, der Wahrheit Gehör zu geben. So würde ihm statt Dunkelheit, Trübung und Hemmung, wieder Freiheit, Freudigkeit und Klarheit des Gemütes kommen.

Hier tritt nun in dem Kindes- und Jugendleben die für den Menschen zur Klarheit über sich selbst und zur Einsicht in sein Leben und die Folgen seiner Handlungen so über alles wichtige Erscheinung der Forderung, rein umgekehrt schließen zu müssen, um zur Erkenntnis und Einsicht des Rechten zu kommen, zuerst entgegen: denn die Unwahrheit und Lüge bringt Druck. Last und Schmerz im Gemüte, statt der gehofften Freiheit und Schmerzlosigkeit: und die Wahrheit und Aufrichtigkeit gibt Freudigkeit, Freiheit und Kraft des Herzens und Lebens statt der gefürchteten Dunkelheit und Hemmung des Leben-: der Unwahre und Lügner betrügt, fesselt und beraubt sich selbst, so wie der Wahre und Aufrichtige sich selbst entfesselt und frei macht. In diesem Sinne und Gefühle bat ein kleiner Knabe von seltener Güte und Gemütsreinheit seinen Erzieher: „Strafe mich nur, ich weiß ich habe Strafe verdient, dann kann ich wieder freudig und zufrieden sein." Durch diese Einführung und Anwendung des umgekehrt Schließens vom inneren aufs Äußere und vom Äußern auf das Innere in der Lebensbetrachtung, würde überhaupt viel Irrtum und Fehl aus dem Leben selbst und viel Wahrheit und Einsicht in dasselbe kommen: ein Verständnis des Kinder- und Jugend-, so wie überhaupt des Menschenlebens, wie wir es bis jetzt noch nicht besitzen.

Weiter muss so viel als es nur immer möglich ist das Kind sehen und fühlen, dass nicht ihm Verständliches und seiner Einsicht Zugängliches vor ihm verborgen und geheim gehalten werde, damit es nicht in die Versuchung kommt, nicht Veranlassung findet, auch Worte und Handlungen von sich vor Anderen zu verbergen. Es geschehe ganz besonders nie, dass irgendeine Rede, ein Vorfall, von welchem das Kind Zeuge war, Anderen anders, in einem anderen günstigem oder nachteiligeren Lichte vorgestellt werde. Wie Klarheit und Ordnung. So umgebe auch das Kind Wahrheit und Aufrichtigkeit, wohin es blicke. Deshalb ist eben ganz besonders der Umgang und das Leben der Kinder bei und mit dem Gesinde so sehr nachteilig, weil sie bei diesem so viele Handlungen sehen und Worte hören, die diese ihrer Herrschaft, der Kinder Eltern, zu verbergen suchen und suchen müssen, (...) sich mindestens als unwissend stellt, wo es doch sehr gut wissend ist: ja die Kinder selbst zur Unwahrheit und Lüge mit den Worten auffordert: „Du brauchst es ja deinen Eltern nur nicht zu sagen, ich und wir sagen es ihnen gewiss nicht, und wie und woher könnten sie es dann erfahren."

Weil also eine möglichste Übereinstimmung in der Behandlung und Ansicht des Kindes am leichtesten nur in und unter dem kleinsten Kreise der wirklichen Familienglieder stattfinden kann, wenigstens stattfinden soll, (da unter diesem die höchste Anerkennung, Achtung und Pflege des reinen Menschenwesens am allerersten vorauszusetzen ist, wenigstens naturgetreu vorausgesetzt werden soll (und muss,) und weil auch innerhalb des engen Familienkreises jede Handlungsweise und jeder Vorfall am leichtesten bis zu seinem ersten Grunde verfolgt werden kann: so soll das Kind zuerst außer der eigentlichen Familie mit so wenigen Menschen als möglich in Verkehr kommen. Die ersten Übungsplätze seiner Kräfte soll die achtsam sinnige Familie und die reine wahre Natur sein. Ist dann in dem Kinde der Wahrheitssinn, das Wahrheitsgefühl erstarkt, so kann es gefahrlos auch unter unwahre Menschen treten, das Kennenlernen ihres Lebens und seins wird es dann nur in seinem wahren reinen Sinn und Leben bestätigen und es mit Unwillen gegen die entgegengesetzten Gesinnungen erfüllen. —

Wie aber sind nun Kinder, besonders jüngere von der Liebe zur Unwahrheit und von dem Laster der Lüge zu heilen? Die zweckmäßigsten Mittel gehen hier unmittelbar aus der Art und Weise, aus der Führung hervor, wie Kinder vor Unwahrheit und Lüge zu bewahren sind, und hier ist das Erstere, dass unwahren und lügen- haften Kindern die Grenzen des Umgangs und der Raum ihrer Tätigkeit so eng, wenigstens so überschaubar als nur möglich gesetzt werden, damit die Kinder bei einem vorgefallenen Fehler nicht eine Menge von wirkenden Zwischengliedern, welchen schwer oder wohl gar nicht nachzukommen ist, zwischen die Tat und ihren ersten und ursprünglichen Grund einfuhren.

Zweitens muss jeder Schein der Unwahrheit der Kinder von Seiten der Eltern und Erziehenden wo möglich bis auf das Letzte untersucht werden, und im Fall des früheren offenen Geständnisses müssen die Eltern und Erziehenden völlige Verzeihung gewähren. sonst aber ernst strafen, beides muss jedoch pünktlich in Ausübung gebracht werden. Wie überall in der Erziehung, so ist auch hier ein ernstes, festes, ruhiges, ein sicheres und klares wie zugleich liebevolles Betragen von Seiten der Eltern und Erziehenden, wie das beste Bewahrungs-, so auch das vorzüglichste Reinigungs- und Herstellungsmittel.

Bei schon gänzlich unwahren und lügenhaften Kindern, bei solchen, welchen die Lüge und Unwahrheit gleichsam zur andern Natur geworden ist, ist wohl das zweckmäßigste und am sichersten zum Ziele führende Mittel, wenn man sie so zu der Umgebung setzt, als könnten sie schlechterdings nie die Wahrheit sagen, sie gleichsam außer aller Wahrheit setzt, und ihnen darum, sie mögen nun Wahrheit oder Unwahrheit sagen, keines von beiden glaubt. Sei es auch dass bei sehr eingewurzeltem Übel eine solche Kur einige Wochen anhalten müsste, sehr lange erträgt selbst der schon herangewachsene und mehr verhärtete Mensch diesen Zustand nicht: denn er, welcher nur in der Wahrheit und durch dieselbe besteht, wird durch eine solche Stellung in sich vernichtet.

Darum, wo diese Kur selbst bei schon im reifen Knabenalter stehenden angewandt wurde, zeigte sie sich immer den Kranken völlig heilend: so wie es das Zweckmäßigste ist, um einen dem Gesetze widerstrebenden Knaben zur Achtung des Gesetzes und zur Nachlebung nach demselben zurückzuführen, ihn außer allem Gesetz zu stellen. Denn wie hier die heilsamen Wirkungen des Gesetzes höher, pflegender, belebender, der Menschennatur angemessener sind als die vernichtenden der Gesetzlosigkeit: so sind dort die Wirkungen eines Lebens der Wahrheit der Menschennatur, dem Menschenwesen angemessener als die eines Lebens der Unwahrheit und Lüge: denn des Menschen Innerstes ist seinem Wesen nach wie Reinheit, Klarheit und Ordnung, folglich Gesetzmäßigkeit, so Wahrheit und Aufrichtigkeit.

Wahrheit, Wahrheit ist der Weiher, in welchem die Menschennatur, das Menschenwesen nur leben, sich bewegen, sich entfalten mag; daher ist es denn auch eigentlich nur der Schein der Wahrheit, welcher in dem Menschen die Unwahrheit und Lüge erzeugt. Darum ist die Herstellung der inneren Wahrheit im Menschen, da, wo sie vergraben und verdunkelt sein sollte, so wie die Erhaltung derselben, wo sie noch in dem Menschen und Kinde in Unverletztheit lebt, gewiss das segensreichste Bemühen der Menschenerziehung, so wie der ewig klare Quell stetiger Entwicklung und Darstellung reinen Menschheitslebens.

Die Erziehenden Familien.

Wochenblatt für Selbstbildung und die Bildung Anderer.

Sonnabend - 9 — den 4. März 1826.

herausgegeben von Friedrich Wilhelm August Fröbel.

Die Kunde der Formen und Gestalten, und diese in ihrer höheren Bedeutung und Beziehung. (Fortsetzung.)

Da mir nun dieser Gegenstand des Unterrichts und der Lehre für eine gründliche und dem Wesen des Menschen genügenden Erziehung ganz unerlässlich erscheint, so benutze ich die mir so vielseitig kommende Aufforderung, denselben einer allgemeineren Prüfung vorzulegen. Ich glaube nicht allein dadurch Deinem Wunsch und Deiner Forderung auf das vollständigste zu genügen, und so den heutigen Tag auf das Schönste zu feiern, sondern ich hoffe auch noch so auf diesen Gegenstand die Aufmerksamkeit mancher denkenden Eltern und besonders manches denkenden Vaters zu lenken, welcher ihm nicht allein eine ebenso lebendige Teilnahme, sondern auch eine so gründliche Prüfung schenke, als Du Freund, solltest Du nun darum Manches finden, was zu Deinem allernächsten Zwecke Dir zu fern und abgelegen erschiene, so schreibe es auf die doppelte Rechnung: einmal bei jedem Gegenstände der Erziehung und des Unterrichts erkannt und in Anwendung gebracht zu sehen, wie er keinesweges allein stehend, noch nach allein und für sich bestehenden Grundsätzen zu behandeln ist dann wie er nicht allein zu jedem der übrigen in allgemeiner Beziehung, sondern mit einigen sogar, wie z. B. hier die Form mit der Sprache, in völlig ergänzendem und zugehörigem Verhältnisse stehe.

Ich darf bei Dir, dem ernst Prüfenden, nicht fürchten, Unvollständigkeit in der Darstellung werde Dich von den Anwendungen abhalten, vielmehr darf ich mich freuen. Dir mit dem Bewusstsein schreiben zu können, dass jeder leise Fortschritt in dem Gelingen der Anwendung des hier Ausgesprochenen und Angedeuteten Dich in ein neues Leben einführen und Dich mit immer regerer und tätigerer Teilnahme für den Gegenstand erfüllen, und Dich immer mehr und mehr in das Wesen und den Geist desselben einführen wird. Lass mich meine heutigen Mitteilungen über Formen- und Gestaltenkunde an unsere früheren Gespräche darüber anknüpfen. Du wirst Dich da gewiss noch erinnern, wie wir zunächst immer darauf zurückkamen und davon auszugehen genötigt wurden: — Gestalt ist der Ausdruck eines inneren Lebens, einer inneren, wirkenden, lebendigen Kraft Form dagegen ist zugleich überwiegend von einer äußern Kraft bedingt: Gestalt ist vorwaltend innerer Lebensausdruck. Form ist dagegen vorwaltend der Ausdruck eines durch Kraft bedingten äußeren Ebenmaßes, aber immer sind Form und Gestalt die Wirkung einer bedingenden, fordernden Kraft, eines solchen Lebens.

Kraft und Leben sind aber ihrem Wesen nach Ordnung, Gesetzmäßigkeit, Gleich- und Verschiedenseitigkeit: darum müssen Kraft und Leben auch Ordnung, Gesetzmäßigkeit, Gleich- und Verschiedenzeitigkeit bedingen, und sich in aller Form und Gestalt aussprechen. Deshalb nun, wo sich diese in Form und Gestalt aussprechen, da muss notwendig auch Kraft und Leben bedingend und bestimmend wirken. Von dem Wesen der Kraft und des Lebens muss darum notwendig auf die Erscheinung und Art der Form und Gestalt geschlossen werden können, und umgekehrt von der Form und Gestalt auf die wirkende Kraft und das wirkende Leben.

Jede bestimmte eigentümliche Kraft, jedes bestimmte eigentümliche Leben uns seine bestimmten, ihm ganz eigentümlichen Äußerungen haben, und darum auch aus sich und außer sich eine bestimmte Form und Gestalt bedingen, und notwendig fordern: so muss eine allseitig gleichzeitig wirkende Kraft und ein so wirkendes Leben auch eine allseitige Form und Gestalt außer sich bedingen, die einseitige Kraft und das einseitige Leben eine einseitige Form und Gestalt, so wie die Verschiedenseitigkeit, d.h. nach verschiedenen Seiten hin verschieden wirkende Kraft eine verschiedenseitige Form und Gestalt.

Die Erfahrung aber, wie die Sache selbst lehrt, dass man von der Form und Gestalt auf die Art und Weise der wirkenden Kraft und des wirkenden Lebens auf eine zweifache, in sich ganz verschiedene Weise schließen kann und muss: entweder gerade vom Gleichartigen zum Gleichartigen, z.B. von Einheit zur Einheit, von der Mannigfaltigkeit zur Mannigfaltigkeit, oder rein entgegengesetzt, z.B. von der Einheit zur Mannigfaltigkeit und umgekehrt. Jedoch ein bedingtes, ein bestimmt bedingtes Verhältnis spricht sich in jedem der beiden Fälle, welcher es auch sei, aus, umso vom Bekannten zum Unbekannten schließen zu können: nur ist es nötig, dass wir zu diesem Zwecke die Art des Verhältnisses. d. h. ob es ein gerades, gleiches oder ein entgegengesetztes, umgekehrtes ist, kennen. Ohne also, teurer Freund, auf die Art des Verhältnisses selbst zu sehen und sie zu kennen, ist es schon höchst wichtig, die Formen und Gestalten an sich und ihre Gesetze zu erkennen, um dadurch einst in den Stand gesetzt zu werden, auf das Innere, auf die Wirksamkeit der Kraft, auf die Tätigkeit des Lebens zu schließen.

Durch die Kunde der Form und Gestaltung und ihrer Verhältnisse wird notwendig die Kunde der Bedingungen derselben, also die Kenntnis der Kraft und des Lebens wachsen: so wie aber auch wiederum umgekehrt durch die unmittelbare Beachtung der Wirksamkeit der Kraft und des Lebens die Kunde der Formen und Gestaltungen sich erweitert. Beides muss Hand in Hand gehen: allein keines schließt das andere aus, sondern vielmehr jedes das andere ein. Darum nur in dieser innigen Einigung wird Kenntnis und Kunde der Form und Gestalt, der Lebensäußerungen, und des sie beide Bedingenden, der Kraft und des Lebens wachsen.

Diesen innigen Zusammenhang und diese Wechselbeziehung zwischen Kraft und Form, Gestalt und Leben ahnet auch schon frühe der Mensch, schon als Kind. Ich selbst erinnere mich bestimmt aus meinem sehr frühen Knabenalter, dass mich das Betrachten ebenmäßiger, besonders allseitig ebenmäßiger Figuren und Formen und auch solcher Blumen mit einer tiefen Sehnsucht erfüllte, indem ich immer ahnte, es müsste aus diesen Formen ein höherer Geist mich an- und zu mir sprechen.

Ich erinnere mich, wie ich, gleichsam um dies zu bewerkstelligen, die Gegenstände, von welchen ich es erwartete, vielseitig drehte und wendete, und jetzt sehe ich meine frühe Knaben- ja Kindesahnung hat mich nicht getäuscht: ich weiß mich noch recht sehr gut zu erinnern, wie ich lebhaft wünschte und hoffte: irgend Jemand möchte mir doch das Innere bestimmter Formen deuten, die Ursache gewisser Formeneindrücke mir aufklären.

Auch Du, mein lieber Freund, gestandest mir etwas Ähnliches von Dir, und ich glaube, das Wesentliche dieser Erscheinung in allen Kindergemütern, wenn auch in sehr verschiedenen Graden, aber bestimmt annehmen zu können, ich zweifle auch nicht, dass Du bei Deiner Achtsamkeit auf die leisen Äußerungen des stillen und innerlichen Kindeslebens an deinen etwas erwachsenem Kindern nun auch schon bemerkt haben wirst, wie sie ebenmäßige Formen und Gestalten mit Luft und wiederkehrend betrachteten. Darum muss ein Geist, ein tiefer lebendiger und lebendig machender, einender und anziehender Geist in den Formen wohnen, und aus denselben aus- und zu uns sprechen.

So ist es auch: des Kindes Ahnen und Sehnen wie des Mannes Denken und Wahrnehmen sagt uns: die Betrachtung der Form, die Eindringung in das Wesen derselben, ausgehend von dem Leben des Gemütes, in demselben seine Quelle habend, und sich auf die Entwicklung und Ausbildung desselben zurück beziehend, führt uns zur Einsicht in das Wesen der Natur. Und sie, die von Tausenden genannte und von Tausenden nicht gekannte und erkannte, ist wieder die treueste Führerin zu Gott, zu ihrem Schöpfer und unserm Vater, was ja auch uns nahe zu legen des Mittlers zwischen Gott und Mensch so vielseitiges Streben war, der sie uns immer als eine sichtbare Gottesoffenbarung zeigte. Zu einer solchen Ansicht und Ausnehmung der Natur nun soll uns eine lebendige Betrachtung der Formen und eine Betrachtung des Lebens der Formen führen.

Allein die Form und Gestalt, so lebendig auch ihr Ausdruck ist, ist stumm, was sie auch spricht und sagt, wer vernimmt es, selbst das stille achtsame Gemüt kann das Einzelne, was sie sagt, nicht verstehen, sich nicht deuten, es bedarf des vermittelnden. deutenden und bezeichnenden Wortes, es bedarf für das Kind des erfahrenen, durchdringenden Auges des Vaters, der Mutter, welches in dem gegenwärtigen Zustande den vergangenen und künftigen, und in der Ruhe die Bewegung und in der Bewegung die Ruhe sieht, alles ans Wort zu knüpfen und dem Stummen Wort und Sprache zu geben und so das Sehnen des Gemütes zu stillen vermag.

Die Sprache, als Darstellung am Bewegenden und durch Bewegung, ist vorwaltend Darstellung des Werdens der Form und Gestalt selbst, gleichsam des Geschichtlichen des Gestaltens, Formens, sie ist Darstellung der Tätigkeit des Lebens, der Kraft für Form und Gestalt selbst. Form und Gestalt dagegen ist Darstellung der Kraft und des Lebens sichtbar, bleibend und ruhend am Festen, als Ruhe und Festes. So wie nun die Einigung von Ruhe und Bewegung Form und Gestalt bedingt, so bedingen, ergänzen und erklären sich gegenseitig die Sprache und die Form und Gestalt: beide, in vollendeter Einigung und Durchdringung, bedingen die Erkenntnis und Einsicht in das Wesen der Form und Gestaltung, so wie die tiefere Einsicht in die Sprache: und sie verhalten sich beide zur Kraft, zum Leben und zu ihrer Erkenntnis, wie sich die zwei Seiten einer wirklichen räumlichen Linie zu der Linie an sich, der unkörperlichen verhallen.

Also zwar nicht die Formen- und Gestaltungskunde an sich und allein wird uns zur Kunde des Wesens der Dinge, der Kraft und des Lebens einführen. aber auch nicht die Kunde der Sprache allein denn was nützt uns, dies nehmen wir ja beim Sprechen in jedem Augenblick wahr, das Wort, ohne die Anschauung seines Begriffs, es ist uns leerer Schall: sondern die Kenntnis und Kunde beider, der Sprache und der Gestalt und Form in Einigung und Gemeinsamkeit.

Wie nun der Mensch nur reiner Gedanke und reine Empfindung, und wiederum das Erkennen nur unmittelbar durch den Geist und in dem Gemüte möglich ist, und wie dagegen die Natur dem Menschen nur als ein Äußeres, als Form und Gestalt selbst in seinem Leben entgegen tritt, und eigentlich darum ganz außer seiner Erkenntnis und Einsicht liegt so ist die echte Kunde der Formen und Gestalten, deren letzter Beziehungspunkt eigentlich im Gemüte des Menschen selbst ruht, und in demselben seine Quelle hat. das Vermittelnde zwischen Natur und Mensch, ist das den Menschen in die Einsicht der Natur wahrhaft Einführende.

Ja dem Menschen selbst wird sein eigenes Wesen, sein eigener Geist durch die Form und Gestalt seines Wirkens und des von ihm Dargestellten bekannt. Gedenken wir nun noch dabei des Verhältnisses der Natur, des Gestalteten und ewig Gestaltenden zu Gott, was bleibt uns da über die Wichtigkeit der Formen und Gestaltungskunde zu sagen übrig? — Nichts bleibt uns darüber zu sagen, zu fragen übrig, als: wie kommt denn der Mensch zu einer Solchen Kunde der Form und Gestaltung? Ich beantworte Dir, Strebender Freund und Vater, diese Frage, wie ich, in Beziehung auf welchen Gegenstand es auch sei, die Frage nach dem Erziehungs- und Unterrichtsgange beantworte. — Ganz auf dieselbe Weise und nach demselben Gange und Gesetz, wie das Menschengeschlecht von seinem ersten Erscheinen auf der Erde bis zu dem Punkte, wo aus seiner Mitte jene Frage getan wird, geleitet und geführt wurde, und wie wir es wieder in dem Entwicklungsgänge und der Bildungsgeschichte jedes Menschen beachten und nachweisen können, nun nur mit Bewusstsein und Selbstbestimmung nach der in der Sache selbst liegenden Gesetzmäßigkeit, und so in größerer Vollständigkeit. Lass uns dies nun auf den vor uns liegenden Fall der Formen- und Gestaltenkunde anwenden.

Zuerst sehen wir, die Natur führt den Menschen ihre Gegenstände vor, wie sie Solche selbst hervorbringt, jeden Gegenstand zuerst als ein Ganzes, wie darum die Sprache ihn auch dem Gesamteindruck nach zuerst als ein Ganzes bezeichnet: so nun soll auch jeder Gegenstand dem Kinde, dem zu entwickelnden zuerst und sogleich als ein ungeteiltes Ganzes in der Ganzheit seiner Form und Gestalt vorgeführt und von demselben angeschaut und aufgefasst werden.

Diese Gesamtanschauung, Gesamtauffassung, so unvollständig sie auch sein möge, geht jeder anderen voraus. Dieser Gesamteindruck des Gegenstandes ist das Herz, die Knospe, aus welchem sich später die Gestalt und Form in ihrer Einzelnheit und Mannigfaltigkeit entwickelt. So einfach und natürlich, so gar nicht anders sein könnend uns dies erscheint, und so hochwichtig es ist, so wenig wird diese so natürliche Forderung selbst noch in der jetzigen Lehr- und Unterrichts- weise erfüllt, dessen Vorzüge größtenteils nur in einer größeren Zerspaltung, aber nicht in Darstellung von Leben in sich tragenden Ganzen besteht.

Erlaube mir das oft in Gesprächen mit Dir über ähnlich verwandte Gegenstände gebrauchte Bild hier wiederholen zu dürfen: Wir zerschlagen oder töten zuerst die Gegenstände, ordnen gleichartige, gleichnamige Glieder und Eigenschaften zusammen: in jedem vorkommenden Falle nun, wo das Kind und der Schüler zur Kenntnis eines Gesamtgegenstandes geführt, wo ihm ein ganzer Gegenstand vorgeführt und zur Anschauung gebracht werden soll, suchen wir dann die einzelnen zu diesem Gegenstände gehörigen Glieder und Teile aus diesem Magazine zusammen, verknüpfen, leimen sie so gut wir können, und glauben nun so dem Kinde den Gegenstand in seiner Ganzheit und in seinem Leben vorgeführt und zur Einsicht gebracht zu haben. Ist das nicht eben so, als wenn die Natur, um einen Baum hervorzubringen, anfing Blätter an Blätter, diese an Zweige und Zweige, diese an Äste und Äste, und diese an den Stamm zu fügen, ebenso es mit der Wurzel machte, und nun am Ende sagte: siehe da, was so wurde, ist ein Baum?

Ich fürchte bei Deinem klaren, prüfenden, durch die immer bestimmter sich aussprechenden Unterrichtsbedürfnisse Deiner Kinder geschärften Blicke von Dir die Entgegnung nicht: dass ein solches Verfahren bei dem Unterrichte wohl stattgefunden haben möge, aber gewiss jetzt nicht mehr stattfinde; denn leider ist diese Unterrichtsweise noch so herrschend in den Schulen, dass das, was so häufig neuer und besser heißt, nur dieses Alte, Zerstückle und aneinander Reihende in einer anderen, wenn auch mechanisch fertigeren, und äußerlich leichter zum äußerlichen Ziele führenden Form ist: aber deshalb noch nicht der lebendige, entwickelnde, von der Einheit, von der Gesamtheit ausgehende, bei aller Mannigfaltigkeit die Einheit immer als letztes Ziel vor Augen habende, und darum auch gewiss zur Einheit führende Lehr- und Entwicklungsgang, welchen wir auf unserer jetzigen Stufe der Ausbildung bedürfen.

Siehe nur unsern Sprach-, unsern Zeichenunterricht, unsern Unterricht in der Musik, wie unsern Unterricht für Kunde der Natur usw., welch' eine Zerstücktheit, und welch' eine Leimerei, nirgends ein frischer Baum, ein fröhliches aus einer Einheit, einem Kerne sich entfaltendes, sich auf eine Einheit, auf die einzige Einheit zurück beziehendes Unterrichtsgewächs. Wie hat sich der fortschreitende Mechanismus auch hier einheimisch gemacht, und dieser hochgesteigerte Mechanismus gibt er sich uns nicht für Leben? —

Also von der Anschauung jedes Gegenstandes als eines in sich völlig abgeschlossenen Ganzen, rein als solchen, ohne vorwaltende Hervorhebung der Teile oder eines Teiles derselben, muss so wie jeder Unterricht überhaupt, so besonders der Unterricht für Formen- und Gestaltenkunde aus- gehen. So muss z. B. das Gewächs, der Baum in seiner ganzen Gestalt zuerst angeschaut werden, wie das Hausgerät, der Tisch, der Stuhl, und wie das Tier, der Zeisig, der Hund und die Katze.

Gut ist es daher, wenn nach der Verschiedenheit, den Graden der Entwicklungsstufen immer solche Gegenstände zu den Anschauungen aus der Gesamtheit der Umgebung herausgehoben werden, welche immer etwas größer sind und etwas zusammengesetzter in ihren Teilen, als die Umschauungskraft des Bildlings, damit die Kraft desselben daran sich entwickle, stärke, ausbilde. Hierbei wird Dir die Beachtung des Tuns Deiner Kinder vorzüglich leitend sein: denn Du wirst sehen wie ihr Auge bald wegstreift von einem Gegen- stand, welchen ihr Blick noch nicht umfassen, und wie sie dagegen gern bei Gegenständen verweilen, welche ihr Auge gleichsam um- und durchschauen kann; wie sie jetzt mit ihrem Blicke lieber noch auf einem Blumenstöcke als auf einem Baume, und jetzt lieber auf einem Baume als auf einem Blumenstöcke oder Berge ruhen, so wird der Bildling für die um- und erfassende Anschauung größerer Gegenstände sich selbst auszubilden suchen. Dies zu beachten wird für Dich so belehrend. als für sie entwickelnd und bildend sein.

Eines wird Dir besonders auch bei nur allgemeinerer Kinderbeobachtung schon entgegengetreten sein: es ist die Liebe der Kinder zu Abbildungen, zu Zeichnungen, mit einem Worte zu Bilderbüchern. Die Befriedigung dieser Liebe zu Bildern tritt nun aber bei ernster Prüfung nur mit großer Einschränkung als zulässig und statthaft entgegen, und doch ist die Neigung der Kinder dazu so stark; welches ist nun für diese beiden sich vernichtenden Erscheinungen der Einigungspunkt?

Ich muss mir, wie der Mensch vor mir liegt, darüber folgendes sagen, was zugleich noch aus andere Erscheinungen in den ersten Zeiträumen der Menschenentwicklung mehrseitig seine Anwendung findet. Der Bildling scheint aus einer doppelten Hinsicht die Bilder und das Beschäftigen mit Bildern zu lieben: erstlich aus derselben Ursache, warum der Mensch überhaupt sich gern mit Gegenständen beschäftigt, weil aus denselben, aus ihrer unmittelbaren Anschauung, die Erkenntnis ihrer selbst am wahrsten hervorgeht, wenigstens hervorgehen kann und soll: dann aber scheint der Mensch die Abbildungen der Gegenstände noch vor den Gegenständen selbst wohl aus einer von folgenden drei Ursachen, oder aus einigen derselben zugleich zu lieben: einmal, weil die Abbildungen, als räumlich gewöhnlich bei weitem kleiner, die Anschauung und Umschauung und so die Auffassung erleichtern: dann aber die Anschauung eines Gegenstandes als Flächendarstellung in einer Beziehung leichter, bequemer, überhaupt weniger anstrengend ist, (was dem der Anstrengung entwöhnten Knaben bald lieb ist,) und endlich mag vielleicht auch die Darstellung eines Gegenstandes auf einer Fläche dem Gegenstände, indem man ihn nur auf einer Seite sieht, ein gewisses Geheimnisvolles und darum Anziehendes geben.

Welches von diesen nun aber der Grund der besonderen Vorliebe der Kinder für das Bild, das Abbild auch sein möge, so wirkt ein zu häufiger und unbedingter Gebrauch der Bilderbücher für Kinder wohl in mehrfacher Hinsicht nicht nur auf den Formensinn verwirrend, sondern auf das Auge und den Geist schwächend. Dies wird Dir gewiss nach dem Gesagten sehr leicht einleuchten, auch findest Du in den bisherigen Entwicklungsstufen Deiner Lieben gewiss unzweideutige Belege dafür, und namentlich in der allgemeinen Wahrheit: dass der Mensch nur davon viel auffassen und in sich aufnehmen kann, wovon er selbst schon viel in sich trägt.

Ehe Du darum Deinen Kindern Bilderbücher reichst, lasse ihre Sinne so viel als nur möglich an wirklicher Formenschauung üben: die Stuben- und Gartengewächse, die Stuben- und die Haustiere und ihre Einzelheiten geben Dir viele Gelegenheit dazu. Auch hier wirst Du, Freund, bald bemerken, wie Dir Deine lieben Kinder wegweisend vorangehen und Du nur zu folgen brauchst: Klötzer und Bretter verschiedener Formen werden sie sammeln Blätter verschiedener Gestalt werden sie sich bewahren: Steine, andere kleine Naturkörper verschiedener Formen werden sie sich aufsuchen. Vielleicht teilst Du auch mit mir schon die Erfahrung, wie kleine Knaben von noch kaum 6 Jahren, damit getrocknet ihre Form sich noch leichter anschauen und auffassen lasse, sich Pflanzen, Blätter, Blumen in Bücher einlegen, selbst an kleine Sammlungen von Käfern und Schmetterlingen sich schon wagen. Nur leiser Andeutungen und Veranlassungen, und dann geringer Pflege und Aufmerksamkeit von Seite der Pflegenden bedarf es, und Du wirst sehen, wie emsig die kleinen Sammler sind.

An diesen wirklichen Naturgegenständen, die Dir Deine Lieben in Menge bringen werden, sobald sie sehen, dass Du sie damit nicht von Dir weisest, und sie beachtest, übe nun (Anderes, wie es die Umstände geben, nicht übersehend) besonders ihren Formensinn, ihr Auge für Gestaltung, ehe Du zu Bilderbüchern Deine Zuflucht nimmst. Hierbei habt Ihr, Du und die, welche Dir dabei liebreich an die Hand gehen, wesentlich ein Zweifaches zu beachten, einmal, dass Ihr ja nicht glaubt, das Kind, ja selbst der Knabe bis ins 9te Jahr, und später noch, schaue und sehe wirklich die Form, weil er sich damit beschäftigt und sie ihm gleichsam vor Augen schwebt und einen bestimmten sinnlichen Eindruck auf ihn macht: er sieht wohl etwas und sieht auch eine Form, er empfindet wohl etwas und empfindet auch wohl den Eindruck, der dieser Form eigen ist: aber er sieht diese Form nicht in ihrer Eigentümlichkeit, kann sie von keiner andern wissend und warum unterscheiden.

Der Mensch bemerkt bis zu einem bedeutenden Alter Vieles, ohne es zu schauen, ja vielmehr noch, ohne es zu sehen, d.h. die einzelnen Formenver-hältnisse in ihrer Gesamtbeziehung aufzufassen. Anfangs erscheint auch das Einfachste und Gewöhnlichste der Form dem Bildlinge wie in einem Nebel in unbestimmten Umrissen, aus welchem es erst später, wo es gleichsam wie Schuppen vom Auge fallt, wie aus einer Umhüllung hervortritt. Der erste Schritt zur Bildung dafür ist: Gleichartiges zu Gleichartigem. Ungleichartiges von Ungleichartigem zu sondern.

Das zweite Wichtige, was Ihr zu beachten habt, ist, dass Ihr die Kenntnis und Auffassung keiner Formen, welche sich besonders häufig finden: z. B. des Drei- oder Viereckes, für gering und unbedeutend halten dürft: denn in diesen Formen, das weißt Du ja und kannst es darum auch denen deuten, welche mit Dir die Sorge für die Ausbildung Deiner Kinder teilen, liegt ja der Schlüssel zur Erkenntnis, zur klaren Auffassung und Einsicht in die übrigen. Eben dieser Wichtigkeit wegen erscheinen diese Formen wohl so häufig, wie es auf einer anderen Bildungsstufe so sehr mit den fünfgliedrigen Formen der Fall ist. An und durch Auffassung einfacher Formen wird das Kind für Anschauung zusammengesetzter Formen geübt. (Fortsetzung folgt.)

Aus einem Briefe einer Mutter an den Pflegevater ihrer Kinder.

Verschieden müssen sich zwar die Ansichten des Lebens für den Mann und die Frau entwickeln, indem wir Frauen öfter und nachdrücklicher mögen durch Leiden und Verleugnung, die Männer dahingegen durch Tun und Handeln gebildet werden, wiewohl letzteres auch nie aus dem Leben der Frauen, soll es anders ein Leben sein, nicht ausgeschlossen bleiben darf: doch sicherer und näher, glaube ich, lernen wir die Kraft und die Wahrheiten der geoffenbarten Religion fühlen, kennen und schätzen auf dem Kreuzeswege, als auf irgend einem. Tiefer lernen wir auf ihm erkennen, dass jegliches aufzuführende Gebäude, wenn es bestehen soll, nur in ihrem und nach ihrem Geiste und Sinne aufgeführt, bestehen kann: folglich auch das Werk der elterlichen Erziehung, der Erziehung überhaupt, darf es anders Segen hoffen, nur in ihr begründet werden muss.

Frühe, frühe, glaube ich, muss die junge Seele nicht nur sich, sondern den, in welchem ihr ganzes selbst ruhen und bestehen soll, finden lernen, den einzigen Ruhepunkt, von dem sie unaufhörlich ausgehen, und in den sie unaufhörlich zurückkehren muss, der sie zwar der Lebenskämpfe nicht überhebt, aber durch den sie allein bewährt aus ihnen hervorgehen kann, durch den allein jene nicht vernichtend und zerstörend für sie werden. Sondern ihr das bleiben, was meines Dafürhaltens Leiden und Handeln ihrer Natur nach sind, nämlich Reibung der Kräfte als Bedingung unserer Entwicklung.

Nur in diesem einigen Ruhepunkte — in seinem Gott und Heiland lebt Kind und Mensch der Zufälligkeit oder Äußerlichkeit nicht entrissen, aber über sie erhaben. Dies ist nach der erhaltenen Richtung meines Gemütes die innigste Überzeugung meiner Seele, die ich umso weniger hier zurückhalten kann und mag, als ich in Beziehung aus die Kinder, welche ich hier zugleich vertrauend Ihrer Erziehung übergebe, in diesem Gefühle oft meine Hände zum Barer im Himmel erhob und bat:

„Wenn es dir gefällt, mein Gott, mir meine Kinder zu erhalten, so lass mich diese tief erkannte Wahrheit ihnen vor allem ans Herz legen."—

Erfahrungen: Den Geist des Kindes kann nur der wahrhaft leiten, welcher im Geiste des Kindes, und das Gemüt des Kindes nur der vollkommen bilden, welcher im Gemüte des Kindes lebt.

Wir sind nur dann wahrhaft tüchtige und wahrhaft menschliche Erzieher, wenn wir uns, indem wir erziehend wirken, in uns die Entwicklungs-, Denk- und Vorstellungsweise, die schon errungene Entwicklungsstufe und den Bildungsgrad dessen klar und lebendig bewusst sind, auf welchen wir erziehend wirken sollen, und dieser Einsicht gemäß handeln.

Die Erziehenden Familien.

Wochenblatt für Selbstbildung und die Bildung Anderer.

Sonnabend — 10 — den 11. März 1826.

herausgegeben von Friedrich W. A. Fröbel.

Die Kunde der Formen und Gestalten, und diese in ihrer höheren Bedeutung und Beziehung. (Fortsetzung.)

Wirst du nun, nachdem Du Deiner Kinder Auge namentlich in ihrem jetzigen Alter von 5 bis 7 Jahren durch vieles Betrachten, besonders Auseinander- und Zusammenordnen umgebender Gegenstände für Auffassung der Form entwickelt hast, ihnen ein Bilderbuch, besonders ein solches, welches mehr bekannte Gegenstände abgebildet enthält, reichen: so wirst Du sehen, wie sie nun nicht gedankenlos nur Blatt nach Blatt umwenden, sondern wirklich sehen und schauen, indem sie die Darstellung, das Bild mit dem ihnen bekannten Gegenstande selbst vergleichen. So wird das Auge Deiner Kinder doppelt geschärft werden, einmal für die genauere und festere Auffassung der Form des Gegenstandes selbst, und dann für die des Bildes.

Erlaube mir hierbei eine Ansicht über die Geschichte und den Zweck der Bilderbücher einzuschalten. Unser Unterricht habe sich früher fast ganz von der wirklichen Sachanschauung weggewandt, und die von der Sachanschauung erst abgezogenen Begriffe hatten jene selbst ganz verdrängt: der Grund und Boden der Erfahrungskenntnis fing für den ersten Unterricht nicht allein zu wanken, er fing zu Schwinden an: die wirkliche Welt haue der Mensch, wenigstens der erziehende, der unterrichtende aus dem Auge verloren, und Somit alle ihre Gegenstände: er Suchte, er griff nach etwas Festerem, woran er sich halten, worauf er zunächst in seinem Unterrichte fußen, worauf er ihn gründen könne: doch wie der Mensch über der ausschließenden Beachtung des Fremden, Fernen und Abgezogenen sich selbst verloren halte, und so die Gegenstände, die Außenwelt ihm selbst zu fern gerückt war, ergriff er nur ihren Schein, Schatten, er ergriff das Bild. Die dem Kinde und dem Menschen entfremdete umgebende Welt wurde ihm nun eine gemalte Welt: der Orbis pictus erschien.

Des Menschen Sinn für die Außenwelt. So geschwächt, und ihn darum auch schon im Kinde nur so Schwach ahnend, zeigte demselben in seiner eigenen

Stube, in der es sich bewegte und lebte, den Stuhl, den Tisch, die Bank und den Ofen wie fremde Tiere zuerst im Bilde; ja man vornan gar auf das Entgegengesetzte: hatte man vorher die Sachanschauung ganz bei Seite gesetzt, so wollte man nun alles, auch den abgezogensten Begriff, den Begriff des Unkörperlichsten im Bilde anschaulich machen, und so musste sich die Freude und das Lachen, wie selbst der Geist und die Seele malen lassen. Doch diese Bilder konnten bald dem gesunden kräftigen Menschengeiste, auch schon im Kinde, nicht genügen, wie der Knabe bald der Bilderbücher müde sie wegwirft und zum körperlichen Spielzeug greift.

Der Mensch suchte lieber die Sache selbst, als ihr unvollständiges Bild zu schauen und so waren es zwar die Bilderbücher, welche den der Natur- und Außenweltsbetrachtung entfremdeten Menschen zu beiden, und so den Menschen zu sich selbst zurück führten: doch nun, da die Bilderbücher in ihrer Allgemeinheit ihren Zweck erfüllt, und uns von dem leeren toten Begriff zu der Anschauung der lebendigen Sache und der Fülle der Natur zurückgeführt haben, soll uns der Schatten, das Bild derselben nicht mehr Sesseln, und nun sollen sie wenigstens als abgeleitete und untergeordnete, außer ihren Grenzen aber schwächende Lehr- und Entwicklungsmittel nicht mehr den ersten Rang einnehmen.

Denn einer der Schädlichsten Wahne, besonders in der Menschenerziehung, so wie in allem, was auf Menschenentwicklung Bezug hat, ist: dass das äußere Mittel, welches zu und für eine Zeit und Entwicklungsstufe vortrefflich, ja wesentlich notwendig war, darum notwendig auch für alle Zeilen und Entwicklungsstufen vortrefflich, ja wesentlich notwendig sein müsse: so die Bilderbücher: sie machten den Schwachen stark, den Entfremdeten einheimisch, sollen aber darum das Kind licht wieder Schwächen und es entfremden.

Aber ebenso wie die Formen- und Gestaltenkunde unerlässlich von der Anschauung und Auffassung des Ganzen, der Einheit ausgehen muss, ebenso muss sie auch notwendig immer zur Auffassung und Darstellung des Ganzen, der Einheit zurückführen, und während der Betrachtung aller Einzelheiten und Glieder des Gegenstandes muss das Bild des Ganzen gleichsam als Umriss, wie die verknüpfende und bedingende Seele, immer zum Grunde liegen; der Lehrer muss von diesem Punkte aus gleichsam die Kraft selbst und die notwendigen Gesetze derselben, welchen die Form und Gestalt ihr Dasein verdankt, in ihrer Tätigkeit zeigen. Die Beachtung dieser Forderung ist die Seele des Unterrichtes für Formen- und Gestaltenkunde: so wie dagegen alle Betrachtung für dieselbe, wie überhaupt aller Unterricht zur Auffassung eines Ganzen, ausgehend von der Betrachtung der Einzelheiten als solchen, und fortschreitend in einer äußern Aneinanderreihung derselben zu dem Ganzen, tötend ist und nicht eher ein lebendiges Erzeugnis wirkt, bis der Mensch in sich in einer Beziehung zum Leben der Kindheit, d. h. zur Anschauung und steten Festhaltung der Ganzheit zurückgekehrt ist.

Doch so unerlässlich diese Gesamtanschauung als Grund und Keim echter Formen- und Gestaltenkunde ist, so wirst Du doch nach einiger Zeit schon mit Bestimmtheit an Deinen Lieben sehen, dass diese Gesamtanschauung des Gegenstandes allein schon frühe dem Menschengeiste nicht genügt, weil jeder Gegenstand nur in seinen und mit seinen Teilen wahrhaft in seiner Ganzheit aufgefasst und festgehalten werden kann, und weil die Massenanschauung als Solche drückt das Kind wird darum bald die Einzelanschauung der Glieder und Teile suchen und fordern, doch alle Teil- und Gliederanschauung immer zurück beziehen auf das Ganze. Wirst Du hierin, teurer Freund, deine Kinder verstehen, und ihnen dabei helfend zur Seite gehen, so wirst Du und werden sie bald ihr innerstes Leben angefacht und gestärkt fühlen; denn eine große Menge ganzer und lebendiger Gestalten trägt der Mensch und schon als werdender Knabe in sich, und er fühlt sich dadurch in sich stark, während eine geringe Menge Einzelheiten und Zerstücktheiten den Geist und das Gemüt des Menschen erdrücken und töten.

Aber hüte Dich, Freund, Deinen Kindern ehe sie Verlangen, gleichsam Hunger nach der Anschauung der Glieder und Teile eines Ganzen haben, solche zu geben denn der Mensch, dies halte bei Deinen Lehren als einen Talisman fest, der Geist und das Gemüt des Menschen steigt frühe, leicht und gern von der Einheit zur Einzelnheit und Mannigfaltigkeit, von dem Ganzen zum Teile und von dem Allgemeinen zum, Besonderen durch sich selbst herab: aber nur schwierig erhebt er sich von der Einzelanschauung der Glieder und Teile zur Einheitsanschauung, zur lebendigen Gesamtanschauung des Ganzen, er steigt schwierig von dem Besonderen zu dem letzten und höchsten bedingenden und wahren Allgemeinen empor. Also zuerst führe Deinen Kindern zur Anschauung und Auffassung der Form immer ein Ganzes als Ganzes vor, mache sie in der Gesamtanschauung des Gegenstandes fest: — eine Gans, einen Baum, einen Stuhl, eine Säule, einen Mantel, einen Menschen: — nun die Teile: die Thür, die Fenster, die Wände, die Stuben des Hauses: der Stamm, die Äste, die Zweige des Baumes: die Lehne, die Füße, der Sitz des Stuhles: das Haupt, der Schaft, der Fuß der Säule: die Falten des Mantels: alles in Beziehung auf dir Auffassung und Festhaltung der Form und

Gestalt des Gegenstandes: ganz anders also, als wie die. Spracht diese Gegenstände nur in ihrem Glied- und Teilverhältnis betrachtet.

Gib acht wie bald Dir da Deine lieben Kleinen ebenso helfend entgegenkommen und Dich lehren werden, wie mich meine kleinen fünf- und kaum Sechsjährigen Knaben, wenn sie sagen: „Komm, lass Dich abzeichnen! Oder „Ich will den Stuhl abzeichnen." Und nun mit der Fingerspitze an den scharfen Umrissen oder Kanten des Gegenstandes hinfahren. Aber nochmals, nie betrachte auf dieser Stufe die Teile einer Sache abgerissen und vereinzelt, sondern immer, wenigstens durch ein vermittelndes Glied, verknüpft mit dem Ganzen und so betrachte herabsteigend jeden Hauptteil beziehungsweise wieder als ein Ganzes in Hinsicht auf die Nebenteile. Betrachtest Du so z. B. ein Blatt, so betrachte es zugleich als Blatt des bestimmten Gewächses, zu dem es gehört, und in andeutender Verknüpfung mit demselben, z. B. mit einem Teile des Zweiges. Dies Verfahren hilft später Deinen Kindern sehr viel zur lebendigen Betrachtung und Verknüpfung des Einzelnen.

Bei Deinem ernsten Streben nach Erkenntnis und Darstellung wahrer Naturgesetzigkeit in der Menschenentwicklung bin ich in mir fest überzeugt, Du hältst eben Gesagtes gewiss nicht für gering; vielmehr wirst Du bei Deiner Achtsamkeit auf das innere, geistige Leben Deiner Lieben und dessen Entwicklung gewiss schon viele Umdeutungen für die Wahrheit und Wichtigkeit desselben gefunden haben.

Je reicher nun das betrachtende Leben Deiner Kinder in Beziehung auf Einzelgegenstände war und ist, umso bestimmter wirst Du bei denselben, so wie früher bei einzelnen Gegenständen, nun bei der Mannigfaltigkeit derselben eine gewisse Unruhe des Geistes und Gemütes bemerken, sie hat ihren Grund in dem Drückenden und der Größe der Mannigfaltigkeit: denn diese zeigt ihnen so viel Gleich, artiges und Wiederkehrendes, was gesondert und geschieden sein will: — z.B. die vielen Arten Gewächse (nur so hin Gras, Unkraut u. genannt), Blätter, Bäume. Stühle, Vögel u. s. w. Das Kind sucht und strebt nun die Gegenstände ihrer Form und Gestalt nach fester zu halten: es findet bei allen viel Gleiches, und bei allem diesen Gleichen an allen Gegenständen doch wieder viel Verschiedenes. Das Kind arbeitet nun wirklich in sich, sich die Vielheit und Mannigfaltigkeit seiner Eindrücke klar zu machen und zur Anschauung zu bringen. Diese innere angestrengte Tätigkeit in dem Kinde hat den Zweck, das Besondere von dem Allgemeinen zu trennen, dann in jedem von beiden wieder das Besonderste von dem Besonderen und das Allgemeinste von dem Allgemeineren.

Diesen Zustand des Gemütes musst Du notwendig in Deinen Kindern abwarten, ehe Du mit ihnen beginnst Gleichartiges zu Gleichartigem und Ungleichartiges von Ungleichartigem zu ordnen: denn er ist es, welcher scharf und Streng Ungleich- artiges von Ungleichartigem scheidet und trennt, und Gleichartiges, nach Maß seiner Gleichartigkeit, lebendig verknüpft, und wegen dieser trennenden und verknüpfenden Eigenschaft, welche für das Leben und in dem Leben so viele Verirrungen hindert und so vielen Frieden bringt, ist sein Das sein im Menschen so wichtig. sollte er darum in Deinen Kindern noch nicht vorhanden sein, so musst Du ihn als guter Erzieher und Lehrer in denselben Herbeizufuhren suchen, was leicht möglich, da er in der Natur des Menschen unumgehbar bedingt ist.

Um nun der Forderung dieses Zustandes in Deinen Kindern zu genügen, musst Du Dich bemühen. Sie die zusammengesetzten, in sich mehrfachen Formen und Gestalten unter einfachen: die vielen einzelnen und besonderen Formen und Gestalten unter allgemeinen anschauend und ihrem Gesamt- und Haupteindrucke nach auffassend zu machen sind es körperliche, unter kugligen, würfligen, säuligen u. a. Formen und Gestalten sind es mehr plane, unter den scheiben-, tafelförmigen usw. Besonders belehrend und belebend ist es. die Formen der Festgestalten, der Irden, mit denen der Lebegestalten, der Pflanzen und Tiere zu vergleichen, so z.B. die Stämme der Bäume als walzenförmig, die Kronen als kuglig und dagegen Festgestalten als baumartig, knospig usw.

So wie es zuerst nötig war, dass Du mit Deinen Kindern jeden Gegenstand in seiner Ganzheit anschaulest, und dann in seiner Fülle, ich möchte sagen Gediegenheit auffasstest: so ist nun noch nötig, dass Du erstlich die Glieder und Teile der Gegenstände, so wohl die abgeleiteten und fernen, als die unmittelbaren und näherliegenden, immer als von beziehungsweisen Mitten, oder von der Mitte des Gegenstandes, aber immer von Mitten aus bedingt betrachtest: die Blätter von Punkten der Zweige aus, die Zweige von Mitten der Äste aus, und diese von der einen Mitte im Stamme aus: weiter die Lage der Teile: gleich, laufend, gleich- gerichtet, auseinander- und zueinander- laufend, gleichgeneigt usw., und endlich die Gliederung der Teile in sich, ob einfach oder zusammengesetzt, ob einfach oder mehrfach zusammengesetzt: doch unter diesen zuletzt genannten dreien ist die Betrachtung der Glieder und Teile der Gegenstände in Beziehung auf die bedingende Hauptmitte oder abgeleiteten Mitten das bei weitem Wichtigste: denn die Form und Gestalt jedes Gegenstandeswird besonders klar durch die

Auffassung seiner Ausdehnungs- und Richtungsverhältnisse, durch die Auffassung der Ausdehnungs- und Richtungsverhältnisse seiner Teile.

Nach allem diesen führe Deine Kinder zu einer noch größeren Allgemeinheit der Betrachtung hin. nämlich jeden Gegenstand im Äußern, in der Erscheinung, als einen durch Begrenzung gestalteten und geformten Gegenstand zu betrachten. Die Grenzen sind es, das Festhalten der Grenze ist es. durch welche wir die Form und Gestalt der Gegenstände selbst festhalten, und wodurch es Deinen Kindern später nicht allein möglich, sondern auch leicht wird, die Form, die sie in sich tragen, außer sich wieder darzustellen.

Wie Du nun als Lehrer Deiner Kinder eigentlich in keiner Sache denselben das Ergebnis geradezu mitteilen und aussprechen darfst, sondern vielmehr sie so führen musst, dass sie die geforderten Ergebnisse immer selbst finden so nun auch hier, und leicht werden sie Dir sagen, dass die Begrenzungen der Gegenstände durch Flächen, Ebenen. Seiten, durch Kanten, Linien, durch Enden. Ecken und Punkte, durch deren Form, durch deren Verhalten der Verknüpfung, der Lage und der Neigung bestimmt und bedingt werden.

Die Körper und Gegenstände sind nun entweder geradflächig begrenzt, und diese begrenzenden geraden Flächen bilden bestimmte Kanten und Ecken: oder die begrenzenden Flächen laufen ohne wahrnehmbare Kanten und Ecken in einander über, und bilden rundliche und runde Körper oder die Körper erscheinen als gemischte, bestimmt- und unbestimmt kantig.

Unter den Körpern ersterer Art, den geradflächig begrenzten: den würfligen, balken-, tafel-, säulenförmigen, backsteinartigen usw. lasse Deine Kindern nun aufsuchen: ob und in welchem Verhältnisse die Seiten und Kanten verbunden oder unverbunden sind, wie viel sich Flächen in einer Kante oder Linie und wie viel sich in einer Ecke oder einem Punkte vereinigen können oder müssen.

Weiter der Lage nach, welche und wie viele Flächen. Seiten oder Kanten gleich- und ungleichlaufend, gleichgerichtet und gleichgeneigt sind.

Bist Du mit Deinen Kindern bis zu diesem Punkte der Formen- und Gestaltenbetrachtung vorgerückt. So betrachte nun die An und die Gesetze der Linien- und Flächenverknüpfungen selbstständig, für sich allein und abgesehen von den Gegen- ständen und den wirklichen Verhältnissen, an und in welchen sie sich vorfinden.

Bei der Formen- und Gestaltenbetrachtung wirklicher Gegenstände wird Deiner Aufmerksamkeit gewiss nicht entgangen sein, dass die Lehrweise für die besondere Formen- und Gestaltenkunde ganz denselben Weg geht, welchen die Natur in der Bildung ihrer Gestalten selbst ging, nämlich von geradlinigten Festgestalten zu rundlichen und zu Lebegestalten heraufsteigend. Auf diese Übereinstimmung des Unterrichtsganges mit dem Bildungsgänge der Natur wirst Du wiederkehrend hingeführt werden, und schon müssen wir sogleich jetzt darauf zurückkommen.

Zum Öfteren hast Du in der Zeit unseres strebenden Zusammenlebens die Erfahrung aus Deinem Leben ausgesprochen, dass alle wahre und vollendete Erkenntnis nur aus der Selbstdarstellung, dem Selbsttun hervorgehe, wir erkannten dort beide das Tiefe der Wahrheit, nur der nachdenkende Selbstschaffende erkennt lebendig und wahrhaft den Schöpfer und in dem Maße seines Schaffens. Abgeleitet wirst Du diese Wahrheit seit jener Zeit nun auch in dem Leben und in dem Verhältnisse Deiner Kinder zu Dir bestätigt und bewährt gefunden haben: denn je mehr Deine Kinder nach Deiner Weise, nach Deinem Sinne wirklich tätig sind, umso mehr werden sie sich in Beziehung auf die innersten Gründe Deines Handeln und Deines Forderns verstehen. Diese Wahrheit ist höchst wichtig zur Familieneinigung, zum Familienfrieden.

Bringe diese Wahrheit nun sogleich hier und bei Deinen Kindern in Anwendung- denn in der hohen Wahrheit dieses Satzes ist eigentlich die hohe Wichtigkeit echter und lebendiger Formen- und Gestaltenkunde bedingt.

Diesem gemäß führe Deine Kinder nun zum Selbstformen, zum Selbstbilden, leite sie dazu an. und zwar gleich dem Gange der Naturbildungen, die mit dem Festgestaltigen beginnen, also zuerst zur Bildung von gleichlaufendseitigen Körpern: von würfligen, säuligen, von balken-, backstein- und tafelförmigen usw., und steige nun zu immer mehrseitigen und ausgebildeteren Formen hinauf, wie vorher herab: das Ziel Deiner Bildung sei auf dieser Stufe die Kugel: die mancherlei rundlichen und eiförmigen Gestalten sind auf diesem Wege zugleich mit eingeschlossen.

Da es sehr gut und besonders bildend ist, nenn von den gleich laufendseitigen Körpern viele und besonders auch von ähnlichen Verhältnissen von den Kindern dargestellt werden: so können diese Körper, wenn sie von feuchten Stoffen sind, getrocknet und nun als Baustoff zum Bauen gebraucht werden, wodurch sich eine neue bildende und weiter entwickelnde Übung ergibt.

Wenn auch diesen Gebilden anfangs Schärfe und Genauigkeit fehlen sollte, so lasse Dich dadurch von dem Verfolg dieses Bildungsganges nicht entfernen, je mehr Du Deinen Kindern das richtige Verhältnis der Teile zur Anschauung bringst und hervorhebst, umso mehr wird auch die schärft und Genauigkeit ihrer Darstellungen wachsen. Der beste Bildungsstoff ist wohl Thon oder Lehm, mit einem zähen Bindungsmittel etwas versetzt, z.B. mit wenigem Wachs oder Talg, oder auch harzigen Stoffen, welche durch die Bearbeitung an Geschmeidigkeit und Zähheit gewinnen und das anklebende Wesen verlieren.

Nur ein Blick auf das, was Du bis auf diese Stufe mit Deinen Kindern tatest, sagt Dir, dass Du ihnen die Form und Gestalt und ihre Gesetze an den Gegenständen selbst anschauen und kennen lehrtest, und zwar in Beziehung auf die Entstehung dieser Gegenstände einmal an schon ruhend sich vorfindenden, schon fertig daseienden Körpern, dann an von ihnen und unter ihrer Hand erst entstehenden Körpern, Formen und Gestalten. Beachte von nun an, teurer Freund, und vielleicht ist es auch schon von Dir bemerkt worden, wie diese beiden Bildung-- und Entwicklungswege immer nebeneinander fortlaufen, einmal die Bildung und Entwicklung am Ruhenden, schon Fertigen, und dann die am sich Bewegenden, unter der Betrachtung und im Fortgang derselben erst Entstehenden. Beide Bildungswege müssen beachtet und befolgt, beide im Bewusstsein zwar geschieden sein, aber immer neben einander gehen.

Doch die Formen und Gestalten, die Gesetze der Formen und Gestalten nur an den Gegenständen selbst zu betrachten und zu erkennen, genügt dem menschlichen Geiste nicht, genügt ihm in seiner Unabhängigkeit vom Stoffe und Materie frühe nicht, genügt ihm umso weniger, als er einen Reichtum von wirklichen Gegen- ständen in sich trägt der Mensch sucht und Strebt die Form und Gestalt, die Gesetze der Form und Gestalt, und so ihr Wesen frei von Einzelgegenständen zu erkennen.

Dieser Punkt, welchen Du als aufmerksam beachtender Vater gewiss bald und mit Bestimmtheit an Deinen Kindern, besonders Deinen Söhnen wahrnehmen wirst, ist nun der Punkt, wo die Formen- und Gestaltenkunde als ein selbstständiger, in sich selbst ruhender Unterrichts- und Lehrgegenstand auf- und eintritt.

Die Gegenstandsbetrachtung gab als Formenbetrachtung auf ihrer letzten Stufe Seiten, Ebenen, Flächen: Kanten, Linien und Ende, Ecken, Punkte.

Betrachtest Du nun dieses Drei, welches Dir als letzte äußere Bedingung der Form und Gestalt übrig bleibt in gegenseitiger Vergleichung, so wird Dir sogleich entgegen treten, wie Punkt und Ebene sich rein entgegen stehen, jener gleichsam als Darstellung und Ausdruck der höchsten Einigung und Zusammenziehung der Kraft, diese als wahrnehm- und vollständig überschaubare höchste Ausdehnung der Kraft. Zwischen beiden gleichsam vermittelnd und beides einend steht die Linie, und äußerlich gleichsam Punkt und Ebene bedingend, indem zwei sich berührende Linien, bei Bogenlinien eine einzige, einen Punkt, und Linien in zurückkehrender geschlossener Berührung, bei krummen Linien auch wohl nur eine einzige, bei geraden aber wenigstens drei die Ebene erzeugen. Darum ist als Darstellungsmittel für Form und Gestalt und zur Anschauung und Erkenntnis der Gesetze derselben die Linie das erste und äußerste, und dies umso mehr, als die Linie in sich selbst wieder eine zweifache Ansicht bedingt: einmal nämlich kann sie als ein schon Gewordenes, Daseiendes, Äußerliches betrachtet werden: dann aber auch als ein in jedem Augenblick sich neu und immer wieder neu Erzeugendes in dieser letzteren Beziehung erscheint die Linie als Richtungsausdruck der Kraftwirkung, als Darstellung und Ausdruck der Richtung nach und in welcher die Kraft wirkt.

Dass diese doppelte Betrachtung der Linie einmal als ein schon Gewordenes, dann aber als ein in jedem Augenblick erst wieder Werdendes nun auch eine doppelte Betrachtung der Form- und Gestaltungskunde bedingt, bedarf ich Dir, dem Denkenden, gewiss nun kaum noch auszusprechen; in der einen werden die Formen und Gestalten als ruhende äußere An- und Zusammen-häufungen betrachtet, und als Solche gebildet: in der zweiten wachsen sie nach inneren Gesetzen und Bedingungen im Augenblick der Wirksamkeit und Tätigkeit derselben hervor.

Diese zweifache Ansicht der Formen- und Gestaltenkunde als Unterrichts-mittel und Lehrgegenstand verhält sich zu einander wie das Festgestaltige zu dem Lebgestaltigen. (wie Unorganisches und Organisches, wie Mechanische-und Dynamisches,) wie bei der Zahl die anhäufende Betrachtung (Addition und Subtraktion) zu der nach inneren Gesetzen sich steigernden, (Multiplikation und Division). Darum weiß ich Dir auch die beiden Seiten der Formenbetrachtung nicht kürzer zu bezeichnen als die anhäufende und die entwickelnde Betrachtung der Form und Gestalt.

Beide Betrachtungen gehören zusammen, und sind sich gegenseitig erklärend wie Äußeres und Inneres, wie in der Zahl das sogenannte Arithmetische und Geometrische. Beide Ansichten gehen zwar neben einander, so wie aber in der Natur das Festgestaltige früher da war als das Lebengestaltige, so geht auch die anhäufende Betrachtung der Formen- und Gestaltenkunde der entwickelnden voraus. Wie ja dies auch das Geschichtliche selbst nachweiset, denn unser Unterricht, unsere Schule kennt die entwickelnde Formen- und Gestaltenkunde, und, die Größenkunde mit eingeschlossen, die entwickelnde Raumkunde noch gar nicht.

Du wirst Dich nun gewiss erinnern, wie ich Dir, als Du bei uns lebtest, wiederkehrend aussprach, dass dem Gesamtunterrichte, so wie der Wissenschaft noch eine sehr wichtige Seite mangle, ich nannte sie dortmals die dynamische Mathematik: es leuchtete Dir dies schon dort ein. doch wird Dir nun durch das Gesagte klarer geworden sein, was ich damals darunter verstand und obgleich seit jener Zeit mehrere Jahre verflossen sind, und ich prüfend viel diesen Gegenstand bearbeitet habe, so steht doch meine Überzeugung darin fest, ja ich werde immer wiederkehrend auf die Wahrheit derselben zurückgeführt. (Fortsetzung folgt.)

Bild eines Kindererziehers. - Aus einem Briefe

„Er wollte Menschen erziehen, er empfand, dass es das Höchste sei, dafür sich hinzugeben. Bewusst oder unbewusst wollte er nichts anderes als der Seele göttlichen Funken erwecken. Schaffen, machen, geben konnte und wollte er nichts, sondern was Gottes Huld und Gnade in den Kindern gab, wollte er durch sein Mitleben beleben und belebt, erstarkt und entwickelt sehen. An der göttlichen Lehre, besonders dem göttlichen Leben Jesu erhob und stärkte er sich; mit gläubiger Zuversicht wollte er einfachen Herzens nur tun, was er gebeut. So ohne alles, was man Wissen nennt, war er der beste Lehrer und Erzieher: ihn ganz erfüllend war sein Glaube an Gott und die Menschheit, und fest sein Streben, in Ihm und durch Ihn der Selbstverleugnung zu leben."

Aus dem Kinderleben.

Ein kaum 5jähriger lebensfroher Knabe musste wegen einer leichten Kinderkrankheit das Bett hüten. Übrigens ganz geisteskräftig forderte er immer Beschäftigung. Ein Blatt naturhistorischer Bilder war ihm von seinen Brüdern gebracht worden, und seine bei ihm verweilende Pflegemutter hatte, ihn zur denkenden Anschauung der Gegenstände zu leiten, bei jedem etwas erzählt, dem er stets sehr aufmerksam zugehört hatte. Es war jetzt Mittag lang vorbei, und seine Erzählerin wollte eben gehen, um auch für sich Mittag zu machen, da bat er: „Erkläre mir noch etwas!" Die Mutter erwiderte, dass sie noch nichts gegessen und Hunger habe: „Ja hungern" sagte missmutig, doch ohne alle äußere Veranlassung, der Kleine: „Nichts wissen ist wohl schlimmer als hungern!"

Die Erziehenden Familien.

Wochenblatt für Selbstbildung und die Bildung Anderer.

Sonnabend - 11 - den 18. März 1826.

herausgegeben von Friedrich Wilhelm August Fröbel.

Die Kunde der Formen und Gestalten, und diese in ihrer höheren Bedeutung und Beziehung. (Fortsetzung.)

Du siehst, Freund, wir sind nun auf den Punkt hingekommen, von welchem ich andeutend bei Deinem Hiersein ausging, nämlich dahin, dass die Formen- und Gestalten Kunde im Verein mit der Größenkunde die gesamte Raumkunde in sich fasst, und dass sie, in der Ausdehnung, welche wir ihr geben, die erkennende und darstellende Seite umschließt: die erkennende Seite, d. h. die, in welcher es vorwaltend und überwiegend, ja ausschließend um die Erkenntnis der Formens, Gestalten- und Größengesetze zu tun ist, und die Darstellung darum nur untergeordnet die darstellende Seite, d. h. die, in welcher es vorwallend und überwiegend, ja ausschließend nur um die Darstellung der Formen und Gestalten selbst zu tun ist, und die Erkenntnis und Einsicht in die Formen- und Größengesetze nur unter- geordnet und ganz nebensächlich helfend ist. Das Erste umfasst die Formen- und Größenlehre (die Raumkunde) nach ihren zwei Richtungen, (der der Ruhe), der anhäufenden, und (der der Bewegung) der entwickelnden: das Zweite umfasst das Zeichnen und Gestalten, ebenfalls in zwei Richtungen, einer mehr durch äußeres Gesetz bedingten, der zweiten mehr durch inneres Gesetz bedingten.

Bist Du nun mit Deinen Kindern, besonders mit Deinen Söhnen bis zu diesem Punkte der Entwicklung und Ausbildung vorgeschritten, so beginne den Unterricht für Formenkunde in engerer Bedeutung mit Betrachtung der von außen, durch Anhäufung gebildeten, der angehäuften Formen und ihrer Gesetze. Der Lehrgang derselben ist höchst einfach, und Du kannst ihn, bei nur einigem Selbstdenken, sehr leicht selbst aus- und fortbilden: der Gegenstand, die Sache lehr Dich selbst, wenn Du nur der in der Sache, dem Gegenstände selbst liegenden Gesetzmäßigkeit ruhig und bestimmt nachgehest, indem Du vom Einfachsten zum Zusammengesetzten und Zusammengesetzteren fortschreitest, und dabei jede Erscheinung zum Bewusstsein bringst, indem

Du sie Dir durch klar und scharf bezeichnendes Wort festhältst. Und Du wirst hier bald wahre Lust und innige Freude empfinden, wenn Ihr, Du und Deine lieben Kinder, Euch gegenseitig lehrt und weiter bringt: denn die Freude wird Dir dann oft werden, dass Du, wie früher und noch jetzt gar oft ich, von den jungen Schülern lernst, was natürlich ist. Sie entfernen sich weniger von dem in der Sache selbst lebenden Geiste, lassen sich mehr von ihm leiten. Dieses Selbst- und Gemeinsamarbeiten mit Deinen Kindern wird Dir gar oft wahre Stärkung und Erhebung für Geist und Gemüt sein.

Die Formen und Gestalten der wirklichen Gegenstände haben zwar größtenteils Ausdehnung nach allen Richtungen im Raume, doch durch das Anschauen der Formen und Gestalten in einer Ebene bildet sich das Auge des Kindes erst zur Anschauung und Auffassung der Formen in mehreren Ebenen aus. Darum musst auch Du bei Deinen Kindern die Formenkunde mit der Betrachtung der Formen einer Ebene beginnen. Die Lehrweise selbst ist diese:

Du betrachtest zuerst die geraden Linien und ihre Verbindungen, dann die krummen Linien, d. i. Kreisstücke und Kreislinien und ihre Verbindungen: zuletzt Gerade und Kreislinien in Verbindung.

Zwischen den ersteren und den beiden letzteren wirst Du sehr bald bestimmte und sehr einfache größtenteils Vervielfältigungsverhältnisse auffinden, wodurch ihre Betrachtung von der einen Seite her sehr abgekürzt wird. Doch darüber nachher besonders andeutend Einiges. Die besten Darstellungsmittel sind immer Schiefertafel und Griffel.

Zuerst Lehrgang für gerade Linien: Du beginnst damit, Deinen Kindern die Eigenschaften zuerst einer Linie an sich, dann zweier und mehrerer Linien ohne alle Beziehung zu einander aufsuchen zu lassen, sie zur Auffindung dieser Eigenschaften hinzuführen.

Das Ergebnis dieser Betrachtung ist natürlich, dass die Eigenschaft, welche eine Linie einmal hat, mehrere Linien so oft haben, als Linien sind, z. B. jede Linie hat eine Längenausdehnung, und nimmt sogleich einen Längenraum ein, hat eine Mitte, hat zwei Ende, zwei Seiten: diese Eigenschaften zeigen zwei Linien zweimal, drei Linien dreimal usw.

Das nächste Verhältnis welches sich nun zur Betrachtung darbietet, kann kein anderes sein, als die Linien im Allgemeinen in Hinsicht auf ihr Verbunden- und Unverbundensein, oder ihr Getrenntsein und Ungetrennt- sein zu betrachten: „Von jeder Anzahl von Linien von Zwei an, wie viel können da immer unter sich unverbunden, wie viel unter sich verbunden sein." Dies führst Du von zwei bis zu jeder Dir notwendig erscheinenden Anzahl hinauf. Die weiteren Fragen z.B., wieviel können von einer Zahl Linien höchstens verbunden, oder höchstens unverbunden sein: wenn so viel verbunden sind, wieviel sind unverbunden, usw. Dies lehrt Dich die Anschauung des Gegenstandes ganz selbst. Aber vergiss ja nicht, Deine Kinder gleich hier auf das notwendig Gesetzmäßige in seinem ersten Keime aufmerksam zu machen: dass nämlich, so viel als von einer bestimmten Anzahl von Linien mehr verbunden sind, umso viel sind weniger unverbunden, und umgekehrt. Diese Hervorhebung des Gesetzmäßigen, dies Auffindenlassen des notwendig Gesetzmäßigen durch und von Deinen Kindern selbst, dies Hinleiten dazu, das muss Dir immer das Wichtigste sein: dadurch nur halten Deine Kinder das- Ganze und auch das Einzelne fest.

Auch musst Du nie von einem Gegenstand oder einem Verhältnis der Betrachtung aus Dir und durch Dich selbst, gleichsam willkürlich, zur Betrachtung eines neuen Gegenstandes, eines neuen Verhältnisses fort- und übergehen, sondern Du musst Diene Kinder die Fortschreitung als ein notwendig in sich und durch den Gegen- stand selbst Gegebenes auffinden lassen, und sie dazu mit den Worten auffordern:
„Dies haben wir nun bis jetzt betrachtet, was werden wir nun zunächst betrachten müssen oder wir stehen jetzt hier, wohin werden wir nun gehen und kommen müssen?"

Nun lässt Du Deinen Kindern die unverbundenen Linien allein, aber in ihrem gegenseitigen Verhältnisse betrachten. Die Verhältnisse, in welchen unver- bundene Linien unter sich stehen können, sind aber nur die der gegenseitigen Lage zu einander. Hiernach sind die Linien unter sich entweder gleichlaufend, gleichgerichtet, ungleichlaufend, (auch als ungleichgerichtet zu betrachten,) diese können wieder sein gleichgeneigt, rechtgeneigt, oder ungleichgeneigt: dies sind die eigentlich ungleichlaufenden Linien.

Die rechtgeneigten (sich unter einem rechten Winkel zu einander neigenden) Linien besonders herauszuheben ist für die Folge der Betrachtung wichtig und erleichtert sie. Den gleichgeneigten Linien schon hier einige Aufmerksamkeit zu schenken, ist unerlässlich: denn sie sind der Knospenpunkt für das künftige Gestalten. Denn ziehe nur drei Linien in einem gleichgeneigten Verhältnis zu einander, gib jeder Linie durch leise Verstärkung einen Lebensausdruck, und Du hast sogleich etwas Gestaltetes, eine Gestalt.

Von diesem Punkte aus Sprossen nun, teurer Freund, die Gesetze der Form wie Blütenknospen hervor, und ich kann Dich nicht genug auf ihre Beachtung aufmerksam machen; denn sie geben dem Unterricht für den Lehrenden wie für den Lernenden einen Reiz, eine Geistesnahrung, die nur der fassen kann, welcher sich ihrer einmal erfreute. Eines der wichtigsten Gesetze, welches sich auch weit über die Formenerscheinungen hinaus verbreitet, ist: dass zwischen zwei in sich entgegengesetzten Formenerscheinungen immer eine dritte vermittelnd, in der Mitte, dasteht, und gleichsam die Eigenschaften beider in sich vereinigt. So stehen zwischen den unter sich entgegengesetzten gleichlaufenden und gleichgerichteten, die ungleichlaufenden Linien in der Mitte vermittelnd, weshalb sie auch als ungleichgerichtete Linien betrachtet und benannt werden können: so steht zwischen der (spitzen) Zuneigung und der (stumpfen) Abneigung die Rechtneigung vermittelnd u.s. .

Oft wird es Dir zwar erscheinen, als herrsche in der Formenverknüpfung und besonders der Zahl ihrer Formen nur Zufall und Willkür, und als sei dafür gar kein inneres notwendiges Gesetz aufzufinden, allein je mehr Du in das Wesen und das Gesetzmäßige der Formenbildungen selbst eingedrungen bist, umso mehr wird es Dir, wenn auch erst etwas später, möglich werden, das Gesetz dafür aufzufinden. Als ein Beispiel dafür nenne ich Dir das Gesetz für die Auffindung und Darstellung aller Lagenverhältnisse mehrerer Linien. Auf die ersteren und äußern Blicke und Versuche scheint es ganz unmöglich ein Gesetz dafür aufzufinden; und doch wirst Du, wenn Du ganz dem Charakter und Geiste dieser Betrachtungen getreu in natürlicher einfacher Fortschreitung durch äußere Anhäufung an das schon Gebildete jede neue Form entstehen lässest, ein so innerliches und so lebendiges Gesetz der Formenbildungen finden, wie Du es für diese getrennten Linien wohl kaum ahnen wirst.

Was tot schien, tritt Dir nun mit Leben entgegen, wo Zufall schien und Willkürlichkeit, sieht Du nun Notwendigkeit und Gesetzmäßigkeit. Nachdem ich lang ein Gesetz für diese Fortschreibung vergeblich gesucht und ich oft wiederkehrend in diesem Gegenstände unterrichtet habe, wurde ich von eben die Formen- Kunde erst beginnenden ganz jungen Zöglingen, indem sie wiederkehrend Formen (ihrer Entstehung nach) für verschieden festhielten, die ich (der äußeren Betrachtung nach) immer für gleich setzte, auf das Gesetz hingeführt. Dem Grunde, weshalb die Schüler die außer sich gleichen, der Entstehung nach aber verschiedenen Formen festhielten, ging ich nach, und so stand bald das Gesetz in seiner Lebendigkeit vor mir, und so hatte ich wiederkehrend eine Frucht meines Grundgesetzes für den Lehrer: „Immer prüfend und beachtend, und ja nicht wegwerfend und vernichtend dem nachzugehen, was der Natursinn und das natürliche Gefühl des- Schülers aufstellt und festhält. Auch Dir empfehle ich dies Gesetz, es wird Dir eine große Freudebringerin sein denn es wird Dir und Deinen Kleinen den Unterricht lieb machen, es wird sie noch besonders an den Gegenstand desselben und an Dich knüpfen.

Nach Beendigung der Betrachtung unverbundener Linien gehst Du zur Betrachtung der verbundenen über. Die Verbindung der Linien kann sein in Punkten, so dass jede einzelne schwindet und alle als eine einzige erscheinen, und so dass jede Einzellinie selbstständig und anschaubar bleibt in Linien, hier fallen die Linien immer in eine zusammen, entweder ganz oder teilweise.

Die Betrachtung der in Punkten so verbundenen Linien, dass jede Linie selbstständig anschaubar bleibt, ist die wichtigere. Die Betrachtung wendet sich verschieden, ob Du dabei von den Punkten, der Bestimmung der Anzahl der Punkte, oder von den Linien, der Anzahlsbestimmung der Linien ausgehst.
Zuerst von den Punkten aus.

Hier lässt Du Deinen Knaben aufsuchen, wie viel Linien lassen sich in einem, in zwei usw. Punkten verbinden, wie viel höchstens und wenigstens, warum wenigstens nur so viel? Mit wie viel Punkten ist in jedem dieser einzelnen Fälle jede Linie verbunden? — usw.

Die hier stattfindenden Gesetze werden Dir von selbst entgegenkommen, ja Deine Schüler werden Dich selbst darauf leiten.

Nun von den Linien aus: In welcher Anzahl von Punkten lassen sich zwei, drei, vier Linien verbinden? —Welches ist in jedem Falle die geringste, die höchste Anzahl von Punkten?

Die hier so klar und einfach hervortretenden Gesetze zeigen besonders das Wesen der Form und der Zahl in einem innigen und lebendigen Wechselverhältnis. So geben z. B. drei Linien höchstens so viel Bereinigungspunkte, als die ersten zwei Zahlen zusammengenommen betragen: vier Linien so viel, als die ersten drei Zahlen usw. fünf Linien, als die ersten vier Zahlen, usw.

Auch die Betrachtung des Liegens- der Linienenden in und außer den Bereinigungspunkten, das Betrachten des Durchgehens der Linien durch die Bereinigungspunkte, und die Beachtung des Verhältnisses der Anzahl der

Linienteile (von Manchen Schenkel genannt) zu der Anzahl der Linien und Bereinigungspunkte darfst Du wegen ihrer Ergebnisse nicht übergehen.

Wichtiger ist jedoch das Betrachten der Winkel einmal ihrer Anzahl, ihrer Form, dann ihrer Lage nach.

„Der Anzahl nach: zwei, drei, vier Linien in einem Punkte können wie viel Winkel geben? wenigstens? höchstens?"

„Drei, vier, fünf Linien in zwei Punkten können wie viel Winkel geben? wenigstens? höchstens?

So steigst Du mit der Anzahl der Linien, wie mit der Anzahl der Punkte. Die letzte, aber auch die wichtigsten und lebendigsten Ergebnisse fordernde Aufgabe ist die niedrigste und höchste Anzahl der Winkel bei der höchsten Anzahl der Bereinigungspunkte aufzusuchen und zu bestimmen. Hier treten wieder sehr schöne, das lebendige Wechselverhältnis zwischen Zahl und Form wiederkehrend darlegende Verhältnisse hervor: so bildet z. B. jede Anzahl von Linien in der höchsten Anzahl von Punkten wenigstens immer so viel Winkel, als die nächstvorhergehende Anzahl von Linien ebenfalls in der höchsten Anzahl der Punkte höchstens Winkel bildete weniger einen: drei Linien geben z. B. in der höchsten Anzahl von Punkten höchstens 12 Winkel, und vier Linien in der höchsten Anzahl von Punkten wenigstens 11 (12 weniger 1) Winkel so geben vier Linien in der höchsten Anzahl von Punkten höchstens 24 Winkel, und fünf Linien ebenfalls in der höchsten Anzahl von Punkten wenigstens 23 (24 weniger 1) Winkel, usw. bei jeder auf einander folgenden Anzahl von Linien.

Viel sind noch der übrigen gerade auf diesem Punkte sich aussprechenden, lebendigen Wechselverhältnisse zwischen Form und Zahl doch ich will Dich solche lieber selbst auffinden und so an ihrem Lebeganzen Dich erfreuen lassen, indem dies Leben eindringlicher sich ausspricht, wenn diese Gesetze aus und an den, besonders selbstgebildeten Formen entgegentreten, als wenn man sie nur durch Wort und Zahl, ohne Formenanschauung damit zu verbinden, mitteilt.

So wie man von der Zahl, besonders an die Ziffer geknüpft, sagen kann, dass sie eine Seite habe, wo sie wirklich überwiegend zur Form hinneige; so lässt sich von der Form sagen, dass sie eine überwiegende Zahlenseite habe, ein Teil derselben ist die eben bezeichnete Betrachtung. Überwiegend tritt dagegen wieder das Wesen der Form und Gestalt selbst in der nun folgenden Betrachtung der Winkel ihrer Form nach hervor.

„Wie viel gerade Linien gehören zu einem Winkel?"—"In wie viel verschiedenen Formen kann ich zwei Linien zu einem Winkel verknüpfen?"— Oder: „Wenn 2 Linien 1 Winkel bilden, von wie viel verschiedener Form können dann die Winkel sein?"— Gewiss, Freund, wird es Dir bei Deiner Liebe zu Deinen Kindern und Deiner väterlichen Teilnahme an ihrer inneren geistigen Entwicklung nie begegnen, dass Du ihnen irgend eine Aufgabe geistiger Lösung so trocken hin ohne innere Teilnahme Deines Gemütes gebest: dies werden aber auch Deine Kinder, und Deine Schüler, lebendig und dankbar fühlen, und auch für Dich wird es großen Reiz haben, wenn Du Dich ganz in den inneren Zustand Deiner Kinder versetzen und denselben nachempfinden kannst wenn Du durch Dein geistiges Auge in ihrem inneren schauest, dass, wie bei einem schwindenden Frühlingsmorgennebel, immer ein Gegenstand nach dem andern klar in ihr Bewusstsein tritt, wie jeder neu gefundene, neu gebildete, neu angeschaute Gegenstand für sie gleich einer Entdeckung in einem unbekannten Lande ist.

So wohl, so erhebend und stärkend es dem Menschen bei jener Erscheinung in der Natur ist, so wohl ist es dem Kinde, dem ungetöteten Knaben bei diesen Erscheinungen in seinem Gemüte, und von dem Vater, dem lehrenden, mitempfunden ist es das, was Unterrichtsgegenstand und Schüler innigst vereint, es ist die lebendige beglückende Selbsterfahrung, dass der Unterricht, der Unterrichtsgegenstand für Geist und Gemüt des Kindes entwickelnd, ausbildend und besonders darstellend ist: denn in diesem Punkte vereinigt sich eigentlich des unverdorbenen Menschen auf der Kindes- und Knabenstufe Gesamtstreben, (so unbewusst es dem Kinde selbst auch sein mag.) Ist nun dieses Gefühl im Gemüte des Schülers gewonnen, ist diese Erfahrung im Geiste desselben, so unbewusst es auch immer sein mag, gemacht, dass Lehre und Unterricht seinen innersten Lebenswunsch, seinen eigensten Lebenstrieb fordern; so ist alles gewonnen und Du bedarfst von nun an ihm nur Stoff zum Bearbeiten zu geben, verarbeiten wird er ihn schon selbst. Unter allen Unterrichtsgegenständen ist nun die Form und Gestalt wegen ihrer strengen, einfachen und leicht anschaulichen und unfassbaren Gesetzmäßigkeit hierzu die geschickteste.

Wesentlich vorteilhaft und entwickelnd für Deine Söhne ist es und wird es sein, wenn Du die Lösung der folgenden Aufgabe immer an die gefundene Lösung der vorhergehenden Aufgabe anknüpfest, und so die Lösung der folgenden Aufgabe aus der Lösung der früheren hervorwachsen lässest. z. B. wenn Du mit zwei Linien in 1 Punkte 1 Winkel bilden lässest, so kann dieser

Winkel sein, entweder spitz, stumpf, recht.

Sollen Deine Kinder Dir nun eine der folgenden Aufgaben: „Drei Linien in 1 Punkt geben 2 Winkel, was können die Winkel der Form nach sein?"— lösen, so knüpfst Du an das früher Aufgefundene an, fragend: „Wenn ihr mit nur zwei Linien in 1 Punkt nur einen Winkel bildetet, was konnte da der Winkel der Form nach sein? Ohne Zögerung werden sie Dir antworten: „Spitz, stumpf, recht!" Gut! nun sollt ihr aber mit drei Linien in 1 Punkt zwei Winkel bilden, wie viel Winkel werdet ihr also immer mit der dritten Linie zu bilden haben?"—"Einen" werden sie Sagen. —"Gut!" Bildet nun zunächst auf euren Tafeln mit zwei Linien in 1 Punkt einen Winkel, und zwar zuerst einen spitzen Winkel, und seht nun, was für einen zweiten Winkel der Form nach ihr mit der dritten Linie in demselben einen Punkte hinzufügen könnt. Sie werden, immer von dem spitzen ausgehend, bald finden: einen spitzen und einen spitzen, einen spitzen und einen rechten, Winkel, einen spitzen und einen stumpfen.

Ebenso lasse sie von dem rechten Winkel ausgehen; sie werden finden: einen rechten und einen spitzen Winkel, (ein rechter und ein rechter?); (ein rechter und ein stumpfer?)— Beide letzteren Formen kann es nicht geben: „Warum nicht?"— Dies fragst Du Deine Kinder.

Die erstere Form - ein rechter und ein Spitzer Winkel - findet sich dem Inhalte und dem äußern Gesamtausdrucke nach schon unter den aus der Verbindung mit dem spitzen Winkel hervorgegangenen Formen, aber von jener Form der Entstehungsweise nach ganz verschieden: hier ist der rechte Winkel der erste, bedingende, und der Spitze Winkel der zweite, bedingte: dort ist der Spitze Winkel der erste, bedingende, und der rechte Winkel der zweite, bedingte. Auf diese Verschiedenheit der Entstehungsweise, einer dem Inhalte und dem äußern Gesamteindrucke nach ganz gleichen Form musst Du frühe Deine Kinder, nun Deine Schüler, hinleiten: denn das daraus hervorgehende notwendig bedingende Gesetzmäßige, gleichsam Lebende gibt dem Gegenstände und dem Unterrichte selbst hohen Reiz und wahrhaftes Leben für den Schüler; es lehrt aber auch überhaupt, im Leben Gleichaussehendes seinen inneren Bedingungen nach prüfen.

so lasse nun Deine Kinder auch von dem Stumpfen Winkel ausgehen, sie werden finden: einen stumpfen und einen spitzen Winkel.

(Ein stumpfer und ein rechter?)
(Ein stumpfer und ein stumpfer?)

Beide letzteren Formen sind wieder nicht möglich, warum?

Zu welchem Ergebnis der Erkenntnis führt nun dieser Lehrgang notwendig Deine Kinder? Jede von drei Grundformen (hier 1 rechter, 1 Spitzer und 1 stumpfer Winkel) mit drei andern Formen (hier auch 1 rechter,1 spitzer, 1 stumpfer Winkel) verbunden, müsste notwendig neun Formen geben davon aber fallen vier unter der bestehenden Hauptbedingung, bei drei Linien nur zwei Winkel zu geben, als unmöglich weg, bleiben noch fünf Winkel. Werden nun nur, wie es auf dieser Stufe der Fall ist, die Formen dem Inhalte und dem äußern Gesamtausdrucke nach angeschaut und aufgefasst, so fallen noch zwei Formen weg, indem die Form ein spitzer und ein rechter Winkel mit der Form ein rechter und ein spitzer Winkel, und die Form ein spitzer und ein stumpfer Winkel mit der Form ein stumpfer und ein spitzer Winkel dem Inhalte nach in Eins zusammen fallen. So bleiben also von den durch die Aufgabe geforderten neun Formen nur noch die zuerst erhaltenen drei Formen für diese Stufe der Betrachtung zu beachten übrig.

(Fortsetzung folgt.)

> Ihr Formen der stummen Natur,
> wie lausche ich euerer Rede:
> Zwar nicht vernimmt die das Ihr,
> doch lauter der innere Sinn.

Knaben-Frühlingsspiele

Mannigfach sind der Knaben Spiele im Kreislauf des Jahres: denn wie in jeder Jahreszeit eigne Gewächse erblühen, so treibet jede Jahreszeit auch der Knabenwelt eigene Spiele, und nicht Willkür herrscht in ihrer Wahl.

Kaum ruft die laue Luft im Frühling die Knaben ins Freie, so seht ihr sie auch fröhlich folgen dem fröhlichen Rufe: in geschäftiger Eile wandert hinaus dort munter ein Zug. Aber was halten freudig und hoch sie in ihren Händen empor? Schiffe und Schiffchen sind es und Flöße, geschnitten aus schwimmender Rinde und leicht von Brettwerk gebildet, ausgestattet mit Masten, Steuern und Segeln, mit flatterndem Wimpel geziert, und Räder von Spänen sind es und Mühlen.

Ohne Zaudern und Wahl geht heiter der glückliche Zug zum Wasser, zur Quelle, zum Bach, hier dass die kleine Flotte trage des Wassers ebene Fläche, dort dass die muntere Quelle treibe fröhlich das Rädchen und der wallende

Bach belebe die mit Fleiß und Sorgfalt gefertigte Mühle: denn der Frühling ist gekommen, und überall regt sich frisches, junges Leben: wie die Frühlingssonne die Knospe schwellt, so schwellt der klare Himmel, die laue Luft und der Sonne wärmender Strahl des Knaben Brust, und Leben regt sich in allen seinen Adern, und alle Gefühle des Kindes und Knaben sind Leben. Waldströme enteilen den Bergen und den Bergfüßen entströmen und entrieseln Quellen und Quellchen: überall regt Leben sich und Leben, wie im inneren der Brust, so rund um den Knaben doch zu enteilen, zu entfliehen scheint alles dies Leben, darum fesseln möcht es der Knabe in seiner bildenden, in seiner belebenden Kraft.

Damit das Leben gefesselt ihm kund tue sein Wesen, deshalb sind jetzt Wasser und Quellen und Bäche der Sammelpunkt spielender Knaben darum legt der Knabe hier ein Rädchen aus Spänen und rundlichen Stäben in des Quellchens silbernen Strahl, dass es Ihm kund tue des Wassers bewegenden Druck: und stellt dort eine Mühle in den Bach, der wippend und blinkend ihm sagt: Kraft und Leben ruht in mir, Leben und Kraft bewegt mich: dass das Rad ihm hebe Stämpfel und Hammer und er erkenne des Wassers hebende Kraft.

Das Leben des klaren bewegenden Wassers, wie der lauen bewegten Lust, möchte der Knabe festhalten und ihr Leben erkennen: darum hemmt er die plätschernde Quelle zum klaren stillen Teiche, dass er ihm trage sein Schiffchen, und die Luft es ihm wehe von einem Ende zum andern, wie auf wirklichem Teiche sein größeres Schiff der Wind ihm treibt von einem Ufer zum andern.

Darum geht ohne Zaudern und Wahl der Knaben fröhlicher Zug zum Wasser, zum Quell, zum Bach, weil Leben anzieht das Leben, und Kraft fesselt die Kraft, und des Knaben Leben und Kraft sich spiegeln möchte im Leben und in der Kraft der Natur; drum immer entlang zieht es den Knaben am Ufer des Bächleins, es bis zur Quelle verfolgend. So strebt schon kindlicher Sinn zur Quelle des Lebens hinan, und wenn auch noch nicht sagen sich können: was ist denn die Kraft und das Leben doch desto kräftiger drum es in sich und um sich empfindend.

Auch in der Knaben Gespiel, gewählt mit ungefesselter Neigung, herrscht also ein tieferer Sinn; und wollt ihr, dass höheres Leben wirkend in ihnen erstarke, pfleget so, die ihr es könnt, pfleget sinnig der Kinder, pfleget der Knaben sinnvolle Spiele.

Die Erziehenden Familien.

Wochenblatt für Selbstbildung und die Bildung Anderer.

Sonnabend — 12 — den 25. März 1826.

herausgegeben von Friedrich Wilhelm August Fröbel.

Die Kunde der Formen und Gestalten, und diese in ihrer höheren Bedeutung und Beziehung. (Fortsetzung.)

Auf ähnliche gesetzmäßig fortschreitend entwickelnde Weise ihre Aufgaben zu lösen, leite immer Deine Kinder: oder stelle wenigstens die von ihnen gefundenen Einzelergebnisse auf eine solche Weise auf einer großem Tafel ihnen überschaubar zusammen, Dir und ihnen ein Prüfstein, ob auch alle der Bedingung entsprechende wirklich von ihnen aufgefunden worden sind.

Zur Prüfung der Wichtigkeit dieser Forderung, teurer Freund, bedenke: dass die Beachtung und Erkenntnis des toten Ergebnisses nicht lebengebend und belehrend, und dann auch das tote einzelnstehende Wissen desselben nicht das Ziel und der Zweck dieses Unterrichtes sein kann. Sondern vielmehr Zeuge zu sein, wie diese Ergebnisse entstehen, sie beachtend unter der Hand selbst entstehen zu lassen. Dieses sind die echten Früchte dieses entwickelnden Unterrichtes: denn das Festhalten des Ergebnisses (Resultates) allein drückt und tötet, nur die Ergebnisse in Einigung mit ihrer Entstehungsreihe sind lebendig und Leben entwickelnd: und geht auch ja hier das Wissen des Ergebnisses in seinen Einzelteilen verloren, so trägt doch auf diese Weise der Schüler, der Mensch, immer die Bedingung und das Gesetz des Entstehens lebendig in sich, und ist so in jedem Augenblick fähig, das Ergebnis von neuem hervorzurufen. Die Bedingungen und Gesetze des Entstehens einmal erkannt, und durch wiederholtes Anwenden eingeübt, können nie verloren gehen; denn sie sind in einer viel höheren Einheit, sind in dem Gemüte und Leben, in dem Wesen des Menschen selbst bedingt und begründet.

Der Lage nach endlich betrachte Du die Winkel nach den bekannten Rücksichten: als Rebenwinkel, und zwar entweder eines Punktes, wenn der Punkt das Vereinigende oder Beziehende;: oder einer Linie, wenn dies die Linie ist; oder eines Winkels, wenn die Beziehung von dem Winkel ausgeht. Weiter als Scheitelwinkel, Gegenwinkel, Wechselwinkel letztere bei, den außer ihrem Verhältnis zur Linie, zu den Winkeln selbst und zu den Ecken, besonders noch in ihrem Verhältnisse zum inneren oder Äußeren, z. B. innere oder äußere Gegenwinkel einer Linie.

Gleich wie die Winkel, führe Du nun die Betrachtung der Flächen (der durch gerade Linien begrenzten Ebenen) ihrer Zahl, ihrer Form, ihrer Lage nach durch.

In den Verbindungen von zwei, drei und vier Linien lässt Du Deinen Kindern die Fläche und das Wesen der Fläche zuerst vergleichsweise anschauen und bezeichnen, ehe Du ihnen das Wort, den Namen gibst.

Nun die Fragen: „Könnt ihr mit 2 geraden Linien eine Fläche bilden?" „Warum nicht?" „Wie viel gerade Linien gehören wenigstens- zu einer Fläche?" „Wie verhält sich die geringste Anzahl der Flächen, oder eine, zur Anzahl der zu ihr nötigen Linien? usw., usw.

Ich bitte Dich, Dich hierbei nur ganz unbefangen der Sache, dem in ihr wirkenden Leben und Gesetz hinzugeben, die wird Dich lehren. Habe nur ganz einfach auf die Erscheinungen, wie sie entstehen, Acht, lasse Dir keine entschlüpfen, lasse gleichsam jede zusprechen, und knüpfe alles, was sie zeigen, aussprechen, an klares bestimmtes Wort: so wirst Du so Dich und Deine Kinder belehren. Du wirst hier an Dir selbst wahrnehmen und erfahren, bestätigt finden, was vorhin hier ausgesprochen wurde: — dass, wenn wir die Gesetze der Entstehung irgend einer Sache in uns tragen, in uns selbst wirken lassen, die Ergebnisse dieser Wirksamkeit immer uns entweder unbekannt oder von uns vergessen sein mögen, wir sie dennoch immer von neuem für uns und zu unserer Erkenntnis und Einsicht hervorrufen können. Damit dieses Gefühl, diese Überzeugung jedem Zögling komme, dass er den innersten Keim und die lautere Quelle alles Wissens und Könnens in sich trage, dies ist eigentlich das Ziel des Dir hier vorgeführten Lehrganges. Dies in seiner weiten Verzweigung und in seinem wohltätigen und beglückenden Einfluss auf den Menschen Dir hier durchzuführen, erlaubt der Zweck dieser Mitteilung nicht, hast Du es einmal an Dir selbst erfahren, so kannst Du Dir auch das Weitere darüber selbst sagen, und hast Du Deine Lieben bis zu diesem Punkte geführt, sind die Entwicklungs- und Fortbildungsgesetze ihnen durch ihr eigenes Gemüt und in demselben klar und lebendig, sind sie in sich fest, ihnen treu nachzugehen, so kannst Du sie, wenn auch das Schicksal ihnen nun den lehrenden Vater, die Unterstützung des Vaters für Lehre und Unterricht entriss, ruhig ihrem gefundenen Geiste, dem in sich aufgefundenen Geiste der Dinge hingeben: sie werden nicht allein sich fortbilden, fortentwickeln, sondern sie werden auch sich fortbildend und fortenwickelnd ihren Unterhalt, ihr Bestehen sichern. Und so viel auch dies schon ist, so ist es doch noch immer wenig gegen ein weit höheres Gut und Erzeugnis dieses Unterrichtes: sie werden bald zu der hochwichtigen Erkenntnis und Einsicht kommen, dass der Mensch die Entwicklungen, welche er in sich wahrnehme, nicht als Einzelwesen in sich wahrnehme, sondern dass sie in dem Menschenwesen bedingt sind. Es wird dies die Menschheit zunächst zu dem höheren Einverständnis unter sich, dann zu dem Einverständnis mit Natur und Einigung mit Gott erleben, welche der Gegenstand des tiefsten Sehnens des menschlichen Gemütes ist. Und sage, was kann uns noch fehlen, wenn wir in Einheit mit der Menschheit, im Einverständnis mit der Natur, und in Einigung mit Gott leben!—

Glücklicher Vater, der Du, Freund, dann sein wirst, wenn Du dies einst von Deinen Kindern ahnend hoffen kannst: dann würde Dir Dein Geburtsfest, die Feier Deines Geburtsfestes, ein ewiges Lebensfest sein.

Die Form der Flächen kannst Du von mehreren Beziehungspunkten aus bezeichnen, und es ist wichtig, dass Du dies tust: es erhöht dies wesentlich die Kenntnis, so wie ihre Lebendigkeit, z. B. von den Linien aus, (hier Seiten genannt): Dreiseit, Vierseit; von den Ecken aus: Dreieck. Viereck: von den Winkeln aus: Dreiwinkel, Vierwinkel. Die allgemeine Gleichheit oder Ungleichheit nun auch noch mit in die Anschauung und Auffassung bringend, besonders die der Linien oder Seiten gibt weiter eine genauere Formenbestimmung, z. B. ein ungleichwinkliger Dreiwinkel, ein gleichseitiges Viereck doch da nun durch gleiche Seiten oder Linien auch alles übrige gleich wird, also beim gleichseitigen Dreieck alles zu dritt gleich ist, wie beim gleichseitigen Viereck, alles zu viert; so nennst Du am bezeichnendsten solche Formen Gedritt, Geviert, Gefünft usw. Die Ausdrücke: Einundzweiseit, Zweiundzweiwinkel usw. und ihre Anwendung erklären sich durch sich selbst

So wie bisher jede Form für sich allein betrachtet wurde. So schreitest Du nun fort, schon gebildete Formen mit einfachen Gliedern und gebildeten Formen zu verknüpfen; so zuerst:

Linien und Winkel, Winkel und Winkel: dann: Linien und

Flächen, Winkel und Flächen, und Flächen und Flächen: und

zuletzt wohl: Linien, Winkel und Flächen.

Wie weit Du nun hier in der Ausführung des Einzelnen gehen kannst, wird Dir das Bedürfnis Deiner Knaben und ihre Entwicklungsstufe selbst Sagen: das Ziel und Ende des ganzen Lehrganzes der Kunde geradliniger Formen einer Ebene ist jedoch ein bestimmtes Festes, welches sich aber auf zweifache Weise aussprechen lässt, entweder So: wo Du zu einem Ergebnis auf verschiedenem Wege kommst, z. B. zu einem Zwölfeck durch Verknüpfen von drei Gevierten oder vier Gedritten nebst dazu gehörigen Linien; oder das Ziel lässt sich als da bezeichnen, wo das Vieleck überwiegend sich schon dem Kreisrunde nähert.

Hier knüpft sich nun die Formenlehre krummer Linien, und zwar zuerst der Kreislinien und Kreisstücke an.

Der Lehrgang ist, wie schon ausgesprochen, dem bei geraden Linien durchgeführten ganz gleich.

Die Ergebnisse sind hier, da die Kreise in sich zurücklaufende sind, gewöhnlich bestimmt mehrfache der Ergebnisse der Formenverbindungen gerader Linien.

Doch tritt bei der Betrachtung der krummen Linien eine ganz neue und eigene Rücksicht der Betrachtung ein, wodurch sie sich gleichsam dem Leben und der Natur noch mehr anschließt.

Die gerade Linie bedingt zwar durch ihr Dasein zwei Seiten, die aber ihrer äußeren Erscheinung nach ganz gleich sind, und nicht- unter sich Verschiedenes, noch weniger rein Entgegengesetztes zeigen. Ganz anders ist es aber mit der krummen, der Kreislinie; diese bedingt nicht nur auch zwei Seiten, sondern sie unterscheidet auch äußerlich diese beiden Seiten, und zwar rein entgegengesetzt, so wie sie auch ihrem Wesen nach und in sich verschieden sind: die Kreislinie zeigt, wie äußerlich eine erhabene und eine hohle. So dem Wesen nach eine äußere und eine innere Seite. Diese beiden Seiten einer krummen, einer Kreislinie sind auch wirklich so verschieden, wie z. B. die äußere und innere Haut, die äußere und innere Seite Deiner Hand, dort Ausdehnung hier Zusammenziehung usw., dies ist keine äußere Formen, sondern eine mehr innere wesentliche Verschiedenheit der geraden und krummen Linie. Diese Verschiedenheit der Kreislinie zu bezeichnen, ist leicht durch ein Kunstwort, ich nenne sie physikalische Verschiedenheit, diesem gemäß finde ich kein Wort, sie in der Lebesprache zu bezeichnen, als die natürliche Verschiedenheit beider Seiten jeder Kreislinie.

Diese natürliche physikalische Verschiedenheit der beiden Seiten einer

Kreislinie kannst Du Dir auf mehrere Weise leicht anschaulich machen, die leichteste ist jedoch diese: ziehe eine Kreislinie, Schaue sie genau, besonders in Hinsicht ihrer beiden Seiten und deren gegenseitigen Verhältnissen an, und mache Dir diesen Eindruck klar, teile nun diese Kreislinie in 5 oder 6 oder mehr gleiche Teile; nimm drei dieser Teile und bilde ein Gedritt mit lauter erhabenen Seilen, und ein zweites Gedritt mit lauter hohlen Seiten, vergleiche beide Gedritte, und bringe den verschiedenen Eindruck und dessen Grund Dir zum Bewusstsein: so wirst Du Dir bald sagen müssen: in dem ersten Gedritt ist Äußeres nach Außen, und Inneres nach innen gekehrt in dem zweiten ist es rein entgegengesetzt: Äußeres ist noch Innen, und Inneres nach außen gekehrt.

Diese einzige Ansicht der Form nun, dies wirst Du bei nur etwas weiter fort- schreitendem Vergleich leicht finden, bringt die Betrachtung der Form naher der Naturbetrachtung. und die Naturbetrachtung näher der Form. Diese einige Ansicht der Form führt hin, das große, aber einfache Geschäft der Natur auch sehr einfach von der Form aus, dem Physikalischen der Form aus, zu bezeichnen als das Geschäft: Innerliches äußerlich, Äußerliches innerlich zu machen, und beides in Gleichheit, Ausgleichung zu bringen. Vergleiche nach diesem Ausdruck dar ganze Geschäft eines Baumes von seinem Keimen an bis zu seinem Blühen und Fruchten, wo dies das ganze Wesen des Baumes wieder in einem einzigen Kerne beschließt und innerlich macht, so wie der Kern von seinem Keimen an das Ganze in ihm, in seinem inneren beschlossene Wesen des Baumes äußerlich machte. Wirf, Freund, einen prüfenden Blick auf das ganze Geschäft, die Gesamttätigkeit des Menschen, in welchem Stande und Berufe Du willst, vom Denker bis zum Künstler: tut er etwas anderes, und strebt er nach etwas Anderen, ja, streng genommen, ist seine Bestimmung etwas anderes, als: das Innere, das Leben des Gemüts und Geistes - äußerlich zu machen, sind das Leben und Wesen der äußeren Dinge zu durch- dringen, in sich aufzunehmen, und so beide- in sich auszugleichen?—„Ja ist es nicht das einzige Geschäft de- Menschen in jedem Augenblicke?— Auch dies, teurer Freund, wieder einige Andeutungen für die höhere Bedeutung der Betrachtung der Form: doch sie soll und wird uns der Natur und die Natur uns noch näher bringen.

Die äußere anhäufende Betrachtung gerader und krummer oder gemischter Linien ist ihrem Gange nach dem schon betrachteten ähnlich, und führt natürlich auch zu gemischten Ergebnissen.

Noch mehr in die Kenntnis der Naturkörper und ihrer Gestaltungsgesetze einführend ist aber die Kunde der Körperformen. Da aber diese Formen und Gestalten sich nicht wie die bisher betrachteten nur nach den in einer Ebene liegenden Seiten und Richtungen, sondern frei nach jeder Richtung und Seite im Raume hin ausdehnen, so bedingt und fordert ihre Kenntnis die Kunde aller im freien Raume möglichen Formen: — die Kunde der Formen des freien Raumes (im Gegensatz der Kunde der Formen de- an die Flächen gebundenen Raumes).

Deinen Knaben die hierdurch bedingten Formen, wie die früheren, auf einer Ebene

z. B. einer Schiefertafel darstellen zu lassen, würde für sie wenig entwickelnd sein: zweckmäßiger wählst Du darum dazu kleine Stäbchen oder Spitze Drähte, deren Verknüpfung Du durch kleine Wachskugeln bewirkst.

Zuerst lässt Du Deinen Knaben auf dieser Stufe durch Deine Fragen aufgefordert auffinden: Wie viel Linien wenigstens zur Bezeichnung von Richtungen im freien Raume nötig sind. Sie werden leicht auffinden: drei, entsprechend den Grundausdehnungen im Raume nach Höhe, Länge und Breite oder Dicke.

Dass in allen Rücksichten und Beziehungen nur diejenigen Formen zur Betrachtung herausgehoben werden, welche ausschließend dem freien oder Körperraume angehören, bedarf kaum einer Erwähnung.

Drei Linien können sich körperräumlich nicht in drei Punkten vereinigen. Die wichtigste Verbindung ist 3 Linien in 1 Punkt entweder 3, 8 oder 12 Winkel, und der Form nach im letzteren Fall entweder 8 rechte, 2 Spitze, 2 Stumpfe oder 2 rechte usw.

Die Wichtigkeit von 3 Linien in 2 Punkten, 4 rechte Winkel gebend, und sich recht zu einander neigend, tritt später ein.

In der Verbindung von 4 Punkten ist die wichtigste Form: 6 (am besten 6 gleiche) Linien in 4 Punkten so verbunden, dass alle Enden in den Ver-einigungspunkten liegen. Diese Verbindung schließt einen Körperraum ein, welcher durch vier Dreiecke begrenzt erscheint: am besten wird dieser Körperraum ein Vierflächner genannt. Es ist der Körperraum, welcher mit der geringsten Anzahl der Linien eingeschlossen und durch die geringste Anzahl der Flächen oder Ebenen begrenzt wird.

Eine der folgenden wichtigsten Verbindungen ist: — 12 Linien (am besten 12 gleiche oder 3 und 4 gleiche) in 6 Punkten so verbunden, dass alle Enden in den Vereinigung-Punkten und in jedem 4 liegen; diese Verbindung Schließt einen Körperraum ein, welcher durch acht Dreiecke begrenzt erscheint: sie wird am genügendsten Achtflächner genannt.

Vorzüglich belehrend ist bei 7 Punkten die Verbindung von 15 Linien, So, dass in jedem von den Sechs äußeren Punkten 5 Ende liegen, und in dem in der Mitte des Körpers liegenden Bereinigungspunkte sich 3 Linien rechtwinklig durchschneiden.

Bei 8 Bereinigungspunkten ist die wichtigste Verknüpfung: — 12 Linien so verbunden, dass alle ihre Enden in den Bereinigungspunkten, und zwar in jedem drei Enden liegen. Die Form schließt einen durch 6 Ebenen oder Flächen bewegten Körperraum ein, und bekommt darum am bestimmtesten den Namen Sechsflächner. — Die Formen selbst können unter sich nach den Größen- und Neigungsverhältnissen der Linien wieder sehr verschieden sein. Sie werden den winkligen, den balkenförmigen, den backsteinartigen usw., überhaupt den gleichlaufendseitigen Körpern entsprechen.

Bei diesem Zusammentreffen könnte Dir vielleicht der Gedanke aufstoßen, dass es dann wohl zweckmäßiger sei, das Wesen dieser Formen an vollen Körpern aufzusuchen, anzuschauen und kennen zu lernen: doch das Durchsichtige der gleichsam nur durch die netzartige Verknüpfung der Kanten gebildeten Formen Steigert die Einsicht und Kenntnis ihres Wesens sehr: indem hier alle Teile mit einem Blicke überschaut werden können, was die volle, mit undurchsichtigem Stoffe ausgefüllte Form nie möglich macht.

Sehr zweckmäßig bleibend und vielseitig bildend für Deine Kinder und ihre Genossen sind diese Übungen, wenn Du auch die Erzeugnisse derselben bleibend machst. Dies geschieht am besten, wenn Du zu den Linienbezeichnungen kleine Drahtstäbchen und zu ihren Bereinigungspunkten etwas aufgeweichte Erbsen wählest, und es kann dies für sie eine ebenso angenehme als belehrende Beschäftigung in Freistunden, besonders in den Abendstunden, geben. Vielleicht erinnerst Du dich noch aus Deinem Knabenalter der Freude, die es Dir machte, als Dich Dein Vater oder dein älterer Bruder lehrte, auf diese Weise kleine Vogelkäfige oder auch Häuser zu bilden. Dort war der Zweck eigentlich nur Beschäftigung und Unterhaltung, durch das Dir hier Ausgesprochene kannst Du nicht allein diesen Hebungen großen Reichtum und Mannigfaltigkeit, sondern namentlich vielseitige Belehrung geben, so dass sie dadurch sehr und unmittelbar für die Spätere Erkenntnis des inneren der Naturformen, besonderer Formen des Festgestalteten, der Irden, vorgebildet werden. Und Du wirst jetzt kaum ahnen, wie Deine Kinder später von einem eindringlichen Unterricht für Naturkunde werden gefesselt werden. Die Folgen und das Eingreifen dieser Hebungen zur gründlichen Erlernung, besonders jedes darstellenden Gewerbes, brauchen wohl kaum angedeutet zu werden.

Da jedoch diese Darstellungswelse der Formen besonders bei zusammengesetzten Bedingungen in Hinsicht auf Schärft und Leichtigkeit viel zu wünschen übrig lässt, so ist, wenn auf vorstehende Weise die Anschauungs- und Durchschauungsfähigkeit der Knaben entwickelt ist, das netzartige, gleichsam durchsichtige Darstellen von Körpern durch Zeichnen in Linienumrissen das Belehrendste.

Doch ich eile. Dir die noch wichtigere, und eigentlich die wichtigste Seite der Formenkunde in ihrem Wesen und Lehrgänge anzudeuten: denn alle Formen- und Gestaltung-Kunde ist tot, ist lastend, und kann darum wenig nützen, ja ist in gewisser Beziehung tötend, wenn sie uns nicht einführt in die Einsicht und das Verständnis der Entstehungsweise und den Bildungsweg der Naturgestalten, wenn sie uns nicht einführt in die Tätigkeit und Wirksamkeit der Natur bei ihrem Gestalten, ins gleichsam möglich macht, den Wirkungen der Kraft dafür nachgeben zu können. Die äußere Auffassung der ruhenden Form (der äußerlichen Gesetzmäßigkeit) ist tot und tötend, aber die Ausfassung der Kraft, der Gesetzmäßigkeit der Kraft und des Lebens. ist lebendig, Leben erzeugend, und nur einzig um Darlegung, um Auffassung und Erkenntnis dieser Gesetze ist es, der echten, wahren, der entwickelnden und erschöpfenden Formenkunde zu tun: denn die Formen sind zahllos und ihr Auffassen und Festhalten unmöglich, und schon bei einer mäßigen Anzahl druckend aber der Gesetze, aus und nach welchen sich alle jene Formen entwickeln, sind wenige, sie sind einfach, und als Solche wiederhallend. Sich wiederspiegelnd im eigenen Leben. Jene zahllose Menge der Formen nun ihrem inneren Zusammenhänge nach wenigstens andeutend nachzuweisen, ist das Geschäft der entwickelnden Formenkunde. Die Formen und Gestalten der Natur ihren inneren Entwicklungsgesetzen nach kennen zu lernen ist der Zweck der Formen- und Gestaltenkunde: diese sind aber lebendig, wollen im Leben und am Leben erkannt sein, darum muss auch die zu ihrer Kenntnis führende Formenkunde notwendig lebendig, entwickelnd sein.

Die anhäufende Formenkunde geht von der Linie als schon etwas Fertigem und Gegebenem aus: die entwickelnde Formenkunde geht von dem Punkte als sinnbildliche Darstellung in sich geeinter, aber nach allseitiger Entwicklung Streben der Kraft aus: die Linie ist Darstellung der Richtung-Wirkung der

Kraft. (Beschluss folgt.)

Wahrheit ist erste Bedingung des Gedeihens alles Lebens. — Ohne Wahrheit ist die Anschauung alles Lebens verrückt. Mit jedem Schritte zur Wahrheit wird dem geistigen Auge das ganze Leben erneuert und seiner rechten Gestalt nähergebracht.

L.

Kirchenfeste, Kinderfeste.

Wichtig ist es, früh das höhere, religiöse Leben in den Kindern zu nähren. Mit ihm werden alle Keime, die sich im inneren regen, gepflegt. So wie der Quell des Friedens und der unwandelbaren Freude alles nachfolgenden Lebens geöffnet. Und darum muss die Sorgfalt der Erziehenden unausgesetzt und stetig darauf gerichtet sein, wie der fromme Sinn von selbst dazu treibt. Doch wird es diesem nicht entgehen, wie zu verschiedenen Zeiten des Jahres diese Pflege durch die Gesamtheit des Lebens begünstigt wird. Denn innig geeint ist das mit das Kinderleben, und gleichet der Pflanze, die auch erst recht erwacht und belebt wird, wenn das allgemeine Naturleben erwacht, wenn die milde, durchwärmte Frühlingsluft sie umweht, und von dem verbreiteten Sonnenlichte wohltuende Strahlen besonders sie treffen.

Darum ist keine Zeit zur Belebung des höheren Lebens der Kinder günstiger als die, wo das religiöse Leben allgemein hervortritt und alles darauf hinweiset, die Zeit der Feste, die Festtage. Schon die mannigfaltige Vorbereitung, die überall angestrebte Reinheit und Ordnung macht sie auf die Bedeutung aufmerksam. Die einkehrende Stille, der freudige Ernst der Erwachsenen, die Ruhe ringsumher, die stille Mitfeier der Natur, die von dem Sinne des Tages gleichsam durchdrungen scheint, zeigt ihnen die hohe Wichtigkeit. Darum sehen auch die Kinder den Festen mit so hoher, freudiger Ahnung entgegen.

Aber nicht immer wird diese hoffnungsvolle Ahnung erfüllt, öfters zieht den Kindern das Fest gleichsam in der Ferne vorüber, ohne sein Licht und die Fülle seiner Gaben ihnen kundgetan zu haben, und statt Freude bleibt der Schmerz unbefriedigter Sehnsucht zurück. Nur eines unserer hohen kirchlichen Feste ist zugleich auch ein eigentliches Fest der Kinder. Wie schon lange vorher sein Heller Stern ihnen aufgeht, so umschimmert es auch die ferne Erinnerung in wonnevollem Lichte. Nicht die Gaben als Solche sind es, die so beglücken: der Tag ist's, welcher sie umleuchtet, das lebendige Gefühl, warum sie ihnen, woher sie gekommen, die gemeinsame Teilnahme Aller, der erweckte höhere Sinn, der sie überall bei ihren Gaben und Spielen wie ein Engel begleitet, ist es, der das Leben der Kinder und alle ihre Freuden so erhöht und beseligt.

Diese Empfänglichkeit des kindlichen Gemüts für das innere Leben der Feste, so wie das Verlangen der Eltern, ihre Freude mit den Kindern zu teilen, macht es, dass wir keines der Hauptfeste von eigentümlichen Kinderfreuden ganz entblößt finden, wenn wir auch wohl das Bedürfnis ihrer Erhöhung und eindringlicheren Begehung fühlen, und wo sie ganz zurückgetreten sind, ihre Wiederbelebung wünschen. Darum ist es erfreuend, wenn das Fest des Einzugs, wo das Volk Jesum mit Jubel und Lobgesängen aufnimmt, und Er in Fülle die reifen Früchte und die Kraft des Lebens austeilt, in einer westlichen Gegend unsers Vaterlandes noch als ein wahres Kinderfest lebt, das gefeiert wird unter dem Namen:

Die Palmäpfel.

Am Sonntage Palmarum ist gar ein schönes Fest:
Es fragt wohl Keiner: warum? Doch Kinder wissen's best.
Nicht mein' ich jene Feier, Da flicht den Himmelbund
Das Herz, und nun wird freier Durchs Wort aus eignem Mund.
Rein weiter musst du gehen In jene Stillere
Zeit, wo Kinder bei der Mutter Noch finden
ihre Freud'.
Die tut ihn'n heute zeigen, wie sie der Kindlein
denkt. Was Liebe kann erreichen, Und wie sie
weise schenkt.
Des Herbstes holde Gabe. Die Frücht', sind lang nicht mehr.
Doch kein Genuss und habe erfreut das Kind so
sehr. Drum hat die Treu' gesparet Der edlen
Früchte best': Und was sie aufbewahret Gibt sie
zum Palmenfest. Heut wo der Friedensreiche
einzog in seine Stadt, Und Himmelsfrüchte
reichte, Ohn' dass ihn einer bat.
Des mag sie wohl gedenken in dankbar froher
Lust: Dahin den Kindsinn lenken. Erfüllt die
Mutterbrust.

So sehen wir auch hier, wie es vorzüglich dem Muttersinn anvertraut ist, die Feste den Kindern nahe zu bringen und sie zu beseelen. Auch bedarf es, wie sich zeigt, nicht großer Kunst und vielen Aufwands. Der fromme Sinn, mit welchem die Gabe dargereicht wird, ist es, der sie erhöht und weiht. Sein Eindruck ist unvergänglich, und später steht er in dem sich bewusstwerdenden Gemüte verklärt wieder auf.

M. *

* An manchen Orten wird das Fest der Konfirmation an diesem Tage gefeiert.

Die Erziehenden Familien.

Wochenblatt für Selbstbildung und die Bildung Anderer.

Sonnabend — 13 — den 1. April 1826.

herausgegeben von Friedrich Wilhelm August Fröbel.

Die Kunde der Formen und Gestalten, und diese in ihrer höheren Bedeutung und Beziehung. (Beschluss.)

Zuerst Kunde der entwickelnden Formen einer Ebene.

„Macht einen Punkt auf eure Tafel."—„Zieht aus diesem Punkte gerade Linien."—

„Nach wie viel Richtungen hin könnt ihr von einem Punkte aus Linien ziehen?"— "Wie viel gerade Linien könnt ihr von einem Punkte aus nach den verschiedenen Richtungen hin ziehen.

„Zieht nun nur 2 Linien aus einem Punkte und seht, welche Neigung diese Linien zu einander haben können."

Hier ist die wichtigste Form in Beziehung auf die Naturkenntnis die, wo die beiden Linien in einer Richtung zu liegen kommen, also gleichsam eine Linie bilden: aber von dem gemeinschaftlichen Ausgangspunkte hin nach rein entgegengesetzten Seiten sich ausdehnen. Willst Du Deinen Unterricht andeutend gleich an Naturerscheinungen anknüpfen, so kannst Du sie darauf aufmerksam machen, wie wohl die Zweig- und Blätterentwicklung der Pflanzen Ähnliches sei.

Bei 3 Linien aus 1 Punkt ist die für die Spätere Erkenntnis der Naturformen wichtigste Form die, wo sie aus einem Punkte so gezogen werden, dass sie sich untereinander völlig gleichgellend oder ebenmäßig neigen. Dieses gleichzeitige Hervortreten von drei Richtungen aus einem Punkte in unter sich gleichgeltenden Neigungen wird Dir besonders vielseitig in der Natur entgegenkommen.

Wegen der Menge der durch dieses Hervortreten bedingten Naturformen, ist die lebendige Anschauung des einfachen Bildungsgesetzes dieser Form für Deine Kinder besonders wichtig. Gedenke dabei nur der Schneesterne, der damit zusammenhängenden Menge anderer Formen, und des Standes von Stängelblättern bei den Pflanzen.

Bei 4 Linien aus 1 Punkte ist die Form die belehrendste und entwickelndste: wo 4 Linien aus 1 Punkte unter sich so gezogen sind, dass sie als unter sich rechtgeneigt erscheinen. Das Wichtige dieser Form ist die einfach aber notwendig in ihr liegende Gesetzmäßigkeit: dass hier 2 und 2 Linien immer in eine Richtung fallen, und darum nach rein entgegengesetzten Seiten sich ausdehnen. Wie vorhin die zwei Linien nur als eine erschienen. So erscheinen jetzt die vier Linien nur als zwei: es geht daraus das Schöne Gesetz hervor: Wenn eine gerade Anzahl von Linien in unter sich gleichen Neigungen aus 1 Punkte gezogen werden, so erscheint die Anzahl der Linien nur halb so groß, als sie wirklich ist. Bei jeder ungeraden Anzahl von Linien ist das Gesetz entgegengesetzt: Wird eine ungerade Anzahl von Linien in unter sich ganz gleichen Neigungen aus 1 Punkte gezogen, so bleibt jede Linie als Einzellinie anschaubar.

Wie die aus diesen Formenbildungen aus einem Punkte sich entwickelnden Gesetze sehr in das Leben der Naturbildungen eingreifen, und viel zu ihrer lebendigen Auffassung beitragen, wirst Du bei einiger Achtsamkeit leicht finden.

Bei der nun folgenden Entwicklung und Bildung der Formen, durch das Ziehen der Linien aus 2, 3 und mehr Punkten, ist es nun ganz besonders, wo sich das Weisen und die Eigentümlichkeit dieser entwickelnden Formen-kunde hervorhebend ausspricht, und auch bei nur einiger Selbstanwendung Dir aussprechen wird; denn in dieser Ansicht der sich entwickelnd bildenden Form herrscht notwendig die Forderung, dass aus jedem Punkte und zwar überwiegend aus den Endpunkten jeder Form Linien nach demselben Gesetze gezogen werben können und müssen, nach welchem die ersten Linien aus dem ersten Punkte gezogen wurden. Wenn Du dieser Forderung nachgehest, so wirst Du bald finden, wie die darnach gebildeten Formen von zweifacher, unter sich wesentlich verschiedener Art sind:

entweder werden Einzellinien nach dem Gesetz der ersteren aus einem oder einigen der Endpunkte gezogen; oder es werden aus jedem der Endpunkte der Linien, Linien ganz nach demselben Gesetz gezogen, wie die ersten Linien aus dem ersten gegebenen Punkte, z. B.:

Deine Knaben haben aus einem Punkte 2 Linien in Zuneigung (unter Spitzem Winkel) gezogen, und Du forderst nun: "Ziehet aus 2 Linien die 3te aus einem zweiten Punkte, so wie die ersten 2 Linien aus dem ersten Punkte gezogen wurden", so werden sie vier Formen finden.

Ganz anders heißt die Forderung im zweiten Falle: „Ziehet aus jedem Endpunkte der zwei Linien ganz in derselben Weise, nach demselben Gesetze, wie die ersten 2 Linien aus dem ersten Punkte gezogen wurden." Hier erscheint nun nur eine Form. Jene Forderung zeigt nach und nach alle Formen, welche nach der Grundbedingung möglich sind: diese Bedingung nur auf eine einzige, aber die Grundbedingung auf die einfachste Weise aussprechend.

Beide Bildungsweisen sind in ihrer Anwendung auf die Natur und die Erkennung der Gesetze der Naturformen wichtig: die einzelnen Formen zeigen die möglichen Einzelerscheinungen eines Grundgesetzes in der Natur: die Gesamtform zeigt eine Gesamterscheinung desselben Grundgesetzes. Aus jenen Erscheinungen entwickelst Du Deinen Kindern die Erkenntnis: — wie schon aus und durch das einfachste Bildungsgesetz eine Mannigfaltigkeit von unter sich verschiedenen Formen bedingt sind.

Nur wenige Selbstdarstellung und einige Vergleichung des Aufgefundenen mit Naturformen wird alles dies bald lebendig lehren. So schreitest Du in dieser Betrachtung der Formen nach den in ihnen selbst liegenden Gesetzen fort, von ungeschlossenen zu in sich abgeschlossenen Formen. Bist Du nur etwas von dem Leben, was in dieser Formenbetrachtung herrscht, ergriffen worden. So führen Dich auch die Gesetze derselben selbst weiter.

Ganz vorzüglich bildend und in die Erkenntnis der Naturformen und in die Einsicht in ihre Bildungsgesetze einführend, ist die Ansicht, wo in den Punkten. (den Ecken geschlossener Formen,) das Streben geschaut wird, sich zu Linien (Seiten) auszubilden, und in den Linien das Streben, sich in Punkten (Ecken) darzustellen; so entsteht z. B. hiernach aus dem Gedritt ein Drei- und Dreiseit: aus diesem ein Sechsseit: aus diesem wieder ein Drei- und Dreiseit; und aus diesem wieder ein Gedritt dessen Seiten jedoch den Seiten des ersten Gedrittes entgegengesetzt liegen. Ebenso später, wo bei Betrachtung der Körperbildungen in den körperlichen Ecken das Streben geschaut wird, sich in Linien (Kanten) und in Flächen (Seiten) darzustellen: und wo in den Linien das Streben als Punkte und Flächen, und bei den Flächen das Streben, sich als Punkte (Ecken) und als Linien (Kanten) auszubilden. Die Körperbildungen durchlaufen einen ähnlichen Formenkreis, wie der vorhin bei den Flächenbildungen erwähnte, so wird z. B. aus dem Sechsflächner (Würfel) durch Umwandlung der Ecken in Flächen ein Sechs- und Achtflächner verschiedener Formen, und zuletzt ein Achtflächner.

Diese Betrachtung der Formenbildungen wird nicht allein Deine Kinder, sie wird selbst Dich der Natur und dem Leben der Natur, und dieses Dir und Euch näher- bringen. Doch ehe Du mit Deinen Kindern bis zu diesem Punkte des Unterrichtes vorrückst, hoffe ich Dir noch den weiteren Verfolg desselben mitzuteilen.

Jetzt breche ich hier, nachdem ich Dir das Eingreifen dieses Unterrichts- gegenstandes in die Naturerkenntnis und Natureinsicht angedeutet habe, ab: ich übergehe auch für diesmal das Besondere der Darstellung körper- räumlicher Gestalten durch netzartiges Linienzeichnen, indem mir noch etwas Dir zu Sagen übrig ist, was mir sehr wichtig ist.

Alle bis jetzt betrachteten Formenbildungen sind strengen Gesetzen unterworfen, sie bilden strenge, feste Reihen; diesen Bildungsgesetzen und den daraus hervor- gehenden Formen liegt eine gewisse Notwendigkeit zum Grunde; doch auch in dem Menschen selbst liegen Bildungsgesetze, liegen Bildungstriebe, welche, durch Betrachtung und Anschauung von Naturformen und Naturgestalten geweckt, sich frei, selbsttätig und unabhängig von äußeren Formen und Gestalten, und von außer dem Menschen liegenden Bildungsgesetzen gestalten und darstellen möchten.

Auch diesem Streben des Menschen, die in ihm liegenden Formen- und Gestaltungsgesetze außer sich in Form und Gestalt darzustellen, in Deinen Kindern entgegen zu kommen, muss Dir eine Hauptsorge in der geistigen entwickelnden Pflege derselben sein. Durch und in ihrem vorwollenden Trie- be zum Zeichnen zeigen Dir Deine Kinder selbst den Weg dazu. Wenn Du nun diesen so vorherrschenden Trieb Deiner Kinder beachtest, so wirst Du leicht ein Zweifaches bemerken: einmal immer das Streben. Leben zu zeichnen, Leben darzustellen dann aber den bestimmten Ausdruck des Gefühls nach Schwacher Kraft dazu, daher der Wunsch durchzuzeichnen, abzuzeichnen, ja sogar sich von anderen zeichnen zu lassen, was in ihnen lebt.

Jene beiden Bemerkungen bezeichnen Dir nun bestimmt die Art und Weise, wie Du ihrem Streben, ihren Gestaltungstrieb durch Zeichnen zu befriedigen, auf eine gründliche und wahrhast bildende Weise entgegen zu kommen hast: um den Lebenstrieb zu befriedigen, muss das, was sie zeichnen, aus ihnen selbst, aus ihrem Geiste kommen: und doch um der noch Schwachen Kraft Stärkend zu Hilfe zu kommen, müssen die Übungen nach Gesetzen geschehen, welche die Kinder in gewisser Beziehung außer sich überschauen und darum beherrschen, welchen sie auf jeder stuft streng Nachkommen können. Dass sie übrigens von dem Einfachsten zum Zusammengesetzten, vom Leichteren zum Schweren fortschreiten müssen, versteht sich von selbst. Vor allem aber müssen die Übungen, wie das Kind früher selbst schon beim Spiele verfährt, von der Bildung durch vorwaltend äußere Verknüpfung, nach vorwallend äußerlich anhäufendem Gesetze, bei mehr gewachsener Kraft zur Bildung nach innerlich entwickelndem Gesetze emporsteigen. Du wirst hier wiederkehrend den Gang der Natur in der Bildung der Gestalten finden, auf welchen wir nun schon mehrmals zurückgekommen sind.

Das Zeichnen nach mehr äußerlich bestimmendem anhäufenden Gesetz, welches wir Linienziehen und Figurenerfinden, Zeichnen im Netz nennen, hast Du schon früher hier kennen gelernt: den Anfang des Lehrgangs dafür findest Du in dem von der Freundschaft hier für Dich beigeschlossenen Buche den Verfolg des Unterrichtes wird Dir die Fortsetzung des Buches liefern.

Auch das Zeichnen nach mehr freiem, innerlichen, entwickelnden Gesetz, welches wir Linienziehen und Gestaltenerfinden, Zeichnen auf freiem Räume nennen, hast Du früher schon kennen gelernt; eine genügende Anleitung dazu wirst Du in der nächsten Fortsetzung des mitgeteilten Buches finden. Dir beides hier schon zu erwähnen, geschah einmal, um Dir das Ganze im notwendigen, lebendigen Zusammenhänge vorzuführen, dann aber um Dich jetzt schon das Zeichnen in einer ganz anderen und höheren Beziehung und Rücksicht kennen zu lehren, als es bisher bewachtet und beachtet wird: nämlich nicht bloß als eine, zur Bildung des Menschen noch hinzukommende äußere Kunstfertigkeit, welche dieser oder jener, nach besonderen Anlagen und Lebensumständen sich aneignen könne; sondern als lebendige und bezeichnende Selbstdarstellung des Menschen, des eigensten und innersten Menschenwesens, und seinem Wesen nach darum als einen ebenso allgemeinen, menschlich notwendigen Unterrichtsgegenstand, wie Schreiben, Lesen, Rechnen.

Wir erziehen und entwickeln den Menschen viel zu sehr nur nach Maßgabe und für Darstellung des schon Bekannten, Daseinden, dagegen sollten wir ihn für Darstellung des dem Menschen noch nicht Bekannten, wir sollten ihn so erziehen, dass das noch unerkannte und unbekannte menschlich Gute, was notwendig noch in dem Menschen liegt, aus ihm hervortreten könne: und dass das bisher nur als einzelmenschliche Anlagen Ausgebildete, nun als allgemein menschliche Anlage ausgebildet würde, um wenigstens die Einzelerzeugnisse Hervorragender würdig in sich aufnehmen zu können. So dass sie nun zu einem Gemeingute werden. Noch ist nach dieser Ansicht das

Zeichnen, als Darstellungsmittel der Denk- und Empfindungsgesetze in dem Menschen, im Verein mit der höheren lebendigen Formenkunde, zugleich ein Mittel, die Stumme Sprache der Natur zu verstehen, und uns durch sie eine neue Gottesoffenbarung zu eröffnen: auch würde dadurch überhaupt des Menschen Darstellungsfertigkeit, und so seine Zufriedenheit erhöhet werden denn der Mensch ist in sich umso ruhiger, umso glücklicher, als er Insich-begründetes schafft und darstellt: und in unsern Kindern die Kraft für Sachdarstellung, die Selbsttätigkeit dafür zu erhöhen ist wohl bezugsweise das Höchste, was wir als Schatz ihnen als Erdnern geben können. Darum mehrfach sind die Gründe, welche das entwickelnde Zeichnen zu einem allgemein menschlichen Unterrichtsgegenstande erheben. und Du wirst reiche, schöne Früchte finden, wenn Du es als einen Solchen gleich frühe in das Ganze des Unterrichtes Deiner Kinder einordnest.

Was jedoch vom entwickelnden Zeichnen gilt, gilt in noch bei weitem höheren Grade von der entwickelnden Formen- und Gestaltenkunde, von welcher ja das freie zeichnerische Darstellen selbst nur ein Teil ist; und, dass sie ganz besonders allgemein als entwickelnder und begründender, als menschlich notwendiger Unterrichtsgegenstand angenommen werden sollte, dass Du sie in dem Unterrichtsganzen Deiner Kinder als einen solchen aufzunehmen, an Deinem Unterrichts- baume als einen notwendigen lebendigen Zweig zu erkennen hast: davon wirst Du nun, wie ich hoffe, in Dir lebendig und fest überzeugt sein, und dies umso mehr, als Du sagst, ich lasse meinen Kindern einst die Freiheit, zu werden, was sie wollen, Handwerker, Künstler, Gelehrte. Denn dieser Unterricht wird eine solche Wirkung auf die Entwicklung, Bildung und Belebung ihres Geistes, auf die Ordnung und Darstellungskraft ihres Gemütes hervorgebracht haben, dass die Früchte davon sich nicht allein bestimmt und klar zeigen, sondern auch lebendig und bleibend sein werden; denn sie werden nun nicht allein wahrhaft und gründlich gebildete Menschen und Männer werden, sondern sie werden auch ganz besonders die Gesetze der Bildung in der geistigen wie in der Körperwelt verstehen, sie zu beherrschen und in Anwendung zu bringen wissen, in ihrem Geiste und nach ihren Forderungen darzustellen, zu wirken und zu Schaffen nicht allein die Einsicht, sondern ganz besonders die Fähigkeit und die Fertigkeit besitzen.

Wie glücklich werde ich mich dann schätzen, in mir das Bewusstsein tragen zu dürfen, am Tage Deines Geburtsfestes dazu den Grund gelegt, und so dieses Fest zu einem bleibenden Lebensfeste Deiner erhoben, und dazu beigetragen zu haben, dass ein Leben weckender und erhöhender, ein Leben gestaltender Gedanke wenigstens in einer Familie einen pflegenden Zufluchtsort gefunden habe, um von dort aus zu einem segensreichen, allseitige Einsicht, wie allseitige Tatkraft, und so allseitigen Frieden gebenden Gewächse sich entfalten zu können. Lebe wohl. Mit Treue

Dein Freund.

Der Unterricht für Erdkunde.

Der wiederkehrende Frühling, das Leben der Kinder bei und in demselben spricht laut und unzweideutig aus: Nichts gibt den Kindern, den Knaben, der Jugend mehr wahres Kraftgefühl, regeres und sicheres Gefühl höheren geistigen Lebens: Nichts wirkt stärkender, entwickelnder und erhebender dafür, als das sichere Gefühl und lebendige Bewusstsein, in der nächsten Umgebung, in der Gegend seiner Geburt und seines sich entfaltenden Lebens recht zu Hause, recht heimisch mit der Natur, und mit den Naturerzeugnissen seiner Umgegend recht bekannt und vertraut zu sein: Nichts macht ihn zur Erfüllung und Ausübung aller künftigen menschlichen und bürgerlichen Berufspflichten geschickter und besonders ausdauernder, als dies Gefühl: wie dagegen Nichts den kindlichen Geist, das jugendliche Gemüt mehr schwächt, und eigentlich dem ganzen künftigen Leben das wahre Lebensmark nimmt, als mit dem Naturleben seiner Gegend, seiner nächsten Heimat nicht bekannt, nicht vertraut zu sein, indem dadurch dem ganzen künftigen Leben gleichsam der Körper, der Grund und Boden mangelt.

Nichts führt so sehr und so bestimmt zu jenem stärkenden Zuhausesein in seiner Gegend, zu jenem entwickelnden und erhebenden Leben mit der Natur, als der erste Unterricht für Erdkunde.

Der erste Unterricht für Erdkunde gleicht, wie aller erste Unterricht, einem Samenkorne, einer Knospe, einem Herzpunkte, welche noch eine gewisse gleichartige Mannigfaltigkeit, ein Gemeinsames von Verschiedenem in sich tragen. aus welchem später jedes einzelne immer geschiedener und immer bestimmter hervorsprießt, sich entwickelt und selbstständiger ausbildet. Dies ist der eigentliche und wahre Charakter, das Eigentümliche alles ersten Unterrichtes, in welchem Fache es auch sei.

So umfasst nun auch der erste Unterricht für Erdkunde eigentlich alle Keime und Knospen der Naturgeschichte und Naturkunde in ihren verschiedenen Verzweigungen. So wie dagegen wieder alle wahre und echte Erd- und

Naturkunde mir einem großen Natur- oder vielmehr Erdgemälde schließen muss, wie es ja auch von unsern vorzüglichsten Naturforschern und schon vor einigen Jahren noch durch Wilbrand und Rittgen für die gesamte Erdoberfläche geliefert worden ist.

Spaziergänge, Pflanzens-, Steins- und Tierkunde, so gering und schwach auch die Kenntnis der letztgenannten immer sein möge, sind die Einführenden, die Weg- weiser, eigentlich die Adern, welche aus dem bisherigen gesamten Kindes- und begonnenen Knabenleben in den ersten Unterricht für Erdkunde hinüberleiten.

Mit Pflanzen, Tierchen und Steinchen beschäftigt sich schon der kaum 4, 5jährige Knabe, er sammelt, er pflegt, er pflanzt sie, viele, sehr viele kennt er, und täglich erweitert sich seine Kenntnis derselben. Gänseblumen, Hahnenfüße, Schlüsselblumen. Schneeglöckchen, Veilchen, Ranunkeln mancher Art wachsen mit ihm herauf: Hasel- und Hollunderstöcke und Blüten sammelt er. Lerchen, Grasmücken, Eulen, Geier, Hasen, Eichhörnchen, alle diese und viele andere Feld- und Waldtiere sind Glieder in seinem Kinder- und Knabenleben. Mit Quellen und Bächen beschäftigt sich schon der beginnende Knabe, in Schluchten kriecht, in Täler und Gründe geht und auf Höhen steigt er, um dort die Wohnstätten der ihm bekannten Gegenstände der Natur aufzusuchen, um sie in ihrem ersten Naturstande zu finden, sie in ihres ersten, Naturleben zu sehen: das Maßliebchen wächst in der Ebene, die Frühlingsanemone auf dem Berge, die Schlüsselblume auf der Wiese, das Schneeglöckchen im Buchenhain: das Veilchen an gegen Mittag gelegenen Rändern und Hecken, das März- oder Leberblümchen an Rändern und in Hecken an der Mitternachtsseite: der Seidelbast in Hecken: die Erdbeere in freien Waldplätzen an den gegen Mitternacht liegenden Bergwänden: die Enziane, die Tollkirsche auf waldigen Anhöhen: die Nadelhölzer auf dem Bergrücken; Laubhölzer an niederen Bergwänden und auf kleineren Vorbergen; in Laubgehölz blühen Maiblumen, wie in Nadelholz die Preißel- und Heidelbeere: das Vergissmeinnicht an der Quelle, dem Bach; die Dotterblume im Sumpf; die Eller am Wasser, am Fluss. Die Eule, die Geier in den Felswänden des Berges, die Rehe an den mitternächtlich liegenden Bergwänden denn die gegen Mitternacht zu liegenden Berggehänge sind, wie sich der Schnee an ihnen länger hält, so auch feuchter, quellreicher, und darum mehr von der Natur grün und bewachsen als die nach Mittag gelegenen, welche im Gegenteil wegen des Einflusses der Sonne mehr von den Menschen bebaut sind.

Hier sind die Anhöhen aus Mergel und Thon: dort wird Lehm gegraben: dies sind Kalkberge auf jenem Hügel wird Gips gebrochen; jenes sind Sandsteinberge, wie weiter hin Schieferberge usw.: denn auf diesem sind die Schieferbrüche, wie in jenem Sandsteinbrüche, welche wiederkehrend bei kleineren oder größeren Spaziergängen besucht wurden.

so führt die einfachste Kenntnis der Naturgegenstände den Knaben in die Naturverhältnisse, in die Bedeutsamkeit und Wichtigkeit der Erdgestaltungsverhältnisse seiner Umgegend ein: Tal und Berg, Tiefe, Höhe und Ebene, Talboden, Bergfuß, Bergwand, Bergrücken: Schluchten und Felswände: die ganze Erdgestalt der nächsten Gegend bekommt Bedeutung des Lebens und Lebensausdruck, und weist immer weiter; wie die Quelle nach dem stillen verborgenen Tale und Grunde, so der Fluss nach dem hohen und fernen Gebirge. Das Tal zeigt die Verzweigung der Gewässer, wie die Höhe die Verkettung der Hügel und Berge: das Tal zeigt die Verästung der Neben- und Seitentäler, wie die Höhe die Verteilung der Berge. Die nahen Bäche und Flüsse verbinden sich mit fernen und ferneren, und die nahen Berge schauen nach andern näher und ferner ihnen verwandten Bergen. Was vom Berge, von der Höhe herab im Rundgemälde in offenbarer Verborgenheit vor dem Knaben liegt, möchte nun der Knabe seinen inneren wahren Verhältnissen nach kennen lernen; er wünscht und strebt umso bestimmter, diese Gegenstände in ihren wahren Verhältnissen zueinander kennen zu lernen, als er über die Verhältnisse der nahen Gegenstände klar ist; es wird ihn umso mehr treiben und mit Sehnen erfüllen, auch von den Naturverhältnissen in den fernen, blauen Bergen. und dem Leben und Treiben der Bewohner in denselben, ihren häuslichen, bürgerlichen und Lebensverhältnissen etwas zu wissen, als ihm in allen diesen Beziehungen seine nächste Gegend klar und durchschaulich ist und so ist der wahre Trieb für Erdkunde geweckt, und ihm entgegen zu kommen ist auch der Weg bezeichnet.

Das Lineare ist das am leichtesten Festzuhaltende, so wie überhaupt sich das am festen einprägt, was sich vorwaltend unter linearem Ausdruck darstellt; darum sind der sicherste und festeste Anknüpfungspunkt für den bestimmten ersten Unterricht der Erdkunde die Bäche, Flüsse: und welcher Ort läge nicht wenigstens an einem Quell oder kleinen Bache, oder doch mindestens in der Nähe desselben?

Auf größeren oder kleineren Spaziergängen oder absichtlich dazu bestimmten Ausflügen ins Freie, wo zuerst Bach und Fluss ab, oder Bach und Fluss auf gewandelt wird, wird der Knabe zunächst hingeführt, das Allgemeine und

Eigentümliche der Flüsse, Bäche aufzusuchen. Sie finden leicht auf, dass jeder Fluss eine Quelle, eine Mündung, einen Lauf hat, dass er ein Flussbett, und dass dieses Ufer, entgegengesetzte Ufer, von der Quelle zur Mündung ein rechtes und ein linkes Ufer hat, dass jeder Fluss oder Bach Krümmungen hat, und dass diese besonders wieder durch die Mündungen anderer Flüsse oder Bäche bestimmt werden. Die so ein- oder zufließenden Bäche oder Flüsse heißen am besten Nebenbäche oder Nebenflüsse, auch Zuflüsse: haben die Nebenbäche oder Nebenflüsse wieder Nebenbäche, so heißen diese am schicklichsten im Verhältnis zum Hauptbach oder Hauptfluss Seitenbäche, Seitenflüsse. Alle Gewässer, alle Bäche und Flüsse, welchen gleichsam (durch die Neigung, durch den Fall) geboten wird, ihre Wasser einem einzigen Bache oder Flüsse zu geben, bilden zusammen ein Flussgebiet dieses Baches, Flusses usw.

so klein auch der Bach oder Fluss sei, an welchem der Wohnort von Knaben liege, so kann doch durch denselben, oder wenigstens durch seine Verbindung mit dem nächsten Hauptbache den Knaben deutlich gemacht werden, dass ein Flussgebiet einen Hauptfluss (oder Bach) und Nebenflüsse (oder Bäche) habe, rechte Nebenflüsse (oder Bäche), welche ihre Mündung in den rechten Ufern haben, und linke Nebenflüsse (oder Bäche), welche ihre Mündung in den linken Ufern haben; weiter rechte und linke Seitenflüsse (oder Bäche); je nachdem sie sich in rechte oder linke Nebenflüsse (oder Bäche) münden. (Fortsetzung folgt.)

Dis Erzieher der Menschen.

Viel sind des Menschen Erzieher: — die Natur. andere Menschen als Einzelerzieher, er, der Mensch selbst, das Leben, die Welt, das Geschick, und durch diese Gott — Wohl dem Menschen, wenn unter diesen seinen Erziehern kein äußerer, noch weniger innerer Widerspruch herrscht, wenn jeder folgende dieser seiner Erzieher ihn von den vorhergehenden vorgebildet und entwickelt, d.h. jeder Stufe ganz entsprechend und genügend vorgebildet und entwickelt erhält; aber drei- und mehrfaches Wohl und Heil ihm, wenn er für alle diese Erziehenden, ihre verschiedenen Erziehungsweisen und Erziehungszwecke, die Einigung, das Eine Ziel in sich selbst, in seinem inneren, seinem Gemüte findet!

„Die Erziehung der Alten", sagte Montesquieu, „hatte noch besonders den Vorteil vor der unsrigen, dass sie sich niemals widersprach. So bleiben ihre

Zöglinge sich gleich in Allem von dem Alter an, wo sie ihren Unterricht empfingen, bis zu dem letzten Jahre ihres Lebens."

„Heut zu Tage empfangen wir drei verschiedene oder vielmehr entgegengesetzte Arten von Erziehung — die unserer Väter, die unserer Lehrer, und die der Welt. Die letztere reißt gewöhnlich nieder, was die ersteren aufbauten."

Die Erziehenden Familien.

Wochenblatt für Selbstbildung und die Bildung Anderer.

Sonnabend — 14 — den 8. April 1826.

herausgegeben von Friedrich Wilhelm August Fröbel.

Der Unterricht für Erdkunde. (Fortsetzung.)

So wie jeder Bach oder Fluss eine Quelle und eine Mündung hat, so lässt sich auch bei jedem Bache oder Flusse von der Quelle bis zur Mündung eine gerade Richtung denken: diese gedachte Richtung ist die Hauptrichtung des Baches oder Flusses. Außerdem hat aber jeder Bach oder Fluss mehr oder minder viele Krümmungen sie werden meistenteils am besten bestimmt und festgehalten durch gerade Richtungen, welche man von der Mündung eines Zuflusses zu der Mündung des nächsten Zuflusses zieht. Diese Richtungen sind die Nebenrichtungen des Baches oder Flusses, sie unterscheiden sich wieder in Quellrichtung: die erste Richtung des Flusses oder Baches von seiner Quelle bis zum ersten bedeutenden Zuflusse dann in die Mündungsrichtung des Flusses oder Baches: es ist dies die letzte Richtung desselben von dem letzten bedeutenden Zufluss bis zur Mündung.

Alle zwischen der Quelle und der Mündungsrichtung des Flusses oder Baches liegenden Nebenrichtungen heißen Flussrichtungen. Bei dem Wasser selbst ist es wichtig, den Knaben die natürliche Beschaffenheit desselben beachten zu lassen: ob es trübe oder klar: ob es langsam und schleichend, oder rasch und eilend fließe: ob der Flussgrund schlammig, sandig oder steinig, ob die Ufer flach und sanft, oder tief und steil sind usw. In Beziehung auf den Ursprung, ob es Berg- oder Talwasser, Wiesen- oder Feldwasser sind usw.

Die Quellen selbst können bestimmt einfach, oder bestimmt und unbestimmt mehrfach sein: im ersteren Falle namentlich Gabelquellen, wenn der Name des Flusses erst nach dem Zusammenfluss von zwei Quellbächen eintritt.

Auch die Mündungen können bestimmt einfach oder mehrfach sein.

Bei sehr bestimmten und in die Augen fallenden Verhältnissen der Lage können auch die Flüsse besonders beachtet werden, die unter sich gleichlaufend oder die unter sich gleichgerichtet sind.

Gleich der Verzweigung der Gewässer finden die Knaben auch leicht die Verzweigung der Täler. Der Wohnort liegt im Hauptthale, rechts und links von demselben die Nebentäler. Von diesen geht es in die Seitentäler, in welche sich auch bei großer Verzweigung noch Gründe, die letzten Talverzweigungen, öffnen. Jedes Tal hat seinen Anfang, sein Ende, seine Öffnung und seinen Schluss, und darum auch seine Richtung, seine Haupt- und Nebenrichtungen. Weiter ist das Tal flach oder tief, breit oder schmal, lang oder kurz. Besondere Formen der Täler sind wohl Gabeltäler. Muldentäler (ähnlich der langen Hälfte eines Eies, einer Mulde), Kesseltäler. Noch sind der Talboden oder Talgrund und die Talwände zu beachten. Die Talwände fallen mit den Bergwänden und den Bergfüßen in eines zusammen. Der Talgrund ist in Rücksicht seiner Neigung eben, ansteigend, Steil, und so die Täler selbst.

Auch kann bei den Tälern wieder ihre gegenseitige Lage betrachtet werden, als gleichlaufend, gleichgerichtet usw., welche Betrachtung zu mancher Kenntnis von der Bildung der Oberflächengestalt der Erde führen kann.

Wie die Täler in ihren verschiedenen Verhältnissen zu einander als verschieden erscheinen, so sind sie auch verschieden in Beziehung auf ihr Verhältnis zu den Bergen: Längstäler, wenn sie mit dem Gebirge gleich laufen: Quertäler, wenn die Täler senkrecht gegen das Gebirge und in dasselbe einlaufen.

An die Täler schließen sich die Betrachtungen anderer Erdvertiefungen an: Klüfte, Schluchten, Höhlen. Erdfälle.

Von den Vertiefungen, den Tälern, geht die Betrachtung zu den Höhen, den Bergen empor, wie der Mensch von den Tälern hinauf nach den Bergen steigt. Zuerst treten des Berges Teile der Beachtung entgegen: der Bergfuß, die Berggehänge oder Bergwände, der Berggipfel: hier die Bergspitze oder Bergebene.

Die Neigung, sowohl des Bergfußes als der Bergwand, bestimmt der Knabe leicht, indem er sie selbst besteigt, als flach, lehne, steil, oder wenn sie zu besteigen unmöglich sind, als schroff, jäh, senkrecht, wenn die Bergwand fast senkrecht ist usw.

Die Form der Bergwand ist entweder gerade fortlaufend oder unterbrochen: treppenartig oder wellig usw. Die Oberfläche derselben ist bewachsen oder unbewachsen, und dann entweder fest oder bröcklig und rollig oder steinig und felsig usw., alles dies finden die Knaben leicht. Ebenso, dass die Gipfel der Berge ihrer Form nach entweder spitz oder rundlich, kuppig oder platt, auch wohl vertieft in verschiedenen Graden sind. So wie auch die gesamte Form der Berge, als Spitzberge. Kegelberge, Kuppelberge, Sarg- und Tafelberge. Je mehr der Formensinn der Schüler geweckt und das Auge derselben dafür gebildet ist, umso mehr finden sich später diese Formen-bezeichnungen durch sich selbst, und es können diese Bestimmungen im fortlaufend sich erweiternden Unterrichte nachgeholt werden: so wie überhaupt der erste Unterricht sich nicht über das Anschauliche entfernen darf, sondern immer nur von demselben ausgehen und an dasselbe vergleichend anknüpfen muss.

Wichtiger als die Formenbetrachtung einzelner Berge ist ihre senkrechte Höhe, welche in drei verschiedenen Beziehungen gemessen und betrachtet werden kann: entweder von dem Grund und Boden des Wohnorts aus: oder von dem Wasserspiegel des nächsten bedeutenden und bekannten Flusses, endlich von der Meeresfläche aus.

Es ist für den ersten Unterricht höchst erfreulich, entwickelnd und belehrend, wenn man für die nächsten Berge, wenigstens für einige derselben diese dreifache Bestimmung hat, denn die Höhe des Berges von der Meeresfläche aus ist für den Knaben beim beginnenden erdkundlichen Unterricht etwas schwierig Anschau- bares. Auch bei der künftigen Bestimmung der Bergeshöhen ist es wesentlich, immer zugleich die Höhe des Wasserspiegels des nächsten bedeutenden Flusses oder Tales, oder zuletzt bewohnten Punktes, über die Meeresfläche mit anzugeben, weil sonst die Schüler ganz falsche Begriffe von den beziehungsweisen Höhen der Berge bekommen.

Noch wichtiger als die Einzelanschauung der Höhen und Berge ist die Betrachtung ihrer Verknüpfungen und Verkettungen. Von der Höhe, auf welcher wir nun mit dem Schüler stehen, überschauet er Hügel an Hügel gereiht, Hügelreihen, Berge an Berge gekettet, Gebirge, Bergketten, Höhen sich an Höhen, und Gebirge mit Gebirgen fortziehend, Höhenzüge und Gebirgszüge. Jede beziehungsweise Erhöhung weiset den Wassern, den Quellen einen verschiedenen Lauf an, Wasserscheiden. Keinesweges ist jede Wasserscheide ein Berg oder Gebirge, wie nicht jedes Gebirge, jeder Gebirgszug, als ein Ganzes angeschaut, notwendig auch wasserscheidend ist, indem es oft vom Wasser durchbrochen erscheint.

Die Verknüpfung der Berge zu Gebirgen geschieht durch Gebirgsjoche: liegen die verknüpften Berge in dem Hauptgebirgszug, durch Hauptjoche, liegen sie in Nebenzügen, durch Nebenjoche: denn die Gebirge zeigen sich in sich wieder als ein gegliedertes Ganzes: Stockgebirge: wenn die Verästung der Zweige gleichsam von einem mittleren Hauptpunkte, dem Gebirgs-Stocke ausgeht: Längsgebirge, wenn die Verästung der Gebirge gleichsam von einem Gebirgsstamme ausgeht. Die durch Hauptgebirgsjoche verbundenen höchsten Berghöhen bilden den Bergrücken, den Gebirgskamm. Von dem Gebirgskamm laufen die Gebirgsäste / Gebirgsarme, und von diesem die Gebirgszweige aus, sie endigen sich in Vorberge. Diese und die noch übrigen wichtigeren oder weniger wichtigen Verhältnisse werden dem Schüler nach und nach im Fortgang und in der Erweiterung des Unterrichtes vorgeführt: doch müssen zwei wesentliche Rücksichten dabei nie aus den Augen gelassen werden: erstlich nie über die Nähe hinaus und in die Ferne zu gehen, bis das Nahe bekannt und klar ist, dann das Ferne, Unbekannte an das Nahe, das Bekannte anzuknüpfen. Stetig führt folgender Weg dahin.

Lehrer und Schüler befinden sich nun auf einer Anhöhe, einem Berge: vor und unter ihnen und um sie liegt die ganze Gegend wie in einem Rundgemälde: größer oder kleiner ist der Gesichtskreis, den sie um- und überschauen, vielfach sind die Gegenstände, die er umfasst, der Lehrer lässt sie nochmals seinen Schülern vor ihren Blicken vorüberführen: zu den bekannten Naturgegenständen, und besonders zu den Gegenständen der Erdoberfläche kommen noch Gegenstände des menschlichen Schaffens und Bauens, namentlich die Wohnungen der Menschen: Städte, Dörfer usw.

Alle diese Gegenstände stehen in den mannigfaltigsten Verhältnissen der Lage und Richtung teils zu den Beachtenden, teils unter sich. Nur insofern, als es möglich ist, sich von diesen verschiedenen Legen- und Richtungs- verhältnissen selbst klare Rechenschaft zu geben, und sie sich zur bestimmten klaren Anschauung und zu solchem Bewusstsein zu bringen, ist es auch möglich, sie in ihrem gegenseitigen Wechselverhältnisse und in dem Verhältnisse zu den Beachtenden fest zu halten.

Die Verhältnisse aller Gegenstände der Erdoberfläche zu einander sind aber ruhende, feste, bleibende sie können darum auch nur bestimmt und festgehalten werden durch Vergleichung, durch Anknüpfung an ein Ruhendes, Festes, Bleiben- des. Dasjenige Bleibende, Feste aber, mit dem alle Erdoberflächengegenstände zur Erkennung und Festhaltung ihrer gegenseitigen Lage zu vergleichen sind, muss notwendig ein allgemein Wahrnehmbares, und außerhalb allen Gegenständen der Erdoberfläche Liegendes sein. Es müssen notwendig Bestimmungen (Punkte. Gegenden) im oder am Gesichtskreise (Horizonte) sein, durch welche nur einzig die Richtungs- und Lagenverhältnisse der Gegenstände unter sich und zu den Beachtenden zu bestimmen sind.

Zwei Erscheinungen sind in Beziehung auf den Gesichtskreis, auf das scheinbare Rund der Gesichtsfläche, fest und bleibend: einmal, dass die Beachtenden immer im Mittelpunkte dieses Gesichtskreises zu stehen scheinen: dann, dass die Sonne in bestimmten Tageszeiten immer einen bestimmten Stand zu gewissen Gegenden des Gesichtskreises hat, so geht z. B. die Sonne vom Mittelpunkte des Gesichtskreises aus immer am Morgen in einer bestimmten Gegend des Gesichtskreises auf: so geht sie von demselben Mittelpunkte aus in einer bestimmten Gegend des Gesichtskreises immer am Abend unter: in einer andern Gegend des Gesichtskreises steht sie immer Mittags: so wie sie in einer andern Gegend des Gesichtskreises von uns nie bemerkt wird, und für die Sonne in dieser Gegend gleichsam immer Abwesenheit der Sonne, oder Nacht ist. Ebenso lassen sich noch dazwischen liegende Gegenden und so im Ganzen acht verschiedene Gegenden am Gesichtskreise bestimmen: nämlich die Morgengegend, die Vormittagsgegend. die Mittagsgegend, die Nachmittagsgegend, die Abendgegend, die Vormitternachtsgegend, die Mitternachtsgegend, die Nachmitternachtsgegend, und wieder die Morgengegend.

Lehrer und Schüler versuchen nun mehrfach die Richtung und die Lage der Gegenstände der Erdoberfläche danach zu bestimmen, und sie finden bald, wie wenig scharf und genügend diese Bestimmung der Lage und Richtung der Gegenstände nach Gegenden ist. Die Bestimmungen und Richtungen vieler Gegenden, welche doch scharf und als verschieden voneinander betrachtet und erkannt sein wollen, fallen in eine Gegend zusammen: es müssen darum schärfere Bestimmungen aufgesucht werden, und diese geben die Punkte. Wie können wir sie aber der Fassungskraft der Knaben dieses Alters (8-9 Jahren) angemessen bestimmen?

Leicht sind diese zu der wiederkehrenden Bemerkung hinzuführen: dass die Sonne jederzeit mittags über einem bestimmten Punkte des Gesichtskreises am höchsten steht: dass die Sonne bis zu diesem Punkte steigt, von diesem Punkte an aber immer sinkt. Diesen Punkt bezeichnet der Knabe leicht sich selbst verständlich als Mittagspunkt.

Von dem Mittagspunkte bis nach dem Mittelpunkte des Gesichtskreises lässt sich leicht eine gerade Linie denken und ziehen, und diese Linie lässt sich leicht in Gedanken bis an den entgegengesetzten Punkt des Scheinbaren Gesichtskreises verlängern wo diese verlängerte Linie den Gesichtskreis berührt, ist der Mitternachtspunkt. Durch diese gedachte gerade Linie ist der Scheinbare Gesichtskreis in zwei ganz gleiche Teile oder Hälften geteilt, und diese Linie selbst wird festgehalten unter dem Namen Mittagslinie.

Diese Bestimmungen müssen aber von den Schülern nicht allein als Anschauung, sondern auch im Begriffe und Worte festgehalten werden, so der Mittagspunkt: als der Punkt am Gesichtskreise, über welchem die Sonne jederzeit Mittags am höchsten stehet: der Mitternachtspunkt: als der Punkt am Gesichtskreise, welcher von dem Mittagspunkte aus denselben in zwei gleiche Teile teilet, oder als der Punkt am scheinbaren Gesichtskreise, in welchem ihn eine Linie trifft, welche vom Mittagspunkte durch den Mittelpunkt des Gesichtskreises bis nach der anderen Seite des Kreises gedacht wird.

Diese Bestimmungen müssen mehrmals und wiederkehrend von den Schülern durchgesprochen werden.

Die beiden Hälften des scheinbaren Gesichtskreises werden unterschieden als die Morgenhälfte und die Abendhälfte.

Zur Bestimmung der nächsten zwei Punkte kann man auf verschiedenen Wegen gelangen. Die einfachste Weise ist wohl die: Teile die Morgenhälfte des Gesichtskreises in zwei gleiche Teile, so bezeichnet der Teilungspunkt den Morgenpunkt: der Morgenpunkt ist also der Punkt am Scheinbaren Gesichtskreise, welcher zwischen dem Mittags- und Mitternachtspunkt in der Mitte liegt gegen Aufgang der Sonne.

Auf ganz gleiche Weise wird der Abendpunkt bestimmt und festgehalten.

Die Festhaltung dieser vier Punkte: der Morgenpunkt, der Abendpunkt, der Mitternachtspunkt, wird viel geübt, und zu diesem Ende ihre gegenseitigen Verhältnisse mannigfach angeschaut und ausgesprochen. So z. B., dass die Entfernung von einem zum andern gleich ¼ des scheinbaren Gesichtskreises beträgt: dann, dass der Morgen- und Abendpunkt den Gesichtskreis ebenso in 2 gleiche Hälften teilt, wie der Mittags- und Mitternachtspunkt: weiter, dass sich vom Morgen- zum Abendpunkt eine gerade Linie denken lässt, welche gerade durch die Mitte des Gesichtskreises geht und auf der Mittagslinie senkrecht steht.

Wesentlich wichtig ist, die gleichsam zusammengehörigen, oder sich in einer Linie gegenüber liegenden Punkte gleich nach einander anzugeben. Überhaupt muss die Anwendung und der Gebrauch dieser vier Bestimmungen ganz eingeübt sein, ehe weiter gegangen werden darf.

Die Bestimmung der nächsten vier Punkte ist leicht:

- der Vormittagspunkt ist der Punkt am Gesichtskreise. welcher zwischen dem Morgen- und Mittagspunkte in der Mitte liegt:
- der Nachmittagspunkt liegt zwischen dem Mittags- und Abendpunkte in der Mitte
- der Vormitternachtspunkt liegt in der Mitte zwischen dem Abend- und Mitternachtspunkte: so wie
- der Nachmitternachtspunkt in der Mitte zwischen dem Mitternachts- und Morgenpunkte.

Alle diese Punkte sind unter sich ¼ des Scheinbaren Gesichtskreises entfernt, und von jedem der zu beiden Seiten zunächst liegenden Punkte 1/8tel des scheinbaren Gesichtskreises.

War es schon nötig, die genannten ersten vier Bestimmungen vielseitig zu üben und in Anwendung zu bringen, und vielseitig anzuschauen und auszusprechen, so ist dies nun noch mehr bei diesen acht nötig. Und es darf in der Vermehrung der Bestimmungen schlechterdings nicht weiter fortgeschritten werden, bis die Bestimmung und Anwendung dieser acht ganz geläufig ist. Doch dazu zeigt sich durch die Sache selbst sogleich eine neue Gelegenheit.

Bis jetzt wurden die Gegenden und Bestimmungen mit Ausdrücken des gemeinen Lebens bezeichnet, um sie dadurch mehr in ihrem Leben auszufassen und wieder ins Leben einzuführen. Allein diese Benennungen sind für den weiteren Gebrauch zu vielgliedrig, zu schwerfällig, und ihre weitere Anwendung würde, wenn man sie versuchen wollte, noch schwerfälliger werden, darum werden nun die bekannteren kürzeren Kunstausdrücke ausgenommen und den Schülern erklärt:

O. Ost - Morgenpunkt, S-O. - Südost — Vormittagspunkt,

S. - Süd — Mittagspunkt, S-W. Südwest -- Nachmittagspunkt.

W. - West – Abendpunkt, N-W. - Nordwest – Vormitternachtspunkt

N. - Nord — Mitternachtspunkt, N-O. - Nordost - Nachmitternachtspunkt.

Zur Einübung der Ausdrücke zunächst sind die Fragen wichtig, z. B. "Was oder welcher Punkt liegt S-O entgegen?" „Was liegt gegen über?" Dann: "Wie viel Teile des Gesichtskreises liegen zwischen S-O und S-W?"—

Doch sind diese Bestimmungen noch leicht, gut ist es, wenn sie wenigstens viel im Freien und immer mit Bezeichnung der Richtungen durch die Arme oder durch Stöcke geübt werden.

Um dem Auge und Gedächtnisse zu Hilfe zu kommen, ist es gut, den Schülern die Aufgabe zu machen, sich Gesichtskreise (diese Namen gaben die Knaben, welche auf diese Weise zuerst unterrichtet wurden, der Zeichnung selbst) mit den Bestimmungen der Himmelsgegenden zu zeichnen.

Leicht fällt es in die Augen, doch kann man es sich von den Schülern herausheben lassen: — dass von den 4 Hauptbestimmungen jede nur einwortig, und zugleich nur eingliedrig ist: dass dagegen die nächste untergeordnete oder Zwischenbestimmung zweiwortig, oder zweigliedrig ist: und endlich, dass die Namen der Zwischenbestimmungen immer mit den Namen der beiden Hauptbestimmungen S oder N beginnen. Dem Gedächtnis und der Auffassungskraft, dem noch schwachen jugendlichen Geiste durch solche Erleichterungsmittel zu Hilfe zu kommen, ist billig: doch überwinden die Anschauung, Anwendung und Darstellung im Freien die ersteren Schwierigkeiten leicht.

Ist das Bisherige gut eingeübt, so fällt auch das nun Folgende nicht schwer. Lehrer und Schüler finden gemeinsam bald, dass die 8 Verhältnisse zur scharfen Bezeichnung aller Lagen und Richtungs- Verhältnisse der Erdoberflächengegenstände lange nicht hinreichend, sondern dass noch Zwischenbestimmungen nötig sind.

Die Ausdrücke des gemeinen Lebens fallen nun wegen ihrer Schwerfälligkeit ganz weg. und die Bezeichnung der neuen Bestimmungen durch die Kunstausdrücke ist so leicht, wie die Bestimmungen selbst leicht zu machen sind, indem die neuen Bestimmungspunkte stets in der Mitte liegen zwischen den schon festgestellten Bestimmungen, also: zwischen Ost und Südost Ostsüdost (OSO), zwischen Süd und Südost Südsüdost (SSO). zwischen Süd und Südwest - Südsüdwest (SSW), zwischen West und Südwest Westsüdwest (WSW), zwischen West und Nordwest Westnordwest (WNW), zwischen Nord und Nordwest — Nordnordwest (NNW), zwischen Nord und Nordost Nordnordost (NNO), zwischen Ost und Nordost Ostnordost (ONO).

Auch diese Bestimmungen müssen notwendig wieder erst einzeln viel und bis zur Geläufigkeit geübt werden. Besonders müssen die Schüler eine völlige Sicherheit besitzen, von dem einen Punkte aus den entgegengesetzten bestimmen zu können; sie werden dahin durch die Fragen geführt, z. B.:

"Was liegt SSO gegenüber? — (NNW)

Es gibt auch dafür äußere Erleichterungsmittel, welche zur schnelleren Auffassung, und besonders um Verwirrung zu vermeiden, hervorgehoben werden können: so liegen den Südrichtungen immer Nordrichtungen gegenüber, den Ostrichtungen Westrichtungen und umgekehrt, den einwortigen Bestimmungen einwortige, den zweiwortig-zweiwortige, z. B. NO-SW, den dreiwortig-dreiwortige, z. B. NNO-SSW.

Vor allem aber muss das Üben auch dieser Bestimmungen wenigstens zum Öfteren im Freien vorgenommen, und zugleich mit dem Zeigen durch ausgestreckte Arme bezeichnet werden, auch besonders anfangs mit nach Süden gekehrtem Gesichte, so dass dann die streng in der Brustlinie ausgebreiteten Arme genau nach Ost und West zeigen usw. usw. Alles dies ist sehr zu beachten, indem von der Sicherheit in der Bestimmung, Anschauung und Auffassung, in der immer lebendigen Vergegenwärtigung der Himmelsgegend, der gute Fortgang des ferneren erdkundlichen Unterrichtes ganz wesentlich abhängt.

Die bis jetzt festgesetzten Bestimmungen folgen nun vom Sonnenaufgang an so aufeinander, und müssen auch in dieser Aufeinanderfolge vor- und rückwärts geübt werden:

O. oso. SO. sso. S. ssw. SW. wsw.

W. wnw. NW. nnw. N. nno. NO. ono. O.

so bedeutend nun auch schon die Anzahl dieser Bestimmungen erscheint, so zeigt doch eine nur mäßige Anwendung dem Schüler, wie wenig sie noch zur genaueren Bestimmung der Lagen und Richtungsverhältnisse der Erdgegen- stände genügend hinreichend sind. Er wird, so geführt, nun selbst leicht auf den Gedanken kommen, den schon vorhandenen Bestimmungen dadurch noch größere Schärfe zu geben, dass zwischen den schon bestehenden Richtungspunkten noch neue festgesetzt werden. Die Bezeichnung der dadurch entstehenden 16 neuen Bestimmungen ist leicht und einfach: sie wird von den ersten 8 bestehenden Hauptbestimmungen hergenommen, mit Angabe der Neigung nach einer der ersten 4 Grundbestimmungen, also:

von Süd aus: — Süd gen Ost, Süd gen West; von Nord aus: — Nord gen Ost. Nord gen West; von Ost aus: Ost gen Süd, Ost gen Nord; von West aus: West gen Süd, West gen Nord;

auf ganz gleiche Weise von den vier anderen Zwischenbestimmungen aus, so dass die sämtlichen Bestimmungen in ihrer Folge von Ost aus nun diese sind: O. – o. gen s. -oso. So. gen o – SO. – so. gen s. – sso. – s. gen o. – S. – s. gen w. – ssw. -sw.

gen s. – SW. – sw gen w. – wsw. – w. gen s. – W. – w. gen n. – WNW. – nw. gen w.

– NW. – nw. gen n. – NNW. N. gen w. – N. – n. gen o. – nno. NO. gen n. NO. NO. Gen o. – ONO. – o. gen. N. – O.

Sind die früheren 16 Bestimmungen gut, geläufig und sicher eingeübt worden, so fällt es dem Schüler auch nicht schwer, diese hinzugekommenen 16 neuen Bestimmungen scharf anzuschauen und mit Sicherheit festzuhalten: so wie es ihm nun leicht werden wird, die etwa zu noch genauerer Bestimmung nötigen Beziehungs- und Richtungspunkte durch abermaliges Teilen der zuletzt erhaltenen Teile des Gesichtskreises in Halbe oder wohl gar Viertel zu bestimmen.

Die Einübung und die richtige Anwendung dieser Richtungsbestimmungen ist der Hauptpunkt des begründenden erdkundlichen Unterrichtes, und das unumgehbare Mittel zur freitätigen Auffassung und freitätigen Selbstdarstellung größerer oder kleinerer Teile der Erdoberfläche, mit dem geringsten, einem Jeden zugänglichen, einem Jeden besonders auf der begonnen Knabenstufe anwendbaren Mittel. (Fortsetzung folgt.)

Theano, die Gemahlin des Pythagoras, an Eubule.

„Ich höre, du ziehest deine Kinder gar zu zärtlich auf. Dein Wille ist, eine gute Mutter zu sein, aber, meine Freundin, die erste Pflicht einer guten Mutter ist, nicht so wohl, dafür zu sorgen, dass sie ihren Kindern angenehme Empfindungen verschaffe, als sie so früh als möglich an das, was die Grundlage jeder Jugend ist, an Mäßigung und Bezähmung der sinnlichen Begierden zu gewöhnen. Du hast dich also wohl vorzusehen, dass die liebende Mutter nicht die Rolle einer Schmeichlerin bei ihnen Spiele.

Kinder, die von ihrem zartesten Alter an wohllüstig und verzärtelt erzogen worden sind, müssen notwendig unvermögend sein, dem Reiz der Sinnenlust, der so mächtig auf sie wirkt, jemals widerstehen zu können. Es ist demnach Pflicht, meine Liebe, sie so zu erziehen, dass ihre Natur keine verkehrte Richtung bekomme, welches geschieht, wenn die Liebe zum Vergnügen in ihrer Seele die Oberhand gewinnt, und ihr Körper gewöhnt wird, immer angenehme Gefühle zu verlangen. folglich dieser übermäßig weichlich und reizbar, jene eine Feindin aller Arbeit und Anstrengung werden muss. Daher ist nichts nötiger, als dass wir unsere Zöglinge in demjenigen am meisten üben, wovor sie sich am meisten scheuen, wenn sie gleich traurige Gesichter dazu machen und ihnen wehe dabei geschieht: es gibt kein besseres Mittel, zu machen, dass sie, anstatt Sklaven ihrer Leidenschaften und ebenso verdrossen zur Arbeit als nach Wohllust und Gefühl des Annehmlichen gierig zu werden, eine frühzeitige Hochachtung für das, was schön und edel ist, bekommen und jener sich enthalten, diesem hingegen sich ergeben lernen." W. W.

Stimmen Verstorbener

Erziehen heißt, ein Fundament legen, wo unter der Erde gearbeitet wird, und von dem, ob es gleich das ganze Gebäude trägt, außer der Erde nichts zu sehen ist.

Die Erziehenden Familien.

Wochenblatt für Selbstbildung und die Bildung Anderer.

Sonnabend — 15 - den 15. April 1826.

herausgegeben von Friedrich Wilhelm August Fröbel.

Der Unterricht für Erdkunde. (Fortsetzung.)

Die mathematischen, physikalischen und astronomischen Bestimmungen der Mittagslinie usw. Sind auf dieser Stufe nicht nur ganz entbehrlich, sondern sie sind sogar den Zweck: wirkliche Kunde der nächsten Umgebung der Schüler hemmend wie im Gegenteil nach sehr vieljähriger Erfahrung der entwickelte Lehrgang in die klare Einsicht jener höheren abgezogeneren Bestimmungen einführt.

Wie bei der begonnenen Betrachtung der Umgegend die Gegenstände der Erdoberfläche nur in allgemeinen Verhältnissen und Beziehungen zu einander aufgefasst wurden, so können sie nun durch Hilfe und Anwendung des angeeigneten Mittels in besonderer und schärferer Beziehung und solchen Verhältnissen zu einander aufgefaßt und angeschaut, und so die Einzelanschauungen zu einer überschaubaren Gesamtanschauung erhoben werden.

Der Bach oder Fluss, an welchem oder in dessen Nähe der Wohnort der Schüler liegt, kann von seiner Quelle bis zur Mündung, also seiner Hauptrichtung nach überschaut werden. Diese Hauptrichtung werde bestimmt. Sie gehe nun von W nach O, oder habe irgendeine andere Richtung.

In verschiedenen Krümmungen aber windet sich der Bach, der Fluss von der Quelle bis zur Mündung, und verschieden sind die dadurch bestimmten Nebenrichtungen: bald sich mehr nach Norden, bald sich mehr nach Süden wendend. Diese Richtungen sucht der Lehrer von seinen Schülern, mit denselben den Bach oder Fluss entlang wandelnd, so genau als es möglich ist, auf den Grund der früheren Übungen zu bestimmen. Diese Richtungen suchen sich die Bestimmenden möglichst einzuprägen und festzuhalten. Die Länge der Richtungen wird mit anderen früher bestimmten Längen vergleichend geschätzt, als 1, 2 oder 1 ½-mal so groß usw., und dann genauer durch die Zahl der in gerader Linie zurück gelegten Schritte bestimmt.

Trifft der zu betrachtende Weg die Mündung eines Nebenbaches, so wird auch dieser sowohl seiner Haupt- als seinen Nebenrichtungen nach aufzufassen gesucht. Gut ist es, den zurückgelegten Weg von Zeit zu Zeit von Anhöhen oder sonst dazu günstigen Punkten aus zu überschauen, und ihn überblickend gleichsam nochmals zurückzulegen.

So bekommt der Schüler bei mehrmaliger Wiederholung dieser lehrenden Spaziergänge ein klares netzartiges Bild der Umgegend in seine Seele, in und an welche sich die räumlichen Verhältnisse der übrigen Gegenstände der Erdoberfläche leicht einordnen.

Wie die Fluss- oder Gewässerrichtungen, so werden auch die Längsrichtungen der Bergrücken und Hügel reichen, wenn sich Solche in der Nähe des Wohnortes der Schüler befinden, oder doch wenigstens die Längsrichtungen der Wasserscheiden bestimmt, und die Verästungen und Verzweigungen der etwa nahen Gebirge und Gebirgszüge aufgefaßt. Obgleich die Richtungen der Gebirgsäste und Verzweigungen überhaupt nicht so streng linear sind, wie die der Flüsse, so werden sie und ihre Lagen doch schon durch die netzartige Verknüpfung der Gewässer aufgefaßt und bestimmt, wenn auch keinesweges der Lauf der ersteren mit dem Laufe der letzteren genau übereinstimmt, sondern im Gegenteil, wie es fast in jedem Flussgebiete der Fall ist, in senkrecht entgegengesetzter Richtung laufen. Die Lage der Berge selbst wird auch überdies noch durch die Quellen, die an ihren Füßen oder zu ihren Seiten quellen, bestimmt, oder durch das Verhältnis zu zwei oder mehreren Quellen, und so für das Gedächtnis festgehalten.

Wie die Berghöhen in Linienrichtungen aufgefaßt werden, so werden es auch die Täler und Talgründe, in welchen kein Wasser fließt.

Auch die Lage anderer für die Erdoberflächenkunde wichtigen Gegenden und Punkte wird nach ihren Verhältnissen zu dem Gewässer, zu den Mündungen, den Quellen, den Ufern usw. der Flüsse bestimmt, namentlich die Lage der Wohnorte der Menschen, und so zunächst des Wohnortes der Schüler, und dann der benachbarten, von irgend einem erhabeneren Punkte der nächsten Umgebung aus wahrnehmbaren Dörfer und Städte. So liegt ein Ort entweder unmittelbar an der Mündung eines bestimmten Flusses oder zwischen der Mündung zweier Nebenflüsse, und dann am rechten oder linken Ufer des Hauptflusses usw.

Es zeigt sich hieraus klar, wie jede folgende Bestimmung und die Festhaltung jedes folgenden Verhältnisses aus dem Festhalten und Bestimmen jedes früheren Verhältnisses gleichsam hervorwachsen, sich darauf gründet. Wie so der Schüler nach und nach zur Übersicht und Umschauung des Flächenumfanges, wenigstens eines bestimmten Teiles des Flussgebietes, in welchem sein Wohnort liegt, gelangt ist: so ist es sehr bildend und entwickelnd für denselben, ihm auch eine Um- und Übersicht der Gemeindeflur oder Feldmark seines Wohnortes zu verschaffen. Für diesen Zweck ist in mehreren Gegenden auf dem Lande, der lang hergebrachte Gebrauch, dass an den jährlichen ganzen oder teilweisen Flurumgebungen wenigstens ein Teil der Schulknaben Anteil nehmen muss. Ob sich dies gleich zunächst nur auf die Kenntnis der einzelnen Grenzpunkte bezieht, so leitet dies doch sehr bestimmt zur späteren Auffassung der Ländergrenzen, Ländergrößen usw., wie sich aus der ferneren Darstellung dieses entwickelnden Unterrichtes für Erdkunde vielseitig zeigen wird, indem nun der Schüler ein immer messbares, immer anschau- bares Maß für größere, fernere und nicht anschaubare Flächenverhältnisse in sich bekommt. Fänden darum auch in den Wohnorten der Schüler solche Grenzumgehungen der Fluren oder Gemeinheiten nicht statt, so sollte sich jeder Lehrer bemühen, seinen Schülern eine solche Kunde ihrer Ortsfluren zu verschaffen.

Ist nun so durch wiederkehrende Spaziergänge und durch zu diesem Zweck mit Bestimmtheit wiederholtes Wandeln ins Freie die Kenntnis der Umgegend seines Wohnortes dem Schüler lebendig, so wird er bei auch nur noch schwach entwickelter Zeichenfertigkeit und bei einer nur leisen Anregung dafür leicht dahin kommen, sich ein Bild, eine Zeichnung seiner Gegend zu entwerfen. An kaum achtjährigen Knaben zeigte sich dazu bestimmter Trieb.

Diesen so entwickelten Wunsch und Trieb des Schülers, sich zur klaren Übersicht ein Bild, eine Zeichnung seiner Gegend zu machen, nehme der Lehrer nun mit Bestimmtheit auf, wirke mit Bestimmtheit für dessen auf dieser Stufe möglichste Erreichung; denn es ist der Anfangspunkt der umfassenderen und allgemeineren Erd- und Länderkunde.

Von der so erreichten Darstellung und Kunde des Gebietes eines Seitenflusses schreitet der Unterricht fort zur Darstellung und Kunde des Flusses, in welchen jener sich mündet. Von der Darstellung und Kunde des Gebietes dieses Nebenflusses mit seinen ihm zugehörigen Zuflüssen steigt der Unterricht hinauf zur Darstellung und Kunde des Haupt-, Fluss- oder Stromgebietes, in welchen der zuletzt betrachtete und dargestellte Nebenfluss sich mündet.

Schon die Darstellung und Kunde dieses einen deutschen Stromgebietes in allen seinen Beziehungen lehrt einen großen Teil der Erdoberflächen-Verhältnisse kennen, und gibt Kunde eines bedeutenden vaterländischen Landstriches.

Weiter schreitet der Unterricht von der allseitigen Darstellung und Kunde eine- Stromgebietes zur Darstellung und Kunde aller Stromgebiete deutscher Flüsse empor, und so zur allseitigen Darstellung und Kunde aller Stromgebiete des Europäischen Festlandes.

Von hier aus tut die Erdkunde den letzteren Schritt, den zur Darstellung und Auffassung der ganzen Erdoberfläche, und beginnt hier zuerst mit der Darstellung und Kunde der östlichen Hälfte der Erde, oder der sogenannten alten Welt, und schließt mit der Darstellung und Kunde der westlichen Hälfte, der sogenannten neuen Welt, oder Amerika.

Indem gerade Linien sowohl an sich als auch in ihren Verbindungen und Verhältnissen am leichtesten aufzufassen und darzustellen sind, so geschehen alle ersteren Darstellungen in geraden Linien.

so ist nun die Kunde der natürlichen Beschaffenheit der Erdoberfläche und in ihrem Wechselverhältnis zu dem Menschen beendet. Ein zweifaches tritt nun zunächst noch bei dieser Flächenbetrachtung der Erdoberfläche entgegen: es ist dies die genau Kunde einmal der Größenverhältnisse der Länder oder gewisser Landstriche zu einander: dann die der verhältnismäßig größeren oder geringeren Bevölkerung dieser Landstriche.

Die Kenntnis dieser beiden Verhältnisse ist besonders wichtig, weil von ihnen weitere Schlüsse auf den inneren Zustand des Landes und der Menschen gemacht wer- den können, welcher sich nicht durch Formendarstellung anschaulich machen lässt.

Der Lehrgang zur Erreichung dieser Doppelkenntnis ist ganz einfach dieser:

Zuerst wird die ganze Erdfläche als Einheit und ein Raum, und Wasser und Land im gegenseitigen Verhältnisse angeschaut und dargestellt.

Nun wird ebenso wieder der gesamte Flächenraum alles Landes der Erdoberfläche als Einheit in einem Raume dargestellt und angeschaut, und das gegenseitige Verhältnis der Teile unter sich und zu der ganzen Landstriche der Erde.

Weiter werden bei jedem einzelnen Erdteile wieder die Verhältnisse einzelner Landstriche unter sich und zum ganzen Erdteile dargestellt und angeschaut, und zwar bei den ferneren Landteilen mehr in natürlichen Abteilungen, bei unserm Erdteile Europa hingegen das Erdflächen- oder Landesverhältnis der einzelnen Lande.

Mehr noch in das Einzelne gehend werden diese Verhältnisse für die Länder deutscher Zunge, für das deutsche Land im weitesten Sinne durchgeführt, und die Größenverhältnisse der einzelnen Staaten desselben, sowohl unter sich als zum gesamten deutschen Lande, darstellt und angeschaut.

Für ein besonderes Verhältnis wird herabgestiegen bis zu Thüringen, wie es noch jetzt im Munde des Volkes und in der Geschichte dasteht.

Bei allen diesen Betrachtungen und Darstellungen wird dann immer die Anzahl der Bewohner, sowohl im Ganzen als im Verhältnis zur (Quadrat)-Meile, angegeben. Das Darstellungs- und Anschauungsmittel für alle dieser Verhältnisse ist nicht die Linie, sondern die Fläche, und zwar die stets in sich geschlossene, die Kreisfläche.

so ist nun einmal der gesamte Kreis der Erdkunde von dem Schüler ganz durchlaufen, und er findet sich wieder an derselben Stelle und auf demselben Punkte, von wo er ausging. Aber durch den Lehrgang, welchen er ging, für alles Maß, für Alles Bild und Anschauung, Selbstgeschaffenes, selbstdargestelltes Bild in sich tragend. Und er kann sich so nun alles Angeschaute und Aufgefasste in ein großes Natur-, Erd- und Menschen-gemälde zusammenfassen, und mehrere Fragen, ein mehrseitiges Streben entsteht nun in seiner Seele.

Zuerst ist dem Schüler nun so der große Welteinfluss, namentlich der Einfluss des Wechselverhältnisses zwischen Sonne und Erde auf die Gestalt und den Lebensdruck der Erdoberfläche gleichsam durch die Selbsterfahrung klar geworden, er wird nun wünschen, das Weltverhältnis, zuerst besonders das Wechselverhältnis zwischen Erde und Sonne seinen inneren Ursachen nach kennen zu lernen. Durch diesen so geweckten eigenen Wunsch und Trieb wird auch der Sinn und die Achtsamkeit für diesen Unterricht geweckt sein.

Weiter werden diese Kenntnis und Kunde des gegenwärtigen Zustandes der Erdoberfläche die Frage hervorrufen:

Wie entwickelten sich die Erdoberflächenverhältnisse, und namentlich das jetzt bestehende Wechselverhältnis der Erdoberfläche zu dem Menschen, und er sich selbst zu der jetzigen Stufe seiner Ausbildung?

Es wird der Sinn und das Streben des Menschen nach den verschiedenen

Zweigen des geschichtlichen Wissens hin geweckt werden; wie überhaupt Erdkunde, namentlich Kunde des gegenwärtigen Erdzustandes, der unerlässliche Grund jedes wahren, gründlichen und fruchtbringenden Geschichtsstudiums ist, indem eine Anschauung und Auffassung des Menschen ohne Auffassung seiner Erdverhältnisse kaum zu einer halben Kenntnis des Menschen und besonders seines Entwicklungsganges führt.

Weil nun sonach echte, entwickelnde Erdkunde der Anfangspunkt, gleichsam der Stamm ist, von welchem die Forderungen und Bedingungen mehrfachen Wissens: Weltkunde. Geschichte, Geschichte der Menschen an sich, ihre Entwicklung, Geschichte der Erde, wie Äste sich verzweigen und für alle wieder der letzte Einigungs- und Beziehungspunkt ist: weil umfassende, wahre Erdkunde namentlich die Quelle aller wahren Naturkunde (Naturgeschichte) der Grund und Boden derselben ist: weil jeder Vater den ersten Unterricht in der Erdkunde leicht vorbereiten: weil jeder Vater und jeder einfache Lehrer diesen Unterricht durch sich selbst leicht lehren kann, und endlich, weil es für Schüler und Lehrer gleich erfreulich ist und förderlich ist, wenn Eltern eine klare Übersicht über den inneren Zusammenhang, die Verzweigung und Fortschreitung eines Unterrichtsgegenstandes, hier namentlich des Unterrichtes in der Erdkunde haben: so stehe hier ein bestimmterer Umriss des erdkundlichen Unterrichtes, wie er in dem erziehenden Kreise, von und aus welchem dieser Aufsatz ausgeht, seit seinem Bestehen getrieben und gelehrt wird.

K.— der Ort des vorhin genannten erziehenden Kreises, liegt im Tale der Schaale, eines linken Seiten- oder Uferbaches der Saale, welcher fast von West nach Ost fließt, einen Lauf von beinahe 1 ½ Stunden hat, und mit seinen kleinen Nebenbächen ein Flussgebiet im Kleinen bildet, von welchem die Schaale gleichsam den Hauptfluss ausmacht. (Vergl. die Karte des Schaalegebietes.)

Das Tal, welches sich demnach nach Osten öffnet, ist nach allen Seiten hin von nahen kleinen Bergen eingeschlossen, solche weit in das Tal hereintreten und so kleinere Seiten- und Nebentäler bilden, welche sich in das Haupttal öffnen.

Wie der kleine Bach, die Schaale, gleichsam ein Flussgebiet bildet, so bilden die einschließenden Berge gleichsam Gebirgszüge mit ihren Neben- und Seitenästen.

Die Berggehänge wie die Talwände und so die Täler selbst haben eine so verschiedene Neigung und so verschiedene Lage gegen den täglichen Sonnenstand, dass der Boden, obgleich nur durch die herrschende Kalksteinbildung bedingt, und darum wenig innere Verschiedenheit zeigend, doch eine nicht unbedeutende Anzahl von Pflanzen und Gewächsen, ja sogar manche seltene trägt und erzeugt so dass fast jeder Berg und Punkt, wie er seinen eigentümlichen Namen, so auch eine eigentümliche Pflanze hat, ja ganze bestimmte Gegenden haben ihre ihnen ganz eigen zugehörigen Tiere, wie das im Vorhergehenden angedeutet wurde.

An dem Uhuberge nisten die Uhu, und in den Schluchten seiner fast senkrechten Felswände haben die Füchse ihren Bau. und an den kahlen Wänden wächst der Tarus empor, dicht an seinem Fuße der Kellerhals oder Seidelbast, und weiter hinab im Tale wächst die Parnassie oder das Fettkraut. Im Schütztale ist gern der Rehe Aufenthalt, dort quillt die klare Moosquelle. an deren Ufern in der Schlucht, durch welches sie zum Tale eilt, wächst vorwaltend der Mispelstrauch.

An den Rändern am Fuße des Dissau und unter der Quelle des Dorfbrunnen wächst die vierblättrige Einbeere, das Märzblümchen, besonders hat hier das Bingelkraut und der Türkenbund seinen Stand, und der Efeu, welcher überhaupt nur an der sogenannten Winterseite, dem gegen Norden schauenden Berggehänge, aber nur bis zu einer sehr bestimmten Höhe des Tales, wächst. Weiter gegen das Tal-Ende hinter dem Lienberge hat die seltene Vogelnest-Rauchwurz ihren Standort.

Die Walderdbeere wächst nur auf gegen Norden liegenden freien Waldplätzen. Nur in den kühlsten und schattigsten Orten im Immstale wächst die Edeltanne.

An dem Kirchberg blüht vorwallend die Berglilie, die Giftwende, das Himmelfahrtblümchen mit blauen, roten und weißlichen Blumenähren: an dessen Fuße die Feuerorchis, die Schwertlilie, und im Wiesengrund die Wieseniris. Jede Pflanze und jedes Gewächs an einem ganz eigentümlichen, sein Wesen und seine Natur bezeichnenden Standorte, auf bestimmtem Grund und Boden, wie unter bestimmten Verhältnissen der Wärme- und Feuchtigkeitsgrade, wovon ihr Dasein, wie ihr Bestehen abhängt. Alles zeigt inneren Zusammenhang und notwendiges Wechselverhältnis. Pflanzen, welche in Jahren bestimmter Witterungsverhältnisse fast gar nicht vorhanden sind, erscheinen in Jahren anderer Verhältnisse in ganzen Mengen: ja scheinen sogar in Gemeinsamkeit Wanderungen von der Höhe nach der Tiefe und umgekehrt zu machen.

Die den Menschen ihrer Natur nach näheren Singvögel - die Grasmücke, die Finke, die Meisenarten, wohnen und nisten in der Nähe des Dorfes und der Dörfer, in den Hecken und Gärten derselben.

Höher hinauf wohnt die Heidelerche, welche auf den äußersten Spitzen der Fichten, Kiefern und Tannen ihr Morgen- und Abendlied singt. Und in den dichten Nadelholzwaldungen, welche die Höhen bedecken, wohnt die Waldtaube, die Drossel usw., so wie der Knaben Lust, das Eichhörnchen. An den buschreichsten Ufern des Baches wohnt versteckt der schöne Eisvogel usw.

so hat alles den klimatischen und den Einfluss des Grund und Bodens auf die Bebauung noch gar nicht beachtet, so wie Ausdruck des notwendigen gesetzmäßigen Zusammenhanges, so Ausdruck des innersten bedingenden Lebens. Und den, schon ihrer Knabennatur nach, viel in und mit der Natur lebenden Zöglingen, zeigt sich:

- Höhe und Tiefe,
- Ebene und Gehügel,
- Kalk- und Lehmboden,
- Fels- und Erdland,
- Trockene und Feuchtigkeit,
- Sonne und Schatten,
- Wärme und Frische,
- Berg und Tal,
- Bergfuß und Bergwand,
- Sommer- und Winterseite,
- Berglagen und Bachquellen,
- Berg- und Talform, und Lauf des Baches,

nicht allein unter sich, sondern mit der lebenden Natur und so auch mit dem Menschen in bedingender Wechselverknüpfung.

Die, schon ihrer Knabennatur nach, gern, viel in und mit der Natur lebenden Zöglinge nehmen dieses Wechselleben freudig in sich auf, und wenn sie es auch Anfangs nur fühlend in sich tragen, so kommt ihnen doch bald ein Ahnen des Einflusses der Erdgestalt ihres Wohnortes auf das Naturleben desselben, und so kommt der Unterricht, welcher ihnen die Erdgestaltungsverhältnisse ihres Aufenthaltsortes klar macht, einem wenn auch noch so leisen inneren Bedürfnisse der Zöglinge entgegen.

Ist nun durch wiederholtes Wandeln ins Freie, wie früher angedeutet, die Kenntnis der Umgegend und zunächst des Tales bis zu dem Punkte entwickelt, dass der Zögling sich selbst ein Bild davon entwerfen kann, so wird er dazu auf folgende Weise geführt:

Nachdem der Zögling die Lage jedes Erdgegenstandes nach den verschiedenen Himmelsgegenden und die verschiedenen Richtungen nach denselben selbst mit Sicherheit und Fertigkeit im Freien und im Zimmer angeben kann, wird er geübt, jede dieser Richtungen auch mit Sicherheit auf einer Ebene, zuerst der Schiefertafel, dann auf dem Papier angeben, ziehen zu können. Dies geschieht so:

Mehrere in größeren gleichen Entfernungen voneinander rechtwinklig netzartig sich durchschneidend, am besten gleichlaufend mit den Seiten der rechtwinklig vierseitigen Fläche gezogene Linien bezeichnen die Linien der einen Lage: die Mittagslinien: die sie durchschneidenden Linien der andern Lage: die Morgenlinien.

Um nun von jedem gegebenen Punkte der Ebene oder Fläche aus nach jeder möglichen Himmelsgegend hin Richtungen ziehen zu können, werden mit möglichster Genauigkeit von den Knaben sogenannte Gesichtskreise gezogen, jedoch ohne die Richtungen selbst durch Namen zu bezeichnen.

Jeder dieser Gesichtskreise wird in zwei ganz gleiche Hälften zerteilt, so dass der Teilungsschnitt durch zwei gegenüber liegende Hauptpunkte genau hindurch geht.

Da auf der nun so erhaltenen haben Kreisfläche alle Verhältnisse der Himmelsgegenden einer Hälfte des Gesichtskreises genau zu einander und ohne Namen angegeben sind, und wenn die eine Hälfte oder Teile der Richtungen gegeben ist, sich die andere Hälfte oder Seite darnach leicht bestimmen und messen lässt: so lässt sich durch den so erhaltenen Richtungsmesser auch jede mögliche Lage und Richtung auf dem Papiere bestimmen.

Ein solcher Richtungsmesser findet sich auf der beigegebenen Schaalkarte abgebildet. Am zweckmäßigsten ist seine Größe, wenn der Halbmesser desselben 3 bis 3 ½ Zoll beträgt.

Nachdem nun auf der Fläche die Linien der einen Lage als Mittagslinien, und so S und N, und die Linien der andern Lage als Morgenlinien, und so O und W genau bestimmt sind, so wird, wenn von einem bestimmten Punkte aus

Richtungen gezogen werden sollen, der Mittelpunkt des Richtungsmessers an diesen Punkt angelegt und der Richtungsmesser selbst nach derjenigen Seite hingewendet, von welcher die Richtung gezogen werden soll, jedoch so, dass die gerade Seite des Richtungsmessers entweder in irgend eine der Netzlinien fällt oder genau mit ihr gleichlaufend ist.

Heißt es z. B.: Ziehe von einem bestimmten Punkte aus eine Richtung von SO nach NW, so wird der Mittelpunkt des Richtungsmessers an diesen Punkt angelegt und der Richtungsmesser selbst wird nach S zugewendet, so dass die gerade Seite des Richtungsmessers in diejenige Netzlinie welche von O nach W gezogen ist, entweder unmittelbar fällt oder mit derselben gleichlaufend ist. Wohl gibt es mehrere Arten, den Richtungsmesser anzulegen und die in einzelnen Fällen leichter anwendbar sind: diese finden die Schüler jedoch beim Gebrauche ohne Schwierigkeit selbst auf.

Dies Ziehen der Richtungen von willkürlich bestimmten Punkten aus wird nun mit den Zöglingen und Schülern so lange geübt, bis sie darin ganz sicher und fest sind. Dass zuerst von dem Ziehen ganz einfacher Bestimmungen, z. B. "Ziehet eine Richtung von S nach N" oder "von O nach W usw. ausgegangen wird, versteht sich von selbst.

Dann wird zu den Mittelrichtungen übergegangen, z. B. "Zieht eine Richtung von SW nach NO" oder "von NW nach SO" usw.

Besitzen die Zöglinge in dem Ziehen dieser Richtungen Sicherheit. So wird das Ziehen der Zwischenrichtungen eingeübt, z. B. "Ziehet eine Richtung von OSO nach NWN" oder "Ziehet eine Richtung von NNO nach SSW" usw.

Haben die Zöglinge und Schüler auch in dem Ziehen dieser Richtungen die gehörige Fertigkeit erlangt, so wird zum Ziehen der Richtungen vierter Teilung fortgeschritten, z. B. "Ziehet eine Richtung von S gen O nach N gen W" oder "Ziehet eine Richtung von NO gen W nach SW gen W."

Zuletzt werden Richtungen nach willkürlichen und gemischten Bestimmungen gewählt, und den Schülern zu ziehen aufgegeben. (Fortsetzung folgt.)

Stimmen Verstorbener.

1. Erziehen heißt: unter die Erde die Saat legen zu künftiger Ernte. Je weniger man die Keime zu früh sieht, desto sicherer sind sie vor Winterfrost.

2. Der beste Lehrer ist, der zur Lehre vorbereitende.

3. Die Kinderjahre sind die Schönsten, weil wir in denselben mit unserer Vernunft in ihren Schranken bleiben.

4. Vortrefflich sagte jener Lakedämonische Erzieher: "Ich will den Knaben gewöhnen sich des Guten zu freuen, und das Schändliche zu verabscheuen."

5. Wohl dem, in dessen Geist eine glückliche Jugend die ersten Eindrücke des Guten und Großen befestigte, sie sind der bleibende Maßstab, an dessen Vergleich jeder nachkommende falsche und unedle Begriff mit dem Lohn der Verachtung verschwindet.

6. Für Kinder gibts keine andere Moral als Beispiel, erzähltes oder sichtbares: und es ist pädagogische Torheit, durch Gründe Kindern nicht diese Gründe, sondern den Willen und die Kraft zu geben meinen, diesen Gründen zu folgen.

7. Vergeblich tadeln ist schlimmer, als gar nicht tadeln------Fehler, die das Alter

   nimmt, nehme der Lehrer nicht, welcher dauerhaftere zu bekämpfen hat.

8. Die Mütter geben unserm Geist Wärme, und die Väter Licht: jenen verdanken wir warme Belebung unseres Herzens durch Liebe früher als diesen die Bereicherung des Kopfes.

9. Eine Hauptregel bei der Erziehung ist, den Kindern Zeit zu lassen sich selbst zu bilden.— Alle Natur, wenn sie groß und herrlich werden soll, muss freie Luft haben.— Alles, was in die junge Seele eingetrichtert wird, was sie nicht aus eigener Lust und Liebe behält, haftet nicht, und ist vergebliche Schulmeisterei.— Was ein Kind nicht mit Sinnen begreift, wovon es keinen Zweck absieht, das verfliegt wie Spreu im Winde.

10. Viel Natur, wenig Bücher, mehr Erfahrung als Erlerntes hat die wahren vortrefflichen Menschen in jedem Stande hervorgebracht.

Die Erziehenden Familien.

Wochenblatt für Selbstbildung und die Bildung Anderer.

Sonnabend — 16 — den 22. April 1826.

herausgegeben von Friedrich Wilhelm August Fröbel.

Der Unterricht für Erdkunde. (Fortsetzung.)

Die nun folgende Übung mit den Schülern ist das Ziehen der Richtungen nach und von bestimmten Längen. Zuerst wird hier in den Zöglingen das Bedürfnis des verkleinerten oder Sogenannten verjüngten Maßes entwickelt: indem ihnen die Unmöglichkeit fühlbar gemacht wird, die Längen in wirklichem Längenmaße zu ziehen. Auch hier wird stufenweise gegangen, z. B. Statt des wirklichen Schrittes einen wirklichen Fuß zu nehmen. Es leuchtet den Zöglingen bald ein, dass diese Verjüngung zu gering sei, um bei einer nur noch niederen Anzahl von Schritten anwendbar zu sein. Nun wird herabgestiegen und für jeden wirklichen Schritt ein wirklicher Zoll angenommen: doch auch diese Verjüngung ist nur noch bei einer geringen Anzahl von Schritten anwendbar. Weiter steigen wir herab und nehmen ¼ Zoll wirkliches Maß gleich 1 Schritt: auch diese Verjüngung ist zwar nur noch bei sehr mäßigen Anzahlen von Schritten anwendbar, doch werden damit wirklich einige Übungen bis ungefähr zu 25 bis 30 Schritt Länge gemacht, also ungefähr bis zu Linien von 6 — 8 Zoll wirklicher Länge, damit den Zöglingen noch das Verhältnis zwischen der natürlichen und der verjüngten Länge wirklich anschaubar sei.

Nach diesen Übungen finden die Schüler selbst, oder sehen wenigstens sehr leicht ein, dass, um ein Bild (eine Chane) des Schaalegebietes, unseres Tales, auf einem gewöhnlichen Papierbogen zu entwerfen, ein bei weitem mehr verjüngter Maßstab angenommen werden müsse und wir nehmen 1 Zoll Rheinländisches Werk- maß = 500 Schritte an: also die natürliche Länge zur verjüngten = ein 15000stel.

Die Knaben werden nach dem bisher vorgeführten Stufengange leicht im Stande sein, Richtungen verschiedener Neigungen und Längen in fortlaufender Verknüpfung zu ziehen. Haben sie hierin nun einige Fertigkeit erlangt, so sind sie im Stande, unter Leitung ihres Lehrers sich selbst, ohne

Vorbild, nach dem bestimmenden Worte des Lehrers und nach dem klar in ihnen liegenden, diesen Worten des Lehrers Bedeutung, Leben und Wirklichkeit gebenden Bilde des Schaalebietes und Schaaletales ein Bild, eine Charte davon gleichsam aus sich zu entwerfen und zu zeichnen, keinesweges aber etwa nur abzuzeichnen.

Der Lehrer hat sich nämlich auf die im Bisherigen angegebene Weise, nur noch ausgeführter, selbst ein Bild, eine Charte des Schaalgebietes, unseres Tales, entworfen, und sich zugleich auch die Bedingungen und Bestimmungen dieses Entwurfes, die Richtungen, die Längen und die Namen dieser Bestimmungen schriftlich festgehalten, und die schriftlichen, stetig von Punkt zu Punkt, ganz dem wirklichen stetigen Wandeln angemessenen, fortlaufenden Bemerkungen, sind ihm nun der Leitfaden, nach welchem der Lehrer in der Stube mit seinen Schülern das Durchwandern des Tales in Gedanken von Punkt zu Punkt noch einmal vornimmt, und jede in Gedanken gleichsam abermals zurückgelegte Richtung und Strecke sogleich durch eine gerade Linie nach Maßgabe der niedergeschriebenen Bestimmungen, durch die oben beschriebene Weise, auf dem Papier bezeichnet. Zu diesem Ende hat jeder Schüler einen Bogen Papier bekommen vom größten Format des Schreibe- oder mittleren Format des Zeichenpapieres.

Auf diesen Bogen hat sich jeder Schüler ein rechtwinkliges Liniennetz, ungefähr gleichlaufend mit den Seiten des Bogens, aber unter sich streng rechtwinklig gezogen, und zwar ungefähr so, dass 7 solcher Linien (also 6 Gevierte) gleichlaufend einer Längenseite sind. Die Anzahl oder die Entfernung dieser Linien und so die Anzahl und Größe der Vierecke ist zwar im Ganzen ganz gleichgültig, und es könnte auch streng genommen nur eine einzige Mittags- und Morgenlinie sein, welche sich in der Mitte des Bogens rechtwinklig durchschnitte; doch hat die Erfahrung gelehrt, dass für den vorliegenden Fall das angegebene Verhältnis manchen Gewinn hat, indem sich dadurch die verhältnismäßige Lage des Wohnortes, hier Keilhau, leicht bestimmen lässt.

Da bis Länge der gesamten Talfläche die Breite derselben überwiegt und da die Richtung des Tales im Allgemeinen östlich ist, so bezeichnen die längeren Netzlinien, gleichlaufend der Länge des ganzen Bogens die Morgenlinie, und die kleineren Netzlinien gleichlaufend der Breite des ganzen Bogens die Mittagslinien, und so sind an den Enden dieser Linien die Ost- und West-, Süd- und Nordseite leicht bestimmt, nämlich so: (Größe und Lage des ganzen Bogens.)

Die Erfahrung hat gelehrt, dass Keilhau sowohl in der dritten Mittagslinie von S nach N als auch in der dritten Morgenlinie von W nach O liegt. Dieser Punkt wird als Ausgangs- und Anfangspunkt für das zu entwerfende Talbild, die Charte, betrachtet, so wie er immer der Ausgangspunkt der dazu vorbereitenden Wanderungen war und ist.

Der Forderung nach soll nun von dem bestimmten Punkte aus, in der Erinnerung und vor dem Arbeitstische, nach dem Anfang des Tales gewandert. und von dort aus das Talbild entworfen werden.

Dies ist aber nur in 3 Richtungen möglich, nämlich nur von K. bis zur Quelle des Talbaches, in der Richtung von NO nach SW, und in einer Länge von 946 Schritt; von da läuft das Tal in einer Länge von 1030 Schritt in der Richtung von OSO ¼ gen S nach WNW, ¼ gen N; und von da in der Länge von 650 Schritt von NO gen O nach SW gen W. Der zuletzt erhaltene Punkt ist der Anfangspunkt des Tales, und ist auf der beiliegenden Charte bei A mit 1 bezeichnet, so wie die vorher genannten mit 2 und 4.

Anmerkung. Die früher bestimmten Richtungspunkte teilten den Gesichtskreis in 16 gleiche Teile: durch die Namen dieser Richtungspunkte bestimmt nannten auch die zuerst hiernach unterrichteten Knaben jeden einzelnen dieser Teile ein Gen. Dieser Name macht leicht möglich, jeden dieser Teile wieder in ½, und jedes halbe wieder in zwei Hälften, also das Ganze in Viertel zu teilen. Der Gebrauch dieser genaueren Beziehungspunkte findet sich leicht z. B. von S nach O.

Zuerst S: dann S ¼ gen O; dann S ½ gen O, weiter S ¼ gen O, endlich S gen O usw.

- hiernach erklärt sich die oben gebrauchte Bestimmung von OSO ¼ gen S nach WNW ¼ gen W.

In den oben bestimmten Anfangspunkt des Tales (1) versetzt sich nun der Lehrer in Gedanken mit seinen Schülern. "Wir gehen nun," sagt der Lehrer, "in dem Tale von dessen Anfangspunkte (1) wieder zurück, zunächst bis zur ersten Hauptkrümmung (2), wo sich das linke Nebental. der Grund, öffnet: die Richtung bis dahin ist, wie ihr vielleicht noch wisst, von SW gen W nach NO gen O und die Länge 650 Schritte." Wir wollen dies gemeinsam durchsprechen:

„Richtung des Tales, hier Ilm genannt, von seinem Anfangspunkte bis zum Grunde von SW gen W nach NO gen O. Länge 650 Schritte."

„Ziehet nun diese Richtung nach der euch bekannten Weise." (Vergleiche

Charte 1— 2.)

„Der letztere Punkt ist die Öffnung des Grundes: wir gehen nun den Grund hinauf, seine Richtung ist von SW gen W nach NO gen O, Länge 300 Schritt."
„Sprecht gemeinsam nach."

„Der Grund ist ein linkes Nebental der Ilm, Richtung von der Öffnung aufwärts von SW gen W nach SO gen O. Länge 300 Schritt."

„Ziehet nun diese Richtung."— sie ziehen. (Vergl. Charte Richtung 2 — 3)

Wir gehen nun den Grund zurück bis zu seiner Öffnung (2), und von da längs dem Ilmtale vor bis zur Steigerquelle. Die Richtung dieses Tales ist von WNW ¼ gen W nach OSO ¼ gen S, und seine Länge 1030 Schritte."

„Sprecht gemeinsam nach:"
„Richtung des Ilmtales von der Öffnung des Grundes (2) bis zur Steigerquelle, von WNW ¼ gen W nach OSO ¼ gen S, und seine Länge 1030 Schritte."

„Ziehet nun diese Richtung." sie ziehen sie. (Vergl. Charte 2 - 4.) Der Lehrer fährt fort:

„In 860 Schritt voriger Richtung, (vom Grunde bis zur Steigerquelle) öffnet sich der Vorgrund." (5)

Die Schüler sprechen dies nach, und bezeichnen diesen Punkt. (Vergl. Th. 5.)

„Der Vorgrund ist (wie ihr wisst) ein rechtes Nebental des Ilmgrundes." Die Schüler Sprechen es nach.

„Richtung des Vorgrundes von seiner Öffnung an aufwärts, von NO ½ gen O nach SW ½ gen W, Länge 550 Schritt."

Die Schüler sprechen dies wie gewöhnlich 2- bis 3-mal nach, und ziehen dann die Richtung.

(Vergl. Charte 5 — 6.)

„An der Steigerquelle öffnet sich der Steigergrund; Länge des Steigergrundes 595 Schritte und Richtung von der Öffnung aufwärts von NO ½ gen N nach SW ½ gen W."

Die Schüler sprechen nach und ziehen die Richtung. (Vergl. Charte 4 — 7.) Der Lehrer fährt fort.

„Die Steigerquelle ist mit ihren Nebenquellen (wie ihr wisst) die Quelle des Schaalbaches."

„Hauptrichtung des Schaalbaches (von der Quelle bis zur Mündung) von W 1¼ gen S nach O 1¼ nach N. Länge 6720 Schritte."

Die Schüler sprechen nach und ziehen die Richtung. (Vergl. die Charte.)

Nun werden die Nebenrichtungen des Baches, wie seine Nebenbäche und die Nebentäler des Hauptthales aufgetragen.

Der Lehrer führt bei allem, was er zu tun fordert, durch ein leises anknüpfendes Wort das innere Auge und die Vorstellung des Schülers in die Naturanschauung zurück, wie zum Öfteren angedeutet: damit dem Schüler zur lebendigen Empfindung und zum sichern Bewusstsein komme, wie er eigentlich nur auf diese Weise das in ihm liegende Bild des Tales aus sich darstelle, und dass dazu nur seiner noch schwachen Kraft der Lehrer zu Hilfe komme.

In diesem Sinne und Geiste fährt der Lehrer fort:

„Der Schaalbach hat mehrere Nebenrichtungen, die erste ist seine Quellrichtung, von seiner Quelle bis zur Mündung der Priesenquelle (10), und geht von SW nach NO, Länge 460 Schritte." (Vergl. Charte Linie 4 — 10.)

„In 70 Schritten dieser Richtung von der Quelle des Schaalbachs abwärts öffnet sich der Weidiggrund (8), -eine Richtung ist aufwärts von NNW ¼ gen W nach SSO ¼ gen O, und seine Länge 350 Schritte."

Die Schüler sprechen nach und ziehen die Richtung. (Vergl. Karte Linie 8 — 9.)

„Wir gehen nun zur Mündung der Priesenquelle (10) zurück."

„Die Priesenquelle fließt rechts in den Schaalbach ein; ihre Richtung ist aufwärts von WNW ¾ W nach OSO ¾ S, und seine Länge 270 Schritte."

Wie immer sprechen die Schüler, nachdem sie der Lehrer in sich zur Sachanschauung zurückgeführt hat, die Bestimmung 2- bis 3-mal nach, und ziehen die Richtung. (Vergl. Karte Linie 10 - 11)

„Bei der Mündung der Priesenquelle öffnet sich auch das Priesental."

„Das Priesenthal ist ein rechtes Nebental des Hauptthales: Richtung desselben bis zum Schleisgrunde von NNW ¾ gen W nach SSO ¾ gen O. Länge 500 Schritte." (Vergl. die Charte Linie 10- 12.)

„Der Schleisgrund ist ein rechter Nebengrund des Priesentales, dessen Richtung ist von seiner Öffnung (12) aufwärts von NW gen W nach SO gen O. und seine Länge 230 Schritte. (Vergl. die Charte Linie 12 - 13.)

„Endrichtung des Priesentales von der Öffnung des Schleisgrundes (12) von N ½ gen O nach S ½ gen W, Länge 300 Schritte." (Vergl. Karte Linie 12 — 14.)

„Wir kehren nun zur Mündung der Priesenquelle, zugleich der Öffnung des Priesentales zurück (10). und gehen von diesem Punkte aus weiter an den Schaalbach hinab."

„Richtung des Schaalbaches von dem letzteren Punkte (10) bis zur unteren Dorfecke von SW ¾ W nach NO ¾ O, Länge 635 Schritte. (Vergl. Karte Linie 10 — 15.)

„In 435 Schritten dieser Richtung ist der Anfang das Dorfes Keilhau." (16)

Von diesen letzteren beiden Punkten aus wird nun die Lage, Form und Größe des Dorfes bestimmt, und dann werden auf die bisher angeführte Weise die weiteren Richtungen der Haupt- und der Nebenbäche, der Neben- und Seitentäler aufgetragen, und so zunächst das Liniennetz des Talbildes entworfen, wie solches die beifolgende Charte in den fortlaufenden Nummern zeigt.

In dieser Charte nun, wo der Dörfer nur sehr wenige sind, wird wegen der Größe des Maßstabes die Lage, Form und Größe jede Dorfe genau bestimmt. Würden aber der Orte mehrere und der Maßstab der Charte kleiner sein, wie dies z. B. Schon bei der folgenden Charte, der von den beiden nächst-gelegenen Nebenflüssen der Saale, der Schwarze und Loquitz der Fall ist, so würde nur ihre Lage im Verhältnis zu den Gewässern angegeben werden, z. B. in der vorliegenden Charte Keilhau an der Mündung des Hohlenbaches in den Schaalbach, so Eichfeld an der Mündung der Scherbe in die Schaale.

Ist nun so die Charte von der Verzweigung der Talgewässer usw. entworfen, ist die Lage der Orte angegeben. So wird die Lage der Berge und die Richtung ihrer Züge bestimmt. Dies geschieht durch die bisherigen Bestimmungen auf folgende Weise. Der Lehrer fährt fort:

„Das Tal wird durch zusammenhängende, sich verzweigende Berge gebildet und begrenzt."

Die Knaben, im freien Linienziehen schon ziemlich geübt, werden nun auf eine leichte Weise dahin geführt, dass man die Berge und besonders die Neigung ihrer Wände auf einer Ebene, dem Papiere, durch Linien von verschiedener Länge und von verschiedenen Stärkegraden bezeichnet. Sie begreifen dies sehr leicht, und da für diese Stufe der Darstellung noch keine besondere Genauigkeit gefordert zu werden braucht, indem das leiseste

Zeichen das wirkliche Bild vor ihre Seele ruft: so leisten auch die Schüler bald. was sie auf dieser Stufe zu leisten haben.

Hat nun der Lehrer einige Vorübungen zu allgemeinen Berg- und Gebirgsdarstellungen durch Striche auf dem Papier mit seinen Schülern gemacht, so fährt er lehrend fort:

„Auch wir wollen nun die Berge und Bergzüge, welche unser Tal bilden, auf dem Papiere und Bilde darstellen."

„Das Ende des Ilmtales (1) ist auch zugleich das Ende des Schaaltales."

„Von dem Ende des Ilmtales bis zum Ende des Vorgrundes zieht sich der alte Steiger." (Vergl. Charte B.)

Auf die nun im Vorhergehenden eingeübte Weise und durch leise besondere Andeutungen auf die früher angeschaute und stets vorliegende Bergform aufmerksam gemacht, deutet sich nun der Schüler die Lage und Richtung, und in etwas annähernd die Form der Berge und Bergzüge auf.

Ist dies geschehen, so fährt der Lehrer fort:

„Zwischen dem Vor- und Weidiggrunde zieht sich der Steiger hin." (Vergl. Charte C.)

Auch dieses sprechen die Schüler, indem sie zeichnen, einige Mal gemeinsam durch, damit Gegenstand, Darstellung, örtliches Verhältnis und Name in eins zusammenfalle, und sich so der Schüler gewöhne, nie einen Namen nur als Wort und Schall, sondern immer geknüpft an Sachanschauung, örtliches Verhältnis und immer geistige Selbsttätigkeit festzuhalten: denn nur hierdurch wird es möglich, sich zu lebendiger, sicherer, in jedem Augenblicke gegenwärtiger Kunde der Erde auszubilden.

„Zwischen dem Steigergrunde und dem Weidiggrunde liegt die Geiersleite, deren höchste Höhe gerad über dem Weidiggrunde liegt." (Vergl. Charte D.)

„Zwischen dem Weidiggrunde und dem Priesentale liegt der Lienberg." (Vergl. Charte E.)

„Bei dem Ende des Priesentales beginnt der Dissau, und zieht sich bis zum Moosbache und bis zum Tale von dem Buchberge."

so werden die Berge und Bergzüge auf die Charte aufgetragen, und später in ihrem Zusammenhange und Verzweigung aufgefaßt. Ist nun so die Kunde aller Höhen und Berge in ihrer Verknüpfung beendet, so wird die Erdfläche in Beziehung auf den Menschen und als dessen Eigentum, d. i. als Eigentum ganzer Gemeinheiten betrachtet.

Der Lehrer fragt: "Das Erdland und die Erdfläche, welche ihr in dem Schaalgebiete überschaut, steht im Verhältnis zu den Bergen, Tälern und Flüssen, und gehört gleichsam diesen an: kann es aber auch noch in anderen Verhältnissen, des Zugehörens und Eigentumes betrachtet werden?"

„Ja! die Erdfläche des Schaalgebietes kann als das Eigentum ganzer Gemeinheiten, Gemeinden betrachtet werden."

„Wie heißt die Landfläche, deren Benutzung einer ganzen Gemeinde oder einem ganzen Dorfe eigentümlich zugehört?"

„Die Gemeinde- oder Dorfflur, auch wohl Feldmark."

„Könnt ihr mir die Dorffluren oder einige derselben nennen, welche in dem Gebiete der Schaale, oder dem Schaallande liegen?"

Die Flur von Keilhau, von Eichfeld, von Lichtstädt, Schaale usw.""

„Welche Teile des Schaalgebietes gehören zur Keilhauer Flur?"

„Das ganze Ilmtal, das ganze rechte Schaalbachsland bis zum Moosbache, das ganze Land zwischen dem Ilmtale, dem Schaalbache bis Keilhau und dem Stadtilmertale, das ganze linke Land des Stadtilmertales mit seinen Nebentälern, und endlich das linke Schaalbachsland bis fast zum grünen Grunde."

„Welche Teile des Schaalgebietes gehören zur Eichfelder Flur?" usw.
Hiernach lasst uns nun die Umgrenzungslinien jeder Flur bestimmen und ziehen. Sprecht gemeinsam nach:

„In dem Gebiete der Schaale liegen mehrere Fluren: die Keilhauers, die Eichfelder-Flur."

„Zur Flur von K.— gehören dieser, dieser und dieser usw. Teil des Schaalgebietes" des Tales über dem Ilmtale, läuft auf der Höhe des alten Steigers hin bis zum Ende des Vorgrundes geht über der Höhe des Steigers bis zum Ende des Steigertales, zieht sich von da in gerader Linie über die Höhe der Geiersleite und des Lienberges bis zum Ende des Priesentales, geht auf der Höhe des Dissau fort bis zum Ende des Tales vorm Buchberge, läuft über der Höhe des Buchberges fort bis zum Grunde hinterm Buchberge, geht in diesem Grunde hinab bis zum Schütztale, läuft in dem Schütztale vor und an dem linken Ufer des Moosbaches hinab bis zum Schaalbache, setzt über diesen Bach usw. bis zum Anfangspunkte fort."

Indem dieses von Punkt zu Punkt vorgesprochen und von den Schülern nachgesprochen wird, bezeichnen sie immer nachgehend selbst die Grenzen auf ihren Charten am besten durch Punkte oder auf eine ihnen sonst von den anderen Bestimmungslinien zu unterscheidende Weise: Später werden diese Grenzlinien am besten durch schmale farbige Streifen herausgehoben. Ganz auf diese Weise werden nun die Grenzen aller übrigen Fluren leicht bestimmt.

so tritt nun zuletzt jede Flur in ihrer bestimmten Lage, Form und Größe in dem Bilde der Charte vor das Auge des Schülers. Es ist nun dem Lehrer sehr leicht in demselben den Gedanken und Wunsch zu wecken, sich von den bestimmten Größenverhältnissen der Fluren unter sich und zu dem gesamten Lande des Schaalgebietes, und überhaupt von der wirklichen Größe jeder Flur bestimmte und klare Rechenschaft zu geben.

Diesen geweckten Wunsch dem Schüler zu erfüllen ist auch dem Lehrer nach dem begründenden Unterrichte, welchen der Schüler bisher namentlich in der Anwendung der Zahl auf Raum- und besonders Flächenverhältnisse, genossen hat, leicht möglich.

Zur Anschauung und Überschauung dieser größeren Flächenraums-verhältnisse wird der Schüler auf folgende Weise geführt.

Die Knaben Schreiten sich selbst Geviertflächen von 1 bis 100 Quadrat-Schritten ab. Flächen von 100 Quadrat- Schritten können die Schüler auf dieser Stufe schon überschauen und sich das Größenbild einprägen. Auch Flächenräume, die sich nicht in Gevierte, sondern überhaupt nur in rechtwinkligen Zwei- und Zweiseiten darstellen lassen, schreiten sie sich ab, z. B. Flächen von 6, von 10, von 12 Quadrat- Schritten.

Im Fortschritt werden die Räume nach einem größeren Maßstab angeschaut, anstatt des Schrittes wird die Klafter gewählt: auch Flächenräume bis zu 100 Quadrat- Klaftern können schon die Knaben dieses Alters überschauen, denn sie sind durch die gleichzeitigen Übungen der Zahlenanwendung auf die Erkennung der Flächengrößen dafür geübt. Der Übergang von Schritten zu Klaftern wird dadurch gemacht, dass die Schüler eine Längsklafter abschreiten, oder ihre ungefähre Größe zu 3 Schritt annehmen.

Von dem Klaftermaße wird heraufgestiegen zur Ruthe, und der Schüler wird geübt, eine Fläche von 100 Quadrat- Ruthen aufzufassen und zu überschauen.

Da aber in der Erdkunde die größten Flächenräume durch Zeitmaß, oder Zeitmaß als Längenmaß angeschaut, gemessen werden, so muss auch dazu der Übergang gemacht werden. Während des Verlaufes einer Minute wird im ruhig gleich- mäßigen Schritt auf einer Ebene eine Linie abgeschritten, und diese zurückgelegte Linie von ungefähr 100 Schritt 1 Längenminute, und ein nach allen 4 Seiten hin durch eine solche Linie von 100 Schritt begrenzte- Geviert 1 Quadrat- Minute genannt. Auch eine Länge von 1 Viertelstunde lässt sich mit den Schülern abgehen und durch diese Linie eine Fläche von einer Quadrat- Viertelstunde anschauen. Eine Quadrat- Fläche dieser Größe ist für die Schüler hinlänglich, um den Flächenraum des ganzen Talgebietes messend zu überschauen. Und die auf dieser Stufe des Unterrichts stehenden Schüler sind leicht dahin zu führen, dass sie mit dem von dem Lehrer gefundenen Ergebnisse, dass z. B. die Keilhauer Flur 3 Quadrat- Viertel- stunden, und so jede Flur eine bestimmte Anzahl derselben betrage, eine klare Anschauung verknüpfen können. So werden sie dann den Flächenraum des ganzen Tal- oder Schaalegebietes von 13 Quadrat- Viertelstunden leicht selbst bestimmen können.

Auf diese Weise sind nun auch die Zöglinge leicht dahin zu führen, das Verhältnis der einzelnen Fluren zum Flächenraume des gesamten Talgebietes aufzufassen und darzustellen, und zwar so: der gesamte Flächenraum des Schaalegebietes wird als Einheit angeschaut und in einer Kreisfläche dargestellt: die Größe der einzelnen Fluren aber durch Teile der Kreislinie bestimmt, diese erscheinen dann durch von der Mitte aus nach den Teilungspunkten gezogene Halbmesser als Kreisflächenausschnitte, wie dies für das Schaalegebiet auf der angeschlossenen Charte angegeben ist. Dies gibt zugleich ein Beispiel, wie später die Größenverhältnisse einzelner Landschaften zu ihren Staaten, und einzelner Staaten zu ganzen Ländern angeschaut und dargestellt werden. (Fortsetzung folgt.)

Stimmen Verstorbener.

1. Bei Kindern ist warmes Gefühl für die Religion immer ein Zeichen des Genies.

2. Der Geist, der in uns ist, bleibt immer die beste Quelle aller Geschichte; er gleicht im Wesentlichsten dem Geiste aller derer, die vor uns waren, und gibt dem, der sich mit ihm einlassen kann, und jedem, der sich selbst verständlich zu machen weiß, wichtige Fingerzeige und Nachrichten, die weit über den Zeitpunkt schriftlicher Zeugnisse und

weit über die historische Gewissheit hinausreichen. Jedes Kind bringt das Andenken an die Kindheit der menschlichen Vernunft in Anregung, und die Hauptzüge derselben drängen sich dem auf, der Augen zu sehen, Ohren zu hören, ein Herz zu fühlen und Vernunft zu ergänzen, zu vergleichen und zu verbinden hat.

3. Aller wahre Unterricht und alle echte Lehre muss Selbsterfahrung des Schülers sein und werden: alle gründliche Kenntnis geht aus Selbstdarstellung hervor.

4. Der Mensch versteht nur, was er selbst sich darstellt: er hat nur was er selbst hervorbringt, er lebt nur, wenn seine eigene Kraft tätig ist.

5. Lege so wenig Hand an die Erziehung, als nur immer möglich ist. Die Natur, die Dinge sind die besten Erzieher. —

Sei in deinem Betragen mit dem Kinde so simpel als du kannst. Überlasse das Kind sich selbst, so viel als es tunlich ist. Vermeide sorgfältig jeden Reiz, jeden unnützen Zwang: so wirst du Leidenschaften nicht erregen. Sei mit keinem Unterrichte vorschnell.

Weitere Veröffentlichungen des Herausgebers:

Matthias Brodbeck
Das Leben des Kindes ist Spiel
Friedrich Fröbels Spielpädagogik heute für Kindergarten, Schule und Familie

Herausgegeben von: Jugendsozialwerk Nordhausen
Verlag: Druck und Verlag Iffland
Hardback Edition: 520 Seiten
ISBN-10: 393935743X
ISBN-13: 978-3939357438

Matthias Brodbeck
Fröbels Erziehungstal
Geschichte(n) seiner Schule in Keilhau

Herausgegeben von: Jugendsozialwerk Nordhausen
Verlag: Druck und Verlag Iffland
Hardback Edition: 220 Seiten
ISBN-10: 3939357480
ISBN-13: 978-3939357483

Matthias Brodbeck
Friedrich Fröbel
Stationen seines Lebens und Wirkens

Verlag: Rhino
Hardback Edition: 96 Seiten
ISBN-10: 3955600386
ISBN-13: 978-3955600389

Beiträge des Herausgebers in:

Christian Storch (Herausgeber)
spielhaus - lernhaus - bauhaus
Fröbel und die Moderne

Verlag: Königshausen & Neumann
Paperback: 174 Seiten
ISBN-10: 3826073711
ISBN-13: 978-3826073717